Adolf Weissmann
Verdi

SEVERUS

Weissmann, Adolf: Verdi
Hamburg, SEVERUS Verlag 2013
Nachdruck der Originalausgabe von 1922

ISBN: 978-3-86347-685-4
Druck: SEVERUS Verlag, Hamburg, 2013

Der SEVERUS Verlag ist ein Imprint der Diplomica Verlag GmbH.

Bibliografische Information der Deutschen Nationalbibliothek:
Die Deutsche Nationalbibliothek verzeichnet diese Publikation in der Deutschen Nationalbibliografie; detaillierte bibliografische Daten sind im Internet über http://dnb.d-nb.de abrufbar.

© **SEVERUS Verlag**
http://www.severus-verlag.de, Hamburg 2013
Printed in Germany
Alle Rechte vorbehalten.

Der SEVERUS Verlag übernimmt keine juristische Verantwortung oder irgendeine Haftung für evtl. fehlerhafte Angaben und deren Folgen.

SEVERUS

INHALT

	Seite
Vorwort	9
Mensch und Rhythmus	13
Von der Vision zum Drama	30
Der Meister der italienischen Revolution	41
Zwischenwerke	53
Paris	67
Ernte	74
Der Verwalter	95
Durchgänge	103
Der Politiker	124
Die Reife: Aida	129
Kirchen- und Kammermusik	147
Verdi und Wagner	156
Drama in der Musik (Othello)	166
Weisheit des Alters	185
Das lösende Lachen: Falstaff	189
Das Testament	205
Verdi, Italien, wir	209
Verdis Werke	217
Benutzte Literatur	219
Register	221

VORWORT

Wer sich aus dem Bereich zeitgenössischer Problematik in den Bannkreis der Musik Verdis begibt, fühlt sich von frischem Luftzug umweht und von stärkstem Licht geblendet. Dort der interessante Bruch in den mancherlei Schattierungen, denen der gefühlsnahe Betrachter spürsam nachgeht; hier eine unproblematische Ganzheit, die nichts weniger als interessant sein will. Ja, man kann es kaum begreifen, daß diese ungebrochene Ganzheit noch in eine von schweren Nervenkrisen, inneren Kämpfen, drängendem Ausdruckswillen durchfurchte Zeit hineinragt: trotz Anton Bruckner, dem naiven Gläubigen der Musik, der doch ihren Schritt nicht aufhalten kann.

Mit Verdi läßt sich nichts vergleichen. Wie er wachsend Schlacken abwirft, wächst er aus einem seine Landsleute befruchtenden Opernschreiber zu einem achtunggebietenden Künstler empor. Aus dem Mann Italiens wird der Mann der Welt. Der wie ein heftiges Ungewitter Hereinbrechende war ebenso bejubelt wie beschimpft worden. Heut, nach dem Abschwellen des Wagnertums, ist die widerwillige Anerkennung, die man noch dem Aidakomponisten widmete, einer unbegrenzten Verehrung gewichen.

Dieser Koloß will näher betrachtet sein. Einst konnte Arthur Pougin seine Histoire anecdotique über Verdis Leben schreiben. Damals war der Meister noch nicht der scharfe Kritiker seiner selbst, der in seinem Testament das große Autodafé seiner Papiere befahl und aller Neugier den Weg zu sich abschnitt. Die biographische Erzählung Pougins behält auch heute ihren Wert. Gino Monaldi hat, von nicht allzu hoher Warte und mit allzu beschränktem Gesichtskreis, sich Verdis Werk gegenübergestellt. Aber mehr als seine nicht eigentlich tief begründeten Urteile wiegt das Tatsächliche, das er gibt. Darauf haben einige andere, wie Camille Bellaigue, durch die Neigung des Meisters ausgezeichnet, warme Worte für ihn gefunden.

Die Hundertjahrfeier 1913 brachte manche Abrechnung mit Verdis Schaffen; um so mehr, als sie zeitlich an die Wagnerzentenarfeier heranrückte. Aber das Stärkste, was sie dem Blick der Nachgeborenen enthüllt hat, ist Verdis Briefwechsel: Der Mann, der nur in Noten sprechen wollte, ist belauscht worden. Man hat fünf Bände eines von den Anfängen bis zum Ende reichenden Briefwechsels, in dem allerdings eine breite Lücke von neun Jahren klafft, zusammengefaßt und mancherlei noch Verstreutes hinzugefügt. Sein Geheimnis war selbst vertrauten Freunden unbekannt geblieben. Dabei hatte der Meister auch auf Reisen in seinem Koffer alles Handwerkszeug zur Fixierung seiner Briefe mitgeführt. Aber er wollte sie der Welt nicht mitgeteilt wissen; wie er auch die Veröffentlichung der Briefe Bellinis mißbilligt. War er doch nur ein „maestro di musica", der die Berühmtheit als eine „große Quälerei" empfand. Nun aber ist das Geheimnis gelüftet, der umfangreiche Band „I Copia lettere di Giuseppe Verdi" liegt, dank den Bemühungen der Herren Gaetano Cesàri, Alessandro Luzio und Michele Scherillo vor, und nun freuen wir uns seiner. Trotz allen Lücken sehen wir in diesen 729 Seiten nur unsern Reichtum. Verdi kann nicht hindern, daß man seine Worte an seinen Noten mißt und umgekehrt. Das Hastige, Unwillkürliche, Improvisierte solcher Äußerungen sollte, nach seinem Willen, nie festgehalten werden. Verdi fürchtete, daß man es gegen ihn wenden könnte.

Unnötige Furcht! Der Schaffende, zumal einer solcher Art, braucht nicht zu wissen, wie das nur scheinbar allzu rasche Wort, das er als Waffe gegen sich gerichtet fühlt, gerade in seine Seele hineinleuchtet. Wagner, der es wußte, schleuderte nichts heraus, sondern maß das Wort sorgsam ab: Grund genug für manche, frommen Wahn über ihn zu nähren; doch schließlich kein Hindernis, ihn ganz zu erkennen. Verdi büßt in Briefen nichts von seiner Glorie ein und steuert überdies selbst klärende Tatsachen bei.

Die Einfachheit und Ganzheit des Menschen und des Musikers Verdi in ihrer Wechselwirkung zu erhellen; zu zeigen, wie sich in dem naturgegebenen Rahmen eine staunenswerte, zuweilen sprunghafte, dann wieder allmähliche Entwicklung verwirklicht, ist Ziel dieses Buches. Wie alles was Irrung scheint und den Weg des Musikers aufhalten will, von Einfachheit und Ganzheit zu treibender Kraft umgemünzt wird: dies soll den Querschnitt der Erscheinung Verdis ergeben.

Mit Fug sind solche Schlüsse nur zu ziehen, wenn bereits in der Art, wie das Material angeschaut wird, Phantasie mithilft. Die Richtung auf das Ziel muß von Anfang an erkennbar sein. Nicht nur ein Meister und Mensch großen Stils verlangt das. Jedes Kunstwerk will es. Das ist Forderung der Zeit. Hier liegt ein theatralisches Werk vor. Schreibtischarbeit wird ihm nie gewachsen sein. Es ruft nach innerem Zwang zur Anschauung.

Der Verfasser dieses Buches darf für sich anführen, daß er in Italien durch jahrelanges Verweilen heimisch geworden und mit der italienischen Oper in dauernder Berührung geblieben ist. Das hat ihn, so hofft er, seinem Ziel näher gebracht.

Verdi äußerte einmal über die Deutschen: „Um jedes Floh- oder Fliegenbein schreiben sie einen Band von 300 Seiten." Und auch von dem Schreiber einer Verdibiographie verlangte er Aufrichtigkeit und überlegenen Verstand, die er eben in einer schon vorhandenen vermißte.

Es soll hier versucht werden, die Forderungen Verdis, die der Zeit und die des Verfassers an sich zu erfüllen.

Leben und Schaffen ineinander verwoben; dahinter der eine und einzige Mensch als bewegende Kraft: dies allein kann Ziel einer Monographie sein.

Dies der Plan: aus der keimkräftigen Skizze, die vorausschauend den ganzen Menschen umfaßt, soll sich das Entwicklungsbild aufsteigend formen.

Adolf Weißmann.

MENSCH UND RHYTHMUS

Das erste, was dem Betrachter Verdis auffällt, ist seine Erdnähe Der Mensch steht in der Landschaft als eine Frucht dieses Bodens, den er liebt und dem er sich verbunden fühlt.

Dieses Roncole, in dem er am 10. Oktober 1813 geboren wird, liegt mitten in den Feldern. Nichts von der großen Stadt klingt dem kleinen Verdi zu. Nur etwa 100 Schritt von den Häusern die Kirche mit dem eigentümlichen Glockenturm und vor allem die Orgel links an der Mauer kann die Phantasie nach der Richtung lenken, die die innere Magnetnadel ihm anzeigt. An dieser Orgel schnitzt er während der Psalmodieen des Priesters herum; solange er nicht selbst tätig zu sein braucht.

„Ich bin ein Bauer von Roncole und werde es immer bleiben." Zwischen der Landwirtschaft und der Musik steht er während seines Lebens.

Aber das Schicksal, der innere Dämon, will es anders. Es treibt Verdi in das Theater und seine Kämpfe. Dieser Mann, der Natur so innig verknüpft, ist dazu verurteilt, dem Publikum gegenüberzustehen, ihm den Erfolg abzukämpfen... Noch viel später erklärt er: „Ich kenne das Publikum seit meinem 26. Jahre." Und fügt hinzu, daß ihn damals nur seine körperliche Schwäche verhindert habe, Landwirt zu werden.

So aufrichtig Verdi gegen sich und andere ist: Hier täuscht er sich selbst. Sein Werk selbst spricht gegen ihn. Es sagt aus, daß dieser Bauer Verdi zugleich der große Opernkomponist sein mußte.

Denn Publikum ist ihm Ausschnitt des Volkes. Diesem Volk als Frucht des Bodens gehört er selbst an. Er fühlt sich nicht ihm überlegen, sondern zum Verkünder seiner Sehnsucht berufen. Wohl mag die Großstadt, mag Paris ihn an sich ziehen: entscheidet das Publikum gegen ihn, dann hat es recht. Denn es ist Volk. Von ihm nimmt Verdi die Entscheidungen über den Erfolg entgegen.

So ist er Mann der Wirklichkeit; der Natur verwandt; der Erde verhaftet; dem Volk verknüpft. Hier wurzelt seine Größe und seine Begrenzung; hier ist das Merkwürdige der Erscheinung gegeben: während die großen Schaffenden seiner Zeit als geborene Stadtmenschen auch die falsche Pose des Theaters von Kindheit an kennengelernt und sich zu eigen gemacht haben, wird Verdi zum Theater als zu dem stärksten, erdhaftesten Ausdrucksmittel gezogen. Ist mit dem Begriff Theater sonst der andere der angeborenen, anerzogenen Unaufrichtigkeit verbunden, so sagt Verdis Oper nichts gegen seine natürliche Aufrichtigkeit aus. Sein Genie ist mit Ethos gesättigt. Er wäre nicht Genie, wenn er nicht die durch das Ethos in ihn gelegten Entwicklungsmöglichkeiten in sich trüge.

Wie der Mensch Verdi langsam ins Leben, so wächst der Musiker langsam ins Theater hinein. Ist freilich erst die Blüte aufgeschlossen, dann kann der Dämon zu sprunghaften, zu vulkanischen Kraftbeweisen führen; aber auch dann noch können Pausen eintreten, in denen die Kräfte sich sammeln und einen neuen künstlerischen Organismus vorbereiten. Und dies gerade ist wiederum Beweis der erdnahen Offenheit und Aufrichtigkeit: auch die schwächeren künstlerischen Selbstbekenntnisse, auch die zum Untergang bestimmten Zwischenstufen des Verdischen Werkes werden ohne Rückhalt den Augen der Mitwelt dargeboten, jedes Fiasko wird ohne tiefere Erregung, sondern als Naturereignis ertragen, niemals der andere für den Mißerfolg verantwortlich gemacht, niemals die im Theater genährten Leidenschaften, als da sind: Neid, Ehrgeiz, Eifersucht, Geldgier durch den Maestro selbst aufgewühlt. Reklame, Claque, geräuschvolle Kundgebungen des Publikums können ihn nicht täuschen, aber ausverkaufte Häuser überzeugen ihn. „Ja, es ist dies das Steckenpferd des Herrn Maestro," so lesen wir in einem Brief Verdis an den befreundeten Zeitungsmann, den Grafen Opprandino Arrivabene. „Sagst du ihm, daß „Don Carlos" nichts taugt, so pfeift er darauf, bezweifelst du aber sein Können als Magutt (Handlanger), dann wird er böse."

Man sieht, wie immer wieder der Landmann sich auf Kosten des Maestro betont.

Betrachten wir also den Bauern und den Gutsbesitzer Giuseppe Verdi, dann sind wir auch an der Quelle seiner Musik. Die Erdgebundenheit des Meisters gibt sich zunächst in seinem Rhythmus kund. Von hier aus wird das gebildet, was als volkstümlich, als gemeinverständlich anspricht. An ihm ermessen wir den Willen des Menschen, der seiner Zusammengehörigkeit mit dem Volk den zündendsten Ausdruck geben möchte: den Willen eines, an dessen Wiege zwar die Musen, doch nicht die Grazien stehen. Verdi hat sich bei aller in ihm ruhenden, gärenden Naturkunst den Aufstieg zur Höhe mit einem unbeugsamen Willen zu erkämpfen. Er ist kein Wunderkind. Er wächst zu den Gipfeln wie die Früchte, die er selbst unter seiner Pflege reifen sieht.

Es paßt so ganz zu ihm, daß er nicht aus einem Paradies von Schönheit in diese Welt hineingeboren wird. Zwischen Roncole und Busseto rollt das Vorspiel seines Lebens ab. Die Landschaft mit Parma als Hauptort ist fruchtbar, hat aber nichts Lockendes. Die Einsamkeit von Feldern umgibt den kleinen Verdi. Auf dem Wege, der von Parma über Soragna nach Busseto führt, steht das kleine Haus, ist in diesem das niedrige Zimmer, wo Giuseppe Verdi geboren wird. Der Vater, Carlo Verdi, ist Besitzer einer kleinen Osteria und handelt mit Spezereien. Die Mutter, Luigia Utini, hat sich 1814 mit dem einjährigen Kinde vor den Roheiten der russischen und österreichischen Soldateska in den Glockenstuhl der Kirche von Roncole flüchten müssen. Armut, Schrecken und ein bißchen Musik herumziehender Spieler begleiten die ersten Jahre des Kindes, das im ersten Stock unter dem bis zu seinem Kopfkissen geneigten Dach schläft.

In dieser Luft atmet das Kind, in ihr will auch der Mann, der Greis atmen. Vom Bauernsohn zum Gutsbesitzer Giuseppe Verdi ist zwar Rang-, aber nicht Artunterschied. In dem Umkreis von wenigen Meilen soll sich zwar nicht das Äußere seines Lebens mit dem Wechsel zwischen rauschendem und halbem Erfolg abspielen, doch hier soll Mittelpunkt und Ruhesitz des Schaffenden werden. Betrachten wir den Mann: Schon hat das Theater ihn, der im Grunde Kämpfe der Parteien nicht liebt, durch allerlei Wechselfälle, aber über den Triumph des „Ernani" bis zu den Merkwürdigkeiten des „Macbeth" geführt. Es wird 1849. Da kauft er sich drei oder vier Häuser, pflanzt einen Garten, wird selbst Baumeister unweit Busseto, mitten in den gleichen Feldern, die ihn als Kind sahen. Diese Häuser werden nicht berührt. Um sie soll organisch der ganze Besitz wachsen. Und er wächst allmählich so, daß man später einmal den Landsitz von Sant' Agatà wirklich als Paradies inmitten der Einöde bestaunt.

Verdi mag ja erst selbst öfter darüber geklagt haben, daß der Urkern der Besitzung unberührt geblieben war: der Beschauer dieser prunklosen Schönheit merkte nichts von Halbheit. Da war ein statt-

licher Gesamtbau geworden; er erhob sich inmitten eines Parkes voll
düsterer Alleen; Pappeln und Fichten zogen sich an ihrer Seite hin,
Blumenbeete, freie Plätze, ein See unterbrachen die dunkle Grundfarbe. Zu dem Herrn dieses Hauses zu dringen gilt als schwer. Ein
Gitter sperrt ihn vor der Neugier ab. Man spürt einen Menschen,
der die Einsamkeit liebt. Freilich ist es eine innerlich belebte Einsamkeit. Der Mensch, der hier haust, hat sich, nachdem er längst
seine Margherita Barezzi begraben, mit Giuseppina Strepponi verbunden, die, einst gefeierte Opernsängerin, nun kein größeres Glück kennt,
als des großen Giuseppe Verdi Gattin zu sein. Aber nichts, was in
seinem Bannkreis lebt, kann sich dem Hauch der Persönlichkeit
entziehen; auch der Diener Luigi nicht. Er kennt die Musik Verdis
auswendig, und er wäre der erste, die Einsamkeit seines Herrn zu
schützen. Den aber findet man frisch, rasch und hochaufgerichtet
inmitten der Menge auf dem Viehmarkt zu Parma oder zu Cremona.
Er kauft selbst ein. Dem Blick der klaren blauen Augen entgeht
nichts. Oder man sieht ihn, mit einem stolzen Hahn als Begleiter, über
Land fahren. Oder er geht zur Jagd, besonders auf Wachteln;
eine Zeitlang, so um 60 herum, ist der Dirigent Angelo Mariani sein
Begleiter. Der muß ihm auch Flinten besorgen. Er liebt die Waffen
wie der Maestro. Ist Verdi wirklich so rauh und wild, wie man von
ihm erzählt? Nun, die Kinder aus der Schule, die den Mann lieben
und bewundern, glauben es nicht von ihm; die Arbeiter, mit denen
er Dampfmaschinen und Kanäle baut, läßt er es jedenfalls nur fühlen,
wenn sie nicht genau nach seinem Willen handeln. Mag sein, daß
er auf einen, der sein Haus ungeladen betreten will, den Hund hetzen
läßt, denselben Hund Black, der ihm beim Komponieren friedlich
zu Füßen liegt. Aber man weiß doch, daß er auch Gutes tut.
Freilich wollen Gerüchte über seinen Geiz nicht verstummen. Man
hört von seitenlangen Briefen, in denen er sich über unnütze Ausgaben
seines Verwalters beschwert. Doch ist er nur sparsam.

Indes aber bleibt Verdi ungerührt durch das Gerede der Leute.
Er besorgt sein Anwesen. Und es klingt wie Legende, daß dieser
fleißige Ackerbauer zugleich der größte Meister des neuen Italiens,
der „maestro della rivoluzione italiana" ist. Wo und wann schafft er
das? Offenbar in den frühesten Morgenstunden; denn er ist um fünf
Uhr aufgestanden. Aber da empfängt er ja die zu seinem Anwesen

VERDIS GEBURTSHAUS IN RONCOLE

VERDIS HANDSCHRIFT (1838)

gehörigen Leute. Sollte er vielleicht in seinem Schlafzimmer arbeiten, wo der schöne Flügel von Erard steht?

So ist der Besitzer von Sant' Agatà, der Mann an Jahren reif geworden. Seine Größe ist nun unbestritten. Aber gerade darum muß auch er der Welt, der er gehört, schon größere Opfer bringen. Paris verlangt oft nach ihm. Dort, so will es noch immer die Sitte, werden Erfolge bestätigt. Manchmal auch begründet. Aber dieses Paris kann ihn nicht verschlingen. „Les Vêpres Siciliennes", „Don Carlos" und die mancherlei anderen Anlässe, dort für das Théatre italien und für die Große Oper zu wirken, verrücken sein Schwergewicht nicht. Er siedelt sich in den Vorstädten, auf dem Lande um Paris an. So bleibt er einsam inmitten des Lärms. Aber selbst in Italien reist er nicht nur umher, sondern hat auch, für den Winter, in Genua sein Hauptquartier errichtet: im Palazzo Doria, von wo aus er das Meer und die Stadt überschaut; zuletzt im Mailänder Hotel Milan, wo er sich die Jahre letzter wirklicher Einsamkeit, nach Verlust der geliebten Frau Giuseppina, ein wenig erhellt.

Aber im Grunde hat Verdi sich nicht verwandelt. Er ist der Bauer von Roncole, der Sohn des Hauses geblieben, dessen Abbild in seiner Villa von Sant' Agatà aufbewahrt wird. Noch immer erzählt man von seiner abweisenden Haltung, und der Ruf eines stolzen Einsamen haftet ihm an. Und doch weiß man, daß Verdi ein gastfreies Haus hält. Wohlhabenheit umgibt ihn, selbst das Essen ist zu einem kleinen Kunstwerk geworden, ohne je in maßlose Schlemmerei auszuarten. Von Paris kommen die Gäste: hier der Verleger und Schriftsteller Léon Escudier, da der Direktor der Großen Oper, Vaucorbeuil, der seine „Aida" haben will, Bildhauer, Professoren und Schriftsteller. Besonders aber sein Freund und Verleger Giulio Ricordi, sein Mitarbeiter Arrigo Boito. Sie alle empfängt der Hausherr mit der anspruchslosen Liebenswürdigkeit eines auf sein Werk Zurückschauenden und plaudert lebhaft mit ihnen. Sie sehen wohl die Diplome, Kronen, Kränze, die hinter den Scheiben ruhen. Aber nicht minder stolz ist er auf das Faß, das ihm sein Namensvetter, Giuseppe Verdi, geschickt hat: aus zwiefach gefärbtem Holz, je nachdem man weißen oder roten Wein abzapfen will. Wo ist nur die Musik? Das Klavier im Schlafzimmer wird vor den Gästen kaum angerührt. Seine eigene Musik wird er längst am wenigsten hören wollen. Und das alte Klavier von Fritz aus Wien, den Nachfolger des noch älteren Spinetts, auf dem seine Finger die ersten Streifzüge unternahmen, sie beide kann man noch oben im Hause als fromme Reliquie bewundern. Der Wirt läßt sich nicht stören. Frühaufsteher wie einst, besorgt er seine Arbeit, sein Haus und sein Feld; hält ein kurzes Mittagsschläfchen; schaut wohl einmal vorübergehend nach dem Gast im Zimmer, ist aber erst ganz da zum pranzo, das um Fünf oder Sechs vor sich geht.

So lebt er nun zwischen „Othello" und „Falstaff", die ihn beide auf den Schauplatz der großen Welt ziehen. Behaglichkeit ist um ihn. Kunstwerke der Morelli und Micheti, viele Nippsachen umgeben ihn.

Es kommt eine Zeit, so um 1900, da wird auch dieser Riese schwächer. Da will der Vorhang fallen, wie Verdi sagt. Aber er soll ja noch nicht fallen. Dieser Mensch liebt das Leben und kann sich nicht damit abfinden, daß soviel Mühe, Arbeit, Erfolg umsonst gewesen seien. Umsonst. Denn er wird ihre Früchte selbst nicht mehr schauen. Und nun ihn seine Beine nicht mehr tragen können, wird der Besitzer von Sant' Agatà im Park seiner Villa herumgefahren, in dem er sich so oft ergangen oder durch eine Bootfahrt erfrischt hatte. War es nicht am See, wo er mit seiner Giuseppina fast verunglückt wäre? So nimmt er Abschied von dieser durch die eigene Mühe und Kunst emporgepflegten Schönheit. Der wahre Abschied von der Welt aber geschieht im Hotel Milan, und wenn der Vorhang fällt, spürt die ganze Welt, daß ein Großer, ein Einziger dahingegangen ist. Ein gewaltiges Leichenbegängnis wird ihm zuteil. Und es rühmen ihn die alten Künstler, denen er in Mailand am Piazzale Michelangelo Buonarotti ein Heim, die Casa di riposo hat bauen lassen. Dort ruht er selbst.

* *
 *

Aber es sollte ja der blühende, starke, eigenwillige Mensch betrachtet werden. Es sollte gezeigt werden, wie sehr der schaffende Verdi sich von dem Ackerbauer abhebt; doch nur, um ihn schärfer zu belichten. Denn der Mensch, der einsam mit der Natur zu leben scheint, der sich immer wieder von der Welt des Theaters, das ihn mehr und mehr in Anspruch nahm, in die Räume von Sant' Agata zurückzog; ein Einsamer auch in der großen Stadt, die er doch aufsuchen mußte und nicht ungern aufsuchte; dieser Verdi ist eine Ganzheit im Wechsel zwischen dem Urboden, dem er gehörte und anhing, und dem Theater, das er mit Vollblut und Leidenschaft begehrt. Sein Sprechen, sein Schreiben, sein Gang, seine Haltung sind dort wie hier: tatkräftig und doch leichtbeschwingt. Ein Mensch, der gerade auf sein Ziel losgeht, spricht sich darin aus. Er kann nicht anders, als jede Hemmung zum Ziel fortträumen, rücksichtslos, wenn es sein muß. Das heißt, mit den Kräften haushalten. Der Vorwurf der Stachlichkeit ist gewiß nicht unberechtigt. Sie war Wildheit bis zur Maßlosigkeit in seiner Jugend, und man fürchtete sie. Irgend etwas von ihr lebte auch in diesem Gesicht, in dem ein düster-schmerzlicher Ausdruck nicht zu verkennen war. „In früheren Jahren," sagte er 1896, „und auch später habe ich alles mögliche versucht, um mir diese (rauhe) Außenseite abzugewöhnen, aber das Futter ist der Rock selbst geworden, und es gibt kein Mittel, mich davon zu befreien."

Es konnte ja auch nicht anders sein. Ohnedies war es schwer, sich vorzustellen, wie dieser scheinbar so ganz einfache Landbauer gerade als Einsamer in dem einsamen Sant' Agatà jene von Glut erfüllte Dreiheit Rigoletto, Trovatore, Traviata schreiben konnte. Irgendeine Brücke mußte von hier zu dem Theater führen, zu dem die Phantasie dieses Maestro als dem natürlichsten Schauplatz seiner Tätigkeit immer hinstrebte. Freilich war es klar, daß Leidenschaft und Theaterblut den Urgrund von Kraft und Ruhe hatten. Die Ruhe, in der sich die Leidenschaft entfalten konnte, mußte mit letzter Rücksichtslosigkeit erzwungen werden. Das Ziel, der „effetto", brauchte ungekrümmte, ununterbrochene Gradlinigkeit des Weges. So mußte einer, der im tiefsten Menschenfreund war, der im Sinne des Volkes dachte und fühlte, ihm zu schenken bereit war, die Liebenswürdigkeit, Scheidemünze der Mittleren und Durchschnittstugend des Italieners, drangeben, um ein Eigener zu sein. Und es ist nicht ohne Komik zu sehen, wie die Leute von Busseto, die sozusagen ein Anrecht auf ihn zu haben glaubten und ihm eine Loge in ihrem Theater eingeräumt hatten, Verdi bis zuletzt eine gewisse Abneigung, ja Undankbarkeit gegen sie vorwarfen.

Die Düsterkeit in Verdis Zügen war aus einer Mischung von

eigenem Schmerz und dem des Volkes hervorgegangen. Der Zwang zum Schaffen, der auf ihm lastet, ist ja von Anfang an durch ein starkes Verantwortungsgefühl in die Richtung auf das Höchste gelenkt. Das Höchste aber einer Natur abzuringen, die zugleich das Stärkste, Wirksamste, kurz den effetto will, ist nicht leicht.

In Verdi gärt von Anfang an das Unterbewußtsein einer besonderen Sendung. Er fühlt sich in eine Zeit gestellt, die Handeln fordert. In Italien will man aus dem Druck zur Freiheit erwachen. Man hatte bisher, an diesem Anfang des neunzehnten Jahrhunderts, in Untätigkeit hingedämmert. Die Kantilene Bellinis, Lyrik seiner Schwäche, hatte diesen Seelenzustand nicht ohne den Reiz der Verführung ausgesprochen. Das war mehr Ausdrucksmusik als die Musik des schwankenden Donizetti; und sie ließ ganz selbstverständlich die spielerische Genialität Rossinis hinter sich.

Verdi wächst in die Zeit hinein, in der solche Worte nicht mehr gelten können. Und er weiß in sich eine unbeugsame Kraft zur Eroberung der Geister, die gleich ihm den Willen zur Kraft haben. Diesem seinem unbezähmbaren, zur unmittelbaren Wirkung hindrängenden Kraftgefühl in der Empfindung ein Gegengewicht zu geben und so das Werk allmählich zu veredeln, ist nicht leicht. Das Ungestüm Verdis gestattet so wenig Zurückhaltung, daß auch das Schwächste vor dem Publikum ausgebreitet wird. Er hat in sich das Erbteil der großen Kraftnaturen, den Mangel an Geschmack. Verdi braucht einen langen Weg, um sich abzuschleifen. Gesund wie er ist, begibt er sich hemmungslos auf diese Reise durch die Unvollkommenheiten zu einer Höhe, die er ahnt, aber nicht vorschaut. In ihm vollziehen sich Kämpfe zwischen Kraft und Empfindung, und er hat nicht die Überlegenheit der sogenannten Kulturmenschen, sie klug zu beeinflussen. Aber er hat mehr: eine seltene Lebenskraft, die Entwicklungsmöglichkeiten gewährleistet. Immerhin fordert doch der Kampf, wenn er seine Kraft nicht brechen kann, einen Verbrauch an Kräften, der ihn von der Masse entfernt. Und nicht nur von ihr. Der Knabe schon bleibt dem Spiel fern, ist sparsam in Wort und Geste. Das Wort aber wird mit bildnerischer Kraft hingesetzt, mit scharfem Akzent gesprochen. Dem Bildhauer Duprez in Florenz ist er Freund: Alles Gemeißelte, Umrißstarke hat seine Aufmerksamkeit. Aber er bleibt stolz dem Hofe fern, weigert sich schon sehr früh, vor einer

Herzogin zu spielen, setzt den Änderungsvorschlägen der österreichischen Zensur im Wesentlichen, nicht in Einzelheiten, unbeugsamen Widerstand entgegen und lehnt die Teilnahme an Kommissionen ab, in denen soviele unnütze Worte fallen, denn er ist „zwar bereit, im Theater Fiasko zu machen, doch nicht in einer Kommission". Doch schlägt er vor, das Andenken des eben verstorbenen Rossini, der niemals viel Freundlichkeit für ihn gehabt hatte, durch eine von den ersten Komponisten Italiens, unter Einschluß seiner selbst, zu schreibende Messe zu ehren. Er schreibt als Abschluß sein „Libera me", aber der Plan wird durch Behörden vereitelt. Und noch einmal, zur Hundertjahrfeier, ehrt er das Andenken seines berühmten Vorgängers, indem er Rossinis Stabat mater in der Scala leitet.

*   *
*

Diesen Menschen, dieses so stark herausgemeißelte Naturkind, wollen wir nun zunächst umrißhaft in seiner Musik erkennen. Oder besser: in seinem Rhythmus.

Verdi, nochmals, ist kein Wunderkind. So schlagkräftig er wirkt: er ist für die Entwicklung geboren. Es wird erzählt, wie seine Ankunft von umherziehenden Musikanten prophezeit, mit Musik unter den Fenstern der Osteria begrüßt wurde, und wie stark das Spiel eines hageren Gelegenheitsgeigers ihn bannte. Auch wie seine durch die Musik veranlaßte Unaufmerksamkeit als Handlanger bei der Messe ihm zwar eine Mißhandlung durch den Priester, aber auch die endgültige Erfüllung seines Wunsches, der Musik ganz zu gehören, eintrug. Doch nicht das, was Fama erzählt, ist bedeutungsvoll, wenn es auch zeigt, wie Musik als dämonisch treibende Kraft dieses in sich gekehrte Kind beherrschte; der Klang ihn der Umwelt abtrünnig machte. Daß der Organist Baistrocchi ihn in die Anfangsgründe der Kunst einweihte und durch den ihm weit gemäßeren Organisten Ferdinando Provesi abgelöst wurde: das hat für die ersten Gehversuche des Knaben Verdi immerhin Bedeutung. Sein Glück ist Antonio Barezzi in Busseto, bei dem Vater Carlo Verdi von Roncole auch sein eigenes Verkaufsmaterial ergänzte. Denn dieser Mann hat als tätiger Kaufmann die wirtschaftliche Grundlage, um sich ohne Not der Leidenschaft für die Musik hinzugeben. Und während Barezzi als Liebhaber die Flöte und noch andere Instrumente spielt, zeigt er Ahnungsvermögen für das erwachende Genie, das erfüllen soll, was ihm selbst versagt ist. Wenn Barezzi den jüngeren Giuseppe Verdi als Lehrling in sein Geschäft nimmt, dann tritt eben der große Glücksfall ein, daß ein junger Musiker zwar mitten in der Wirklichkeit schafft und doch von ihr nicht bedrängt wird; daß er sich ganz ohne Zwang und mit Ruhe entwickeln darf. Als Elfjähriger ist er Organist von Roncole geworden, wandert bei Nacht und Nebel von Busseto dorthin, fällt auch einmal in den Graben, so daß er in Lebensgefahr gerät; schreibt bei Barezzi Partituren ab; darf seinen Lehrer Ferdinando Provesi, der ihn in den Kontrapunkt einführt, an der Orgel und als Leiter der philharmonischen Gesellschaft vertreten, die Barezzi gegründet hat und in seinem Haus üben und proben läßt.

Zweierlei ist zu bemerken: Verdi am Klavier, und Verdi als Komponist der philharmonischen Gesellschaft und der banda municipale, der Stadtmusik.

Kennzeichnend ist, daß der kleine Verdi zwar wie die meisten Musiker am Klavier beginnt, aber nicht eigentlich von ihm schöpferisch befruchtet wird. Schon am Spinett läßt der äußerlich so ruhige Knabe seine Wildheit aus, indem er mit dem Hammer darauf losschlägt. Darin schon offenbart sich die Grausamkeit seines Rhythmus, der über alle lyrische Hingabe an das arme Instrument siegt. Und mag auch später, als er mit Barezzis Tochter Margherita am Klavier von Fritz sich in Liebe und Ehe hineinmusizierte, ein milderer Ton erklungen sein: das Tasteninstrument zeigt sich seinem Willen nicht gefügig. Er hält mit ihm keineswegs romantische Zwiesprache wie wohl andere Musiker seiner Zeit, gerade dieser Zeit. Er sucht nicht, mit spürsamen Nerven, eigentümliche Harmonien auf; will nicht modulieren, sondern umreißen; und zwar mit einer Kraft, die das Klavier nicht hergibt.

Der Komponist Giuseppe Verdi, der Kirche, philharmonische Gesellschaft und banda municipale versorgt, äußert sich ganz folgerichtig glänzend im Marsch. Die Romanzen, die er schreibt, haben nicht die charakteristische Prägung seiner Märsche, wie sie am Karfreitag und Fronleichnamsfest erklingen. Immer, auch in der friedlichsten Umgebung, enthüllt sich als sein Wesentlichstes die bäuerliche Urkraft, und schon leuchtet die Seherszene des „Nabucco" vor, wie der begeisternde Marsch dieser Oper in seinen Grundlinien hier schon festgelegt wird.

Bei alledem ist Verdi bis in die Nähe der Zwanzig gelangt. Er lebt äußerlich in dieser kleinen Welt, die leidenschaftlich für den maestrino Partei nimmt, als es sich darum handelt, ihn gegen einen unbedeutenden Ferraris auszuspielen, den das Domkapitel von Busseto begünstigt. Nicht Verdi, sondern dieser ist also nach Provesis Tod Organist hier geworden, aber der Maestro hat alle Kenner und Liebhaber der Umgebung zu sich hinzuziehen gewußt. O, er weiß, was er Antonio Barezzi schuldig ist.

Aber indes hat er ja längst den Kopf in die Welt draußen gesteckt, er ist wiederholt in Mailand gewesen und hat dort studiert. Nicht am Konservatorium, das sich selbst den Schandfleck aufgedrückt haben soll, ihn als unbegabt abzulehnen. Aber es verhält sich so: Verdi war im Jahre 1832, als er eintreten wollte, über 18 Jahre alt, während die Hausordnung als äußerste Grenze für die Aufnahme ins Konservatorium das Alter von 14 Jahren bezeichnet. Man hätte ihn trotzdem aufgenommen, wenn er eben ein guter Klavierspieler gewesen wäre. Das war er aber aus den angeführten Gründen nicht. Und ihn nur als Kompositionsschüler aufzunehmen, schien zwar möglich und nach den dargebotenen Proben auch ratsam, aber zuletzt mag wohl die nicht gerade zusprechende Haltung des jungen Mannes die Ausnahme widerraten haben. Hier, in der Wortkargheit dieses Frühgereiften, lag etwas, was man als Zeichen des musikalischen Genies nicht erkannte; eine Überlegenheit, eine Unabhängigkeit, eine innere rhythmische Kraft, die den Prüfenden gar nicht für einen Musiker zu sprechen schien. Der junge Prüfling, einfach und schlicht, wenn auch verschlossen, posierte ja gar nicht auf Genie; kurz, man verschanzte sich hinter die Verfügung. Viel wichtiger ist, daß der Kapellmeister Lavigna aus Neapel nun Verdis Unterweisung übernahm. Denn hier wird über allen Kontrapunkt hinweg, den Verdi selbst einem Mitglied der Prüfungskommission, dem Maestro Basili, noch hinterher schlagend beweist, der Grund zu der theatralischen Laufbahn gelegt, die Beziehung zum Theater geknüpft. Buffonummern werden komponiert. Aber auch mit Beharrlichkeit Mozarts

„Don Giovanni" durchgeprüft und daraus manche entscheidende Anregung gewonnen. Wir werden den steinernen Gast auch bei Verdi auftauchen sehen.

Dieses fruchtbare Zwischenspiel also schiebt sich in die Entwicklungsjahre des jungen Verdi ein. Das Theater hat sich ihm enthüllt. Und während er nun dem Wohltäter und, seit 1835, Schwiegervater Antonio Barezzi, und auch der wohltätigen Stiftung des Monte di Pietà, die ihm vereint den dreijährigen Aufenthalt in Mailand ermöglicht haben, durch emsige Tätigkeit im Dienste der Stadt und der Kirche seinen Dank abstattet, wird die Besessenheit durch das Theater immer drängender. Was sagt ihm sein scharfer Rhythmus? Er zeigt ihm den Weg für das Leben und für das Schaffen. Für das Leben: die kleinlichen Parteizwistigkeiten, die um ihn entbrennen, gleiten an ihm selbst ab. Sein Herz mag noch so sehr an seinem Wohltäter hängen, die Kraft strebt zur Bühne hin. Und wer es wie Antonio Barezzi mit ihm gut meint, kann noch will ihn hindern, sich in der Oper, sich in der Mailänder Scala zu erfüllen.

* *
*

Wie der dämonische und doch ethisch gerichtete Wirkungswille Verdis sich aus diesem Rhythmus heraus den Weg zum Gipfel der Oper bahnt: das zu erkennen wird von stärkstem Reiz sein. Eben dieser Rhythmus, der ein Abbild willenskräftiger, selbstsicherer Körperlichkeit ist und sich in jeder menschlichen Äußerung Verdis kundgibt, bestimmt die Umrisse einer Kunst, die nie aufhören wird, körperlich zu sein; nie in ein Unbegrenztes schweifen wird; nie metaphysisch sein wird, weil sie im letzten Grunde physisch ist. Physisch, körperlich wie italienische Oper überhaupt, aber zur Höhe emporgehoben, weil sie zugleich tief menschlich ist; weil sie doch zum effetto nur auf dem Umweg über dramatisches Theater gelangen will. Soweit Oper überhaupt Spiegelung des Lebens sein kann, wird sie es unter Verdis Händen. Es ist ihm gegönnt, sie zu veredeln, ohne sie der Wirkung zu berauben.

Denn dieser Rhythmus, Ausdruck des unbeugsamen, richtungssicheren Kraftgefühls, wird sich durch Möglichkeiten des Klanges, denen harmonische Zwischentöne entgegenkommen, nicht ablenken lassen. Klangsinn von besonderer Art ist in ihm; es singt in ihm: aber all das hat seinem treibenden Dämon zu gehorchen. Er fordert auch ein neues Tempo. Verdis Urtempo ist das Allegro. Verdis Urklang wird durch die kräftigen Register gegeben. Dazwischen schwingt anderes, Menschliches, das einmal den Urklang wandeln wird. Aber nie kann die Koloratur die Beschwingtheit der Rossinischen haben, weil sie mehr aus dem Willen als aus der Natur stammt, die zunächst Anmut nicht kennt. Es ist ja nicht Zufall, daß Rossini nach raschem Aufstieg jahrzehntelang nur Zuschauer blieb. Hier hatte eben das Genie sein Bestes herausgesungen, herausgezwitschert, eine Ausdrucksmelodik war kaum gesucht, eine Vollendung im Menschlichen nicht angestrebt, die Auffassung von Kunst war äußerlich geblieben. Verdi aber, in der Anlage nicht gleich überraschend genial, ist doch so gerichtet, daß der Ausdruck des Menschlichen sich nur langsam, organisch entwickelt, und daß Anmut nicht als geniale Selbstverständlichkeit sogleich, sondern als reife Frucht der Weisheit sich zuletzt, nach einem langen Leben, im „Falstaff" ergibt. Dann aber hat das Anmutige auch andere Farbe, anderen Charakter.

Der grundlegende Rhythmus Verdis ist im zweiteiligen Takt ausgesprochen. Der Marschrhythmus sagt zunächst sein Wesentliches aus. Auch der Dreivierteltakt als Tanzrhythmus verliert den Grundcharakter des Marsches nicht. Um ganz ungehindert fortschreiten zu können, braucht er die vollkommenste Konsonanz. Der Rhythmus fordert den kräftigen Grundbaß. Die Wildheit des Mannes kennzeichnet sich in der Art, wie die Taktteile betont werden. Die Bässe werden gern herausgestoßen. Auch im Tanz wird der Grund nicht mit leisem, schwebendem Schritt berührt, sondern meist akkordisch gestampft. Das Stakkato ist das oft gebrauchte Mittel, Achtel mit nachfolgender Pause zu schärfen. Die einfach, doppelt punktierten Noten wollen nach langem Anlauf Pfeile schleudern. Die Vorschläge von oft ungewöhnlicher Notenzahl werden zusammengerafft und als Ausgangspunkt von unweigerlicher Stoßkraft verwertet. Aber dies wird nicht etwa nur den Instrumenten, sondern auch den Chören auferlegt. Den Menschenstimmen als geschlossener Einheit einen Rhythmus aufzuzwingen, der sie zur Vergewaltigung des Wortes treibt: dies ist die neue Brutalität Verdis. Und die Liebe zu schärfsten Kontrasten zwischen ff und pp, zwischen dem Orchester draußen und der banda, dem Bühnenorchester, wird auch dieser Chorbehandlung und nicht nur ihr allein gefährlich. Denn sehr bald erhebt man gegen Verdi den Vorwurf unsanglichen Schreibens. Von den Einzelstimmen wird natürlich hier der höchste erreichbare Ton gefordert.

Und doch ist der Vorwurf unsanglicher Schreibweise im ganzen unbegründet. Der Rhythmus in seiner schneidenden Härte mag wohl den Gesangston bedrohen: zuletzt singt es nun doch in Verdi; und wer den Ausdruck des Menschlichen sucht, wer überdies ein Sohn der italienischen Erde ist, kann nicht anders als in der menschlichen Stimme den Träger des Ausdrucks empfinden. Freilich wurde, so seltsam es auch klingen mag, dem, der als der Melodiker, als der wahre Melodiker in die Neuzeit hereinragte, die Gabe melodischer Erfindung abgesprochen. So sehr schien der Rhythmus alles Melodische zu übermannen. Und in der Tat mußte Verdi, an dem Kantilenensänger Bellini gemessen, zunächst als nicht eigentlich erfinderisch erscheinen. Die Ausdrucksmelodik konnte nicht oder nur ganz selten hervorspringen; sie mußte werden.

Der Mensch Verdi trägt in sich nicht nur bäuerische Kraft, sondern auch echte und tiefe Empfindung; so zwar, daß immer wieder die zielsichere Willenskraft die Entscheidung herbeiführt und das musikalische Gefüge bestimmt. Er ist der Mann einfacher, aber leidenschaftlicher Empfindungen. Es drängt den Menschen und den Musiker, sie in scharfe Gegensätzlichkeit zu bringen. Damit ist der Kontrast zwischen dem scharfen Rhythmiker und dem gefühlvollen Ariensänger von selbst gegeben. Der Gefühlsausdruck des Ariensängers scheint zunächst häufig schwach, häufig übertrieben. Der treibende Rhythmus traf mit dem Gemeingefühl, dessen persönlicher Ausdruck er war, viel eher zusammen als die Arie, die aus dem Erlebnis hervorzugehen hatte. Sie konnte auch wohl, vom Wirkungswillen über die Grenze gestoßen, in das Patetico, in das Grandioso ausarten, dem wir in den Frühwerken so leicht begegnen. An sich war durch die starke Einfachheit der Empfindungen die scharfe Gegenüberstellung von Dur und Moll veranlaßt. Im Moll freilich deuten sich schon sehr früh stärkere Ausdrucksmöglichkeiten an: denn der Wille zum Tragischen, die Ahnung von dunklen Mächten lebt in dem Menschen, der nach eigenem Geständnis eine schwere Jugend hinter sich hat; der oft bei einem schwarzen Kaffee von frühmorgens vier bis abends sieben Uhr eine gewaltige Arbeit leistete, die sich gegen den Körper ausraste und ihn doch nicht zerrieb, sondern als Gefäß des übermächtigen Willens stählte; er dachte doch auch an den Tod, wollte ihn vom Leben auf die Bühne übertragen. — Freidenkend und im letzten Sinne unkirchlich, hat er noch den naiven Aberglauben des Volkes, und das Gespenstische hat Macht über den Musiker, der sich ihm gern auch im Geiste der Theaterwirkung überläßt. Kurz, alles Dunkle, Schmerzhafte ist sehr früh bereit, Verdis Ausdruck im Mollton zu färben. Zuletzt aber geht ihm das Wahre über das Phantastische. „Man wirft mir vor," sagt er, „daß „Trovatore" zu düster sei; aber ist etwa das Leben heiter?" Nein, das war es gewiß nicht für einen, der sich selbst den Ausdruck der Wahrheit und diesem die Wirkung abzukämpfen hatte: Kampf ohne Waffenstillstand.

Die Liebe begreift er wohl als mächtigen Hebel der Oper. Aber der Mensch, der, voll tiefer kindlicher Liebe auch zu Antonio Barezzi, seine Margherita heiratet, von ihr zwei Kinder hat, sie samt der Frau an rascher Krankheit verliert und dann noch gute Laune für die Buffooper „Un giorno di regno" des Jahres 1840 aufbringen soll, kennt die Liebe zunächst nur als bürgerliche Empfindung und trägt von ihr nur den Schmerz heim. Hier tritt die erste, wahrhaft tragische Stunde seines Lebens ein, da Leben gegen Schaffen kämpft, ein Mißerfolg wahrhaft niederdrückend wirkt, der Komponist seinen Dämon verkennen und dem Theater, das sich ihm kaum geöffnet hat, Lebewohl sagen will.

Liebe als reine Geschlechtsempfindung ist ihm, dem Unbedingten, fremd. Immer ist sie nicht nur gegenseitige körperliche Anziehung zweier Menschen, sondern ein aus den Tiefen, aus der fruchtbaren menschlichen Erkenntnis emporkeimendes Gefühl, das in der physischen Anziehung auflodernde Kraft erhält. „Wo keine Liebe ist, kann auch keine Musik sein", sagt er wohl später und dachte es auch. Aber in den Ausdruck der Liebe hat er erst hineinzuwachsen. Das Leben wird ihn belehren. Nach und mit der Gefährtin Giuseppina wird ihm die Sängerin Teresa Stolz so sehr Herzensfreundin, daß der Bruch mit dem hingebenden Freund und Kapellmeister Angelo Mariani, dem hinreißenden Ausdeuter des „Don Carlos" und zugleich Anbeter der Stolz, vielleicht darauf zurückzuführen ist. Noch „Macbeth" hat für die Liebe keinen Raum. Erst „Luisa Miller" von 1849 enthüllt die Ausdrucksfähigkeit in zarter Empfindung, veredelte Erotik, brennende Liebestragik: Vorläuferin der „Traviata" des Jahres 1853, die des leidenschaftlichen Verdi Beziehung zur Frau die endgültige Form und zugleich die einer rührenden öffentlichen Ehrenerklärung gibt. Hier haben ja Tod und Liebe sich verbunden, ihm letzte Geheimnisse echter Empfindung zu entlocken.

Abstufung der weicheren Empfindungen, die doch in dieser einfachen Natur verankert ruhen, ist also noch nicht da. Und alle Gegensätzlichkeiten zwischen Dur und Moll, zwischen Rasch und Langsam können den Eindruck des Stereotypen nicht hindern. Er wird noch verschärft durch den heftigen Allegrosatz, die Cabaletta, die wie ein wahres Sturzbad dem lyrischen Erguß folgt und das Tempo wieder zurechtzurücken, der drängenden Bewegungskraft wieder anzupassen sucht.

Wir sind also wieder bei dem Rhythmus als der zunächst grundlegenden Triebkraft und finden in ihm zugleich Schöpferisches und Hemmendes; die Macht, die das Typische und das Stereotype schafft: Dieser meist zweiteilige, zuerst viel seltener dreiteilige Rhythmus, einfach und ungegliedert, zwingt die Melodik in sein Bett, und wie er sich selbst wiederholt, prägt er auch der Melodik in den ersten Werken oft den Charakter des Dagewesenen auf. Es wird immer erstaunlich bleiben, wieviel Schwaches, wieviel in der leidenschaftlichen Bewegung Erstarrtes Verdis Genie duldet, während es doch wiederum in Augenblicken aufleuchtet und alles ringsum verdunkelt. Und es wird immer wieder merkwürdig bleiben, wie inmitten gewisser Rückerinnerungen und Anlehnungen an rhythmische und melodische Wendungen seiner Vorgänger doch die echt Verdischen kadenzierenden Schlüsse, seine sequenzenhaften Melismen sich in den allerfrühesten Werken vorfinden. Diese Keime haben sich zu entwickeln; das Typische hat sich zu reinigen und zu durchfurchen. Was Rhythmus und Melodie stereotyp macht, ist langsam abzustoßen. Dieser doch kontrapunktisch so gefestigte Maestro vergißt im Theater scheinbar seinen Kontrapunkt ganz. Sein eigenwilliger Rhythmus duldet zunächst keinen mehrstimmigen Bau; seine Arie gefällt sich in der

Triolenbegleitung; er greift im Übermaß zum Hilfsmittel des Tremolo. Sein Klangsinn ist von der Einfachheit seiner Musik beherrscht. Diese aber verfällt, dem Trieb nach Abwechslung und raschem Tempo folgend, in eine Gegensätzlichkeit, die eintönig wird. Es ergibt sich der Eindruck des Zusammengesetzten. Erst im „Macbeth" wird ein entscheidender Schritt zur Überwindung des Stereotypen getan.

Aber wohin man auch blickt: nirgends kündigt sich in dem italienischen Opernschaffen der Zeit ein solcher Wille zur Entwicklung, zum Ausdruck innerhalb des Körperlichen, Irdischen der Oper an. Nirgends drängt wie hier etwas unmittelbar Packendes, Zündendes im Rhythmus und in der von ihm gelenkten, ertrotzten Melodik empor; trägt die Arie, so oft sie zunächst der Schablone gehorcht und nichts Wesentliches auszusagen scheint, doch in einem glücklichen Augenblick soviel Verheißung in sich wie hier; ist auch durch alle Cabaletten, Stretten und phrasenhaften Kadenzumschreibungen hindurch die Möglichkeit des Aufstiegs zu einer beseelteren Oper zu erkennen.

Der Eigenwille des Verdischen Rhythmus kann von der Menschlichkeit veredelt, doch nicht gebrochen werden. Er kann einmal, im Wachsen des Empfindungsausdrucks, die immer noch starken Umrisse der „Aida", des „Othello" zeugen von der weltmännischen Abschleifung im „Falstaff" fähig werden.

Wie die bunte Welt des Theaters ihn anzieht, wie und wann die Stoffe ihn zur Aussprache auffordern: dies soll nun betrachtet werden.

VON DER VISION ZUM DRAMA

Eines Tages in den Jahren 1861—1862, erzählt Sella in seinen Erinnerungen, richtete er an seinen Nachbarn in der Deputiertenkammer, Giuseppe Verdi, die Frage, ob der Maestro seine wunderbaren Nummern erst allmählich, in langsamem Aufbau, aus dem Grundmotiv zu der vollen Schönheit ihres Auftretens entwickle. „Nein, nein!" unterbrach mich der Maestro mit großer Lebhaftigkeit, „die ganze Nummer steht sofort vor meinem geistigen Auge fertig, vor allem weiß ich ganz genau, ob Geige oder Flöte die betreffenden Töne am besten ausdrücken werden. Die Hauptschwierigkeit ist die mechanische Unmöglichkeit, den musikalischen Gedanken schnell genug, wie er in meinem Hirn entstanden ist, zu Papier zu bringen."

Diese Inspiration, die sich sogleich auf ein Ganzes erstreckt, braucht eine hervortreibende Macht: Situationen und Charaktere. Verdi wird nicht müde, das zu sagen. Ist ihm auch Musik mehr als Melodie und Harmonie, findet er auch in ihr einen unaussprechlichen Kern: Situationen und Charaktere sind nun doch die drängenden Kräfte seiner Musik, zwingen ihn dämonisch zum Schauen. Alles, was in seiner Kunst groß ist, und wie das Große aus seiner Umgebung hinausragt, das erklärt sich aus dem starken oder schwächeren Anlaß, aus dem sie hervorspringt. Aber sie springt aus ihm mit ungehemmter Unmittelbarkeit hervor.

Situationen und Charaktere sollen zugleich wirkungsvoll und wahr sein. Wo findet sich beides? Der Wahrheitssucher im Opernmenschen Verdi hat viel zu suchen und oft zu irren.

Man hat häufig und noch sehr lange über die Texte gespottet, die Verdi als Anreiz für seine Musik aufnahm; und selbst in seinen hinreißenden Werken würden gewisse Szenen in ihrer Unwahrscheinlichkeit gegen den Meister sprechen. Der Wahrheitsdrang, den er immer wieder bekennt, scheint durch sie widerlegt. Der Drang nach dem „effetto" scheint zuweilen mächtiger als er.

Und doch ist dem nicht so. Rhythmus, der die bildhauerische Darstellungskunst des Musikers im Sinne des Wirkungswillens verwendet und musikalische Formeln erzwingt; Melodik, die sich aus solcher Umklammerung zu befreien hat: beide sind erstens durch den Geist und durch die Form der italienischen Oper gebunden;

und hatten zweitens den Weg von bäuerlicher Einfachheit bis zur veredelten, verfeinerten Einfachheit mitzumachen. Die italienische Oper gehorcht als Gattung nicht wie die deutsche einer Idee, die nicht nur im ganzen, sondern auch in den einzelnen Teilen wirksam ist, sondern zielt auf Höhepunkte, die mit Blitzlicht beleuchten, wie sie die Aufmerksamkeit des Zuhörers ganz und zum Nachteil der umliegenden Partien beanspruchen. Die italienische Oper will Grenzpunkte leidenschaftlicher Empfindung aneinanderreihen, nicht abkühlende, abdämpfende Zwischenstufen durchlaufen. Musik ist dem Italiener eben eine Kunst der Grenzpunkte, zunächst durch die sinnliche Kraft der menschlichen Stimme verfochten; und Musik bleibt ihm auch Quelle und Ziel der Oper; so sehr, daß die Nummer, die Arie, Kavatine, Romanze als Formeln des musikalischen Ausdrucks sich einbürgern. Dies muß mit der Zeit zur Abnützung des Formelhaften, zur Schablone führen. Und Verdi eben, der den Typus der Oper als gegeben hinnimmt, der immer und immer wieder sich als Italiener betont, hebt sich aus dieser Umgebung durch die weit stärkere Willenskraft im Dramatischen, durch sein gärendes Theaterblut, durch den sich allmählich erweiternden Kreis der musikempfänglichen Stoffe, endlich durch das Ethos heraus, das ihn zur Äußerung seines inneren Wahrheitsdranges treibt. Will er „Situationen und Charaktere", so muß er notwendig, wie Pizzetti richtig sieht, zu „Stilisierungen" gelangen, aber diese sind, was derselbe scharfsinnige Essayist nicht hervorhebt, eben wieder durch die überragende musikalische Natur Verdis bestimmt, der, ganz anders als seine Epigonen, durch die vulkanische Unmittelbarkeit des dramatischen Schauens und der musikalischen Ausdeutung einzig bleibt. So sehr, daß in der Tat von seiner Musik aus der Zuhörer zum dramatischen Zuschauer wird; daß „Situationen und Charaktere", die sie hervorgerufen haben, wieder von ihr zurückströmen und sich von neuem kristallisieren.

Das Verhältnis Verdis zu seinen Operntexten erklärt sich damit von selbst. Der Gedanke, daß er sein eigener Textdichter werden könne, kann einem nicht aufsteigen, der nur Situationen und Charaktere will, und dem nicht die Dichtung, sondern die Musik gilt. Es wäre irrig, zu sagen, daß ihm die Worte nichts gelten. Sie bedeuten ihm, wenn sie orrore, gioia, vendetta heißen, soviel wie die Reime, die seinen Rhythmus mitzeugen. Klang und Versmaß sind von mitschöpferischer Kraft im Ausdruck der Situationen und der Charaktere. Darauf kommt es an, daß unter Situationen und Charakteren immer mehr verstanden wird. Mit diesem Fortschritt in der Grundanschauung ist auch der Entwicklungsgang bezeichnet. So kann auch ganz selbstverständlich, da der eine Mensch Verdi in innerem Wachstum und im Einklang mit ihm schafft, die lange Zeit und wohl auch noch heute übliche Einteilung seines Lebenswerkes nicht bestehen bleiben.

Verdi nimmt zunächst die Situationen und Charaktere von seinen Textdichtern entgegen. Daß diese ihre Stoffe vorzugsweise berühmten oder wirkungsvollen Wortdramen entnehmen und manchmal zu heftigen Einsprüchen Anlaß geben, versteht sich. Sie versklaven sich dem Herren Verdi, der nicht nur den Bau und die Folge der Szenen entscheidend beeinflußt, sondern auch die Prägung jener leidenschaftlichen, akzentfordernden, gipfelhaften Worte hervorruft. Beugt sich der Librettist dem Willen des Maestro nicht, der natürlich immer anspruchsvoller wird und ewige Änderungen verlangt, dann müssen sich Textdichter und Komponist trennen. Bis zum Erscheinen Arrigo Boitos sind die Textdichter, mit einziger Ausnahme des Schillerübersetzers Andrea Maffei, oft Reimer, doch nie würdige Genossen. Am Ende aber ist der Komponist innerlich so gereift, daß er nur im Einvernehmen mit dem Textdichter, der eben ein Dichter ist, das Kunstwerk der Oper entwirft und schafft.

Die Erfahrungen Verdis mit seinen ersten Textdichtern sind sehr wechselvoll. Das starke Unabhängigkeitsgefühl des jungen Maestro läßt ihn an dem wilden Temistocle Solera Gefallen finden, dessen Nabucco-Textbuch ihm der Impresario Merelli aufgedrängt hat. Solera ist der Sohn eines von den Österreichern als Carbonaro verhafteten und nach der Feste Spielemberg gebrachten Mannes; im Wiener Theresianum erzogen, über die Anstaltsmauer zu einer Zirkustruppe entwichen, in Ungarn aufgegriffen, ins Collegio nach Mailand überführt, als Dichter entdeckt; also Urbohemien von aufkochender Leidenschaftlichkeit, doch nicht zur Sammlung seiner Kräfte geboren und zu einem ziellosen Dasein und Ende bestimmt. Dieser Solera hatte reiche Erfindungskraft für Situationen, doch nicht den Willen sie durchzudichten. Dem Musiker Verdi vertraute er genug, um sich selbst von Arbeit zu entlasten. Schon dieser „Nabucco" führte

VERDI (1845)
Lithographie von J. Rigo Lebret

VERDI (1853)
Stich von Ch. Geoffroy

VERDI (1849)

EINE SEITE AUS DER ORIGINALPARTITUR DES RIGOLETTO
(Anfang des Quartetts)

ja zu dem eigentümlichen Zwischenfall, daß der schmächtige, doch willenskräftige und besessene Maestro den ihm an Körperkraft weit überlegenen Solera einsperrt, um von ihm auf der Stelle anstatt eines Duetts eine große, wirksame Nummer zu erzwingen. Ein Sieg des Dämons über den Körper. Aber so stark sie auch durch Unabhängigkeitsgefühle verbunden sind, zwischen dem lärmend aufgeräumten Bohemien und dem sinnend verschlossenen, zielbewußten Maestro kann es keine dauernde Gemeinsamkeit geben. Die „Lombardi", „Giovanna d'Arco", „Attila" zeigen die absteigende Linie der Eingebungen Soleras an. Wieviele leidenschaftliche Szenen der Freude, der Rührung, der Verärgerung zwischen den beiden!

Salvatore Cammarano, Verfasser der „Alzira", der „Battaglia di Legnano", später der „Luisa Miller" und des fast gegen ihn berühmt gewordenen „Trovatore" ist ein bedeutendes Zwischenspiel. Denn ihm wird die Gemeinschaft im König „Lear" angetragen und der erste Entwurf des Textbuches 1850 übergeben. Francesco Maria Piave ist Verdi mehr. Dieser gewiß sehr mäßige Geist und Reimschmied brachte für Verdi eine hingebende Unterwürfigkeit auf. Er betet ihn als Gott an, läßt sich von ihm nicht nur den Bau, sondern auch Verse verstümmeln, freut sich mit ihm und darf dafür, vom Schlaganfall gelähmt und der Sprache beraubt, die ganze Güte Verdis erfahren. Nach dem Glück des „Ernani", mit dem er den nicht leicht zu befriedigenden Maestro gewinnt, wird die weitere Verbindung über alle Unzulänglichkeit der Textbücher hinweg durch die Ergebenheit des Mannes fester geknüpft. Die beiden „Foscari", „Macbeth", der „Corsar", „Stiffelio", „Simon Boccanegra", „Forza del Destino" sind eine Stufenleiter der halben Erfolge oder der Mißerfolge, aber „Rigoletto" und „Traviata" werden auch Piaves Stern. Sein Begriff vom Drama ist nicht zu unterbieten: die Unwahrscheinlichkeit der Situationen, die Minderwertigkeit des „effetto", das Fehlen innerer Zusammenhänge scheinen hier in Dauer erklärt, sobald die Phantasie des Mannes selbst tätig sein will. Aber er ist ja der getreue und naive Benutzer, nein, Ausbeuter dichterischer Vorlagen, die Verdi anrät oder mindestens billigt. Aus solchem Gefüge war nun Menschliches herauszuschälen, das Verdi freilich ursprünglich schon hineingedacht hatte.

Bescheidenheit mußte die Tugend der Textdichter Verdis sein.

Und Antonio Ghislanzoni, der Textdichter der „Aida", hatte sie in reichem Maße zu üben. Dieser einst in Mailand unter den Jungen als lombardischer Paul de Kock bekannte Textdichter und Epigrammatiker sollte an „Aida" nur seine hohe Verskunst beweisen, brauchte nur einen französischen Entwurf in italienische Worte zu übertragen, hatte sich um die Gestaltung des Buches gar nicht zu kümmern. Französische Schriftsteller, die Verdi in Frankreich Gerüst und Worte für bestellte Arbeit lieferten, sind in dieser Reihe ohne Belang.

Und nun sind wir eben bei Arrigo Boito, dem schöpferischen Musiker mit der ganz anderen dramaturgischen Kenntnis.

Man sieht: der Verbrauch Verdis an Textdichtern in seiner langen Lebensbahn ist nicht gering. Unter ihnen gibt es Ungenannte wie Antonio Somma aus Udine, den Dichter des „Maskenball", der doch literarischen Ehrgeiz hat und seinen Namen nicht auf ein unoriginales Textbuch setzen will.

Briefe an einzelne Librettisten sind von klärendem Wert.

* *
*

Diese also sind meist getreue Diener im Ausnützen von Situationen und Charakteren.

Aber Verdi sucht sich auch schon sehr früh Führer zur Erkenntnis des Wahren: Alessandro Manzoni und Shakespeare. Diese beiden strömen ihm, dem Naiven und Ungelehrten, in ihrer vollen Kraft zu, bereichern ihn, begleiten seinen Weg zu menschlicher und musikalisch-dramatischer Höhe.

Wie tief sich Verdi vor dem Verfasser der „Promessi Sposi" neigte, zeigt dieser Brief des Jahres 1867: „Wie sehr beneide ich meine Frau, diesen Großen gesehen zu haben! Aber ich weiß nicht, ob ich, wenn ich nach Mailand komme, den Mut haben werde, mich ihm vorzustellen. Sie wissen wohl, wie groß und welcher Art meine Verehrung für diesen Mann ist, der, nach meiner Ansicht, nicht nur das größte Buch unserer Epoche, sondern eines der größten Bücher geschrieben hat, die jemals aus einem menschlichen Hirn hervorgegangen sind. Und es ist nicht nur ein Buch, sondern ein Trost für die Menschheit. Ich war 16 Jahre alt, als ich es zum ersten Male las. Seit jener Zeit habe ich gar manches andere Buch gelesen, über das ich bei wiederholter Lektüre im vorgerückten Alter meine jugendlichen Urteile geändert oder gar ausgelöscht habe — und es waren sehr berühmte dabei. Aber für dieses Buch dauert meine Begeisterung unvermindert an; ja, bei fortschreitender Kenntnis der Menschen ist sie noch gewachsen. Und zwar darum, weil dieses Buch „wahr" ist; so wahr wie die „Wahrheit" selbst. Oh, wenn die Künstler einmal dieses Wahre begreifen könnten, gäbe es nicht mehr Zukunfts- noch Vergangenheitsmusiker; weder veristische, realistische, idealistische Maler; weder klassische noch romantische Dichter; sondern nur wahre Dichter, wahre Maler, wahre Musiker."

So schreibt der Reife und Gefeierte des Jahres 1867 an die ihm befreundete Gräfin Clara Maffei, geborenen Gräfin Carrara-Spinelli, die in ihrem Salon die besten Geister vereinigt. Manzoni bleibt für sich und wird von ihr jeden Sonntag nach der Messe besucht. Auch der berühmte Dichter hält sich gern abseits, haßt Wortverschwendung, teilt aber die Bewunderung der Welt für Verdi, der ihn endlich im Mai 1868 kennenlernt.

In den „Promessi sposi" sieht Verdi offenbar erfüllt, was er triebhaft geahnt hat. Er selbst, Naturkind, allem Gekünstelten abgeneigt, vertraut sich diesem geistigen Führer an, der, Uritaliener, aus tiefem Mitgefühl mit der Seele des Volkes überlegenen Humor schöpft und immer gemeinverständlich bleibt. Ja, Manzoni schreibt ein echtes Volksbuch, er spricht eine Sprache, die dem Schatz der Volkssprache entweder entnommen ist oder in ihn übergehen muß. Diese Fähigkeit zu volkstümlichen, aus seelischen Tiefen geborenen und doch bildhaften, gleichnisreichen Prägungen ist beiden gemeinsam. Nur daß eben Manzoni schon zu der Weisheit vorgedrungen war, die Verdi selbst sich noch zu erkämpfen hat. Auch Verdi, dem Lombarden als Norditaliener und als ethisch gerichteter Mensch verwandt, wird einmal, bei solcher Führerschaft, solche Weisheit finden. Nur auf weitem Umweg. Denn Manzoni hat nicht gärende Leidenschaftlichkeit in sich. Er kann als Verstehender zwar die Not einer durchkreuzten und zum Siege bestimmten Liebe begleiten, doch nie von seinem Blut übermannt werden. Auch darin ist er wahr. Skeptiker, Verneiner, später zum Glauben bekehrt. Seine Personen mögen noch so scharf umrissen sein: sie werden doch mit epischer

Ruhe durch die Landschaft und durch ihre Schicksale geführt. Und sie haben gerade darum die innere Wahrheit, Abgestuftheit, Notwendigkeit von Menschen, wie sie die Oper kaum schaffen kann.

Hat für Verdi Meister Manzoni das Landschaftliche, Volkstümliche, Wahre im Roman verwirklicht, so zeigt Shakespeare dem Theatermenschen in ihm die Kraft des Schauens, die Unmittelbarkeit der Gestaltung. Hier bewundert er auch die Fähigkeit „das Wahre nicht nur nachzubilden, sondern zu erfinden". Und sein Instinkt führt ihn ganz selbstverständlich zu dem, der oft genug Grenzfälle des Menschlichen nebeneinanderstellt, ohne doch menschlicher Erfahrung zu widersprechen.

Man kann sagen, daß der dramatische Wille Verdis an Shakespeare gereift ist. Ganz früh schon, nach den ersten Triumphen und Mißerfolgen, mißt er seine Absichten an den Taten des großen Briten, den er über alle, auch über die Griechen stellt. Und natürlich über Schiller, den er ja wiederholt als textliche Vorlage benutzt hat. Aber er überzeugt sich, daß der deutsche Dramatiker den starken Wirklichkeitssinn des größten Dramatikers nicht hatte, und daß er der Wahrheit durch allzu ideal erdachte Gestalten entgegenhandelte. Shakespeare leuchtet ihm voran, seine Menschen sind ihm unbedingt wahr und beschäftigen ihn jahrzehntelang; so sehr, daß er „Macbeth" trotz dem hier fehlenden Grundgefühl der Liebe zu komponieren unternimmt. Aber der „Lear" sucht ihn schon um 1850 heim, er hat ihn mit Cammarano, dem Frühverstorbenen, durchgesprochen; er setzt sich über ihn 1853 ausführlich und zielvoll mit Antonio Somma auseinander; dieser „Lear" sucht ihn fast ein ganzes Jahrzehnt, von 1848 an, heim; schon verhandelt er mit Neapel wegen der Sänger; auch „Hamlet" wird ihm von dem Dichter Carcano anempfohlen; Othello, Falstaff werfen schon früh ihre Schatten vorauf. O er begreift, daß die Shakespeareschen Bösewichter wie Edmund oder noch viel mehr Jago abgefeimte Gesellen sind. Aber sind sie nicht wahr wie die Engelsgestalten Cordelia, Desdemona? Der Tod, das Düstere, das Schmerzliche, das unverdiente Leid, alles, was gemeinsam in das Leben tritt, ist auch dem Opernkomponisten Verdi, der das Tragische will, starker Anreiz zum Schaffen. Und es quält ihn der tragische Narr, den er im „Rigoletto" umrissen hat; und den er allerorten bei Shakespeare wiederfindet.

Trotzdem steht er dem Meister im Dramatischen nicht unkritisch gegenüber. Der Drang nach beständigem Wechsel, nach Gegensätzlichkeit im Bühnengeschehen, der Verdis eigenem Instinkt so sehr zuspricht, führt doch bei Shakespeare zu einem Übermaß, und Verdi sieht sich nicht ohne Peinlichkeit einer Laterna magica gegenüber. Diese rasche und ununterbrochene Veränderung des Schauplatzes, der auch vom Standpunkte der Bühneneinrichtung sehr unbequem ist, will er allmählich ebenso vermeiden wie das Eintönige durchgehender Düsterkeit oder den Theaterdonner des reinen Spektakelstückes. Aber wenn Situationen und Charaktere entscheidend sind, dann bleibt Shakespeare Meister der Meister. In ihm findet der naive Verdi eine auch durch Klugheit und Tiefe nicht gefährdete Naivität.

Sind diese, Manzoni und Shakespeare, ihm Führer zum Menschlichen auch in der Oper, so greift er gern zu Dante und Ariost, die ihn der großen italienischen Vergangenheit verknüpfen; achtet den Dichter Giosué Carducci, der den Inno a Satana geschrieben hat; ist auch dem echten Satiriker Giuseppe Giusti nahe; und schätzt in Frankreich die knappe Gegenständlichkeit Emile Zolas, ohne seine geschlechtlichen Naturalismen mitzumachen. „La débâcle" und hier die Gestalt Moltkes haben ihn, den Eigenwilligen, gepackt.

* *
*

Die Früchte solcher dramatischer Reinigungsarbeit sind in seiner Entwicklung nicht zu verkennen, können aber den Grundcharakter seines Schaffens nicht ändern. Unmittelbarkeit der Anschauung, Blitzhaftigkeit des Einfalls, das geringste Maß an Hemmung zwischen Erfindung und Niederschrift bleiben bestehen.

„Es ist mir nicht gegeben", sagte Verdi, „Musik durch das bloße Ansehen auf mich wirken zu lassen..." So läßt er sich von Ricordi nie neue Musikalien schicken, noch prüft er sie bei ihm in Mailand oder in Bibliotheken. In seinem Hause gibt es kaum Noten. Die besten der neueren Opern kennt er wohl, hat sie aber nicht studiert, sondern hört sie nur im Theater. Und er nennt sich in einem Briefe an den Kritiker Dr. Filippo Filippi „den unwissendsten unter allen älteren und modernen Meistern." Auch launig einen „guastamestieri", einen Pfuscher. Freilich nur in dem eben bezeichneten Sinne, denn er hat eine strenge musikalische Erziehung genossen. „Daher kommt es, daß meine Hand stark genug ist, die Noten nach meinem Willen zu beugen und sicher genug, die gewünschte Wirkung zu erzielen."

Aber aufschlußreich bleibt vor allem Verdis Erklärung, daß es für ihn Augenmusik nicht gibt. Hier sind wir an der Quelle der Unmittelbarkeit seines Schauens und Schaffens. Instinkt und Sinnlichkeit wollen noch können durch das Notenbild gestört werden, das in das Gedächtnis eingeht, unweigerlich andere Vorstellungsreihen hervorruft, das Wesen des Schaffens von Grund auf verändert. Hier, in diesem Geständnis spricht Urmusikantentum, aller Musikzivilisation völlig fern. Mit diesen Worten des wortkargen Verdi wird für ihn ein ganzes Jahrhundert der Nervenmusik gestrichen.

Es geht ja hier nicht nur um den ungetrübten musikalischen Einfall, sondern auch um die hemmungslose dramatische Anschauung. Für jenen wirken nur das äußere und das innere Ohr, diese ist natürlich auch einem Gesichtsbild verknüpft, da sie Situationen und Charaktere sucht. So sehr nun auch Verdi gerade für seine dramatische Entwicklung Vorbilder und Vorlagen braucht: zuletzt sind es doch leidenschaftliche Grundgefühle: Liebe, Haß, Rachedurst, Freude, Rührung, die in ihm nach Musik rufen, und schließlich sind seine Gestalten, seine Charaktere im wesentlichen von solchen Grundgefühlen erfüllte Menschen. Werden aber gedankliche Momente dieser in Grundgefühlen verankerten dramatischen Anschauung beigemischt, dann saugt sie doch die Musik, Quelle und Ziel seiner Kunst, völlig auf. Der schöpferische Akt ist trotz allen vorbereitenden Schritten rasch und hemmungslos. Der Dämon, der das Genie treibt, drängt zum allerkürzesten Wege.

Und verkürzt auch alles Mechanische. Die große Sicherheit und Klarheit einer mit äußerster Schnelligkeit hingesetzten Notenschrift bezeugt die schöne Unbedenklichkeit des Schaffensvorgangs. Was er selbst von sich aussagt, wird durch das Aussehen der handschriftlichen Partitur bestätigt. Klangsinn und sinnliche Anschauung erfinden einheitlich Gesangsstimmen und das Orchester, das nun nicht jenen zu Hilfe kommt, nicht den Rahmen für sie stellt, sondern aus der Klangvorstellung und dem Gefühlsausdrucksvermögen zugleich mit ihnen emporwächst. Daher auch die Ungebrochenheit der Linie in dem also empfangenen Stück. Die Skizze spielt kaum eine Rolle und umfaßt nicht mehr als eine oder allerhöchstens ein paar Seiten für das Werk. Kleine Gedächtnisstütze für entscheidende Punkte. Aber sie enthält nicht früher aufgeschriebene und nun für die neue Oper umzuschaltende Melodien oder Motive. Denn Verdi hat den Text vor der Komposition oft genug durchgelesen und dabei aus den Worten und aus den Situationen die Musik in sich aufkeimen lassen. Beim Deklamieren hat er Wort, Bedeutung, Farbe der Worte, ihre Betonung und Abwandlung je nach dem Gefühlsausdruck vorgeschaut und entworfen.

Aber nicht nur dies. Die sichere theatralische und musikalische Wirkung wird auch schon von bestimmten Sängern erwartet, die dem Komponisten als Ausführende vorschweben. Nicht so zwar, daß die Primadonna oder der Tenor die Nummer veranlassen, wie es wohl früher meist geschah. Hier ist, viel mehr wird es die Ausnahme. Der Maestro, der die italienische Oper dramatisch veredeln will, der von Situationen und Charakteren beherrscht wird, schwebt immer zwischen ihren Forderungen und denen der Darstellung. Er ahnt sie voraus, aber er baut doch mehr und mehr auf so sicherem Grund, daß der singende Mensch nicht allein über die theatralische Wirkung entscheidet.

Verdi sucht die Sensation, die zur Oper gehört. Damit muß er sich notwendig von Shakespeare, seinem dramatischen Lehrmeister, entfernen. Niemals oder doch nur ganz am Ende wird er die gleichmäßige Temperatur des durchgearbeiteten Wortdramas, das ein Ausdrucksdrama ist, erreichen. Es drängt ihn zum Unzweideutigen. Aus und mit der Verkürzung und Zuspitzung im „szenischen Wort" ergibt sich ihm die musikalische Zuspitzung. Und geschieht es doch zuweilen, daß das Melodische als Nummer ganz abseits der Situation oder des Charakters wie ahnungslos erfunden oder hingeworfen scheint, dann ist es eben reine oder gar gemeinplätzliche Musik eines Musikanten, der auch einmal schlummern, von seiner ungeheuren Energie ausruhen darf.

Unzweideutig zu umreißen, Typen hinzustellen zwingt sich Verdi schon sehr früh durch das charakteristische Motiv: es steht starr und festgefügt da. Die Situation kennzeichnet sich im Orchestervorspiel und im Rezitativ: immer hat dieses Härte und Charater, oft hämmert es uns beharrlich eine Note entgegen. Wie schwer wird es diesem Rezitativ werden, sich der Arie, einem meist gegensätzlichen Gebilde, anzuschmiegen! Das kann nur geschehen, wenn die Leidenschaft sich etwas abkühlt. Diese aber offenbart ihre zügellose Kraft in den Ensembles, unvergleichlichen, erzenen Stücken. Was wir expressionistisch nennen, ist hier unter den Händen eines aus dem Instinkt heraus schaffenden Maestro geworden. Sein inneres Tempo treibt ihn zur Zusammendrängung von Stimmen und Stimmungen, von Charakteren und Nichtcharakteren, und der Schüler Palestrinas deutet die Vokalkunst seines Meisters in die profanste Sprache der Sinnlichkeit um. Situationen und Charaktere sind im Blitzlicht aufgefangen und festgehalten. Rechnen wir zu alledem die wie Schlagwetter auftretenden harmonischen Rückungen der Sequenz, die bei der Einfachheit und Ungesuchtheit des harmonischen Gefüges doppelt überraschen; die genialen Einfälle des Instrumentators, der oft den Pulsschlag des Menschen belauscht: dann haben wir ein reiches Rüstzeug, Situationen und Charaktere im Geiste des Dramas, wie es Verdi versteht, das heißt im Hinblick auf die theatralische Wirkung, vor die Sinne des zuschauenden Hörers zu rücken.

DER MEISTER DER ITALIENISCHEN REVOLUTION

NABUCCO, LOMBARDI, ERNANI

Es herrschte große Aufregung in der Scala. Man erinnerte sich nicht, so bewegte Proben erlebt zu haben. Alles, selbst die Bühnenarbeiter, war wie gebannt von der Musik des jungen Maestro. Sie hatte etwas Aufrührerisches. „Nabucco" mußte ein Erfolg werden. Aus dem uralten Babylon kam dem Komponisten neue Erleuchtung. Die unterdrückten Hebräer, die an den Flüssen Babylons weinten, lenkten den Blick auf die unterdrückten Italiener. Aus dem Druck, aus der Träne quoll die aufrührerische Kraft dieser Musik.

Und aus dem persönlichen Erlebnis. Vorangegangen war ein in Busseto geschriebener Oberto, Conte di Bonifacio, eine Oper, die gewöhnlich als lahme, blasse Bellininachahmung gilt, in Wirklichkeit aber inmitten aller Blässe gewisse Züge mittlerer Werke vorwegnimmt und den jungen Verdi sofort der allgemeinen Aufmerksamkeit empfahl. Es war ein merkwürdiger Glücksfall gewesen, wie der Musiker nach vergeblichem Versuch, seine Oper 1837 in Parma aufführen zu lassen, auf mancherlei Umwegen 1839 an die Scala gelangte und in dem Impresario Bartolomeo Merelli einen Gläubigen fand. Um so stärker der Niederbruch, als die komische Oper „Un giorno di regno" (il finto Stanislao) durchfiel. Hier hatte ihm sein Vertrag, seine Unkenntnis des eigenen Wesens und seine theatralische Unerfahrenheit ein Textbuch des Bellinilibrettisten Felice Romani in die Hände gespielt, das schon durch mehrere Hände gegangen war. Nicht ohne Lächeln sieht man noch in diesen Jahrzehnten Textbücher als Ladenhüter immer wieder feilgeboten. Da aber Verdi bei Lavigna schon Buffonummern geschrieben hatte, nahm er das Angebot Merellis an, verwandte einiges Frühere und hielt sich übrigens meist in den Grenzen einer faden Konversation. Doch kann man bemerken, wie Österreich, wie Wien, damals das verhaßte Herrenland der Italiener, dem anlehnungsbedürftigen, seiner selbst nicht sicheren Maestro zuwinkte: da taucht als Erfrischung gelegentlich ein Nachhall des Wiener Walzers, aber im Viervierteltakt, auf; nur wiegt dieser Lannergedanke, den er kindlich übernimmt, in einer so wenig empfundenen und so unwirksamen Partitur nicht eben schwer; Merelli, auch Impresario des kaiserlichen Theaters in Wien, kann sein Werk bestimmt nicht an die Donau verpflanzen.

Wie der zusammengebrochene Verdi sich zu seinem Schwiegervater Barezzi zurückflüchtet, scheinbar alle Fäden zur Theaterwelt zerreißt, dann aber in einer unüberwindlichen Neigung zu ihr den heißen Boden Mailands wieder betritt; wie ihm in einer fiebrigen Nacht aus dem widerwillig angenommenen, ursprünglich für Nicolai geschriebenen „Nabuccodonossor"-Text Soleras die Worte „Va pensiero, sull' ali dorate" (Steige, Gedanke, auf goldenen Flügeln) immer wieder lockend entgegenklingen: das ist kennzeichnend für den inneren Zwang, der ihn zum Theater ruft, und für die drängende Gewalt seiner Empfindung.

Verdi saugt im Kampfe mit sich selbst den Text in sich auf; Situationen und Charaktere fehlen in ihm nicht. Und mächtig ist das religiöse Gefühl, auf dem er ruht: dieser König Nabuccodonossor, der das Blutbad an den Hebräern plant; diese Sklavin Abigail, die ihn sich hörig macht; der Oberpriester Zacharias, der in entscheidenden Augenblicken auftritt; Vaterliebe, Glaubenshaß, Wahn, Reue: dies alles gewittert im Text, ohne einer seelischen Abstufung fähig zu sein. Die großen Leidenschaften sind im Spiel; aber der liebende Tenor ist bedeutungslos. Die Arie des Zacharias im ersten Akt, die der Chor unisono aufnimmt, hat die ganze Feierlichkeit eines aus der Tiefe strömenden Gesanges. Der Zuhörer wurde hier an den „Mosè" Rossinis erinnert. Und wir sehen bereits den Melodiker Verdi am Werk, der erklärt, daß Melodien nicht aus Trillern, Läufen, Verzierungen gebildet werden; der niemandes Nachahmer, also auch nicht der einer Nachtigall sein will. „Bedenke wohl," schreibt er einmal, „Melodien sind zum Beispiel der Chor der Barden, das Gebet des Moses, dagegen nicht . . ." und hier zählt er manche beliebte Nummer aus Rossinischen Meisterwerken auf. Sie gelten ihm nicht einmal als „gute Musik". Die Abneigung gegen alle Niedlichkeiten im Melodischen äußert sich stark. Aber die „Preghiera del Mosè" steht unter den wahren Melodien selbst für den Aidakomponisten. Und diese Grundempfindung treibt zur Gestaltung schon im Nabucco. Am eindringlichsten wird der Gesang an den Ufern des Euphrat.

Dieser, Kern und Grundmotiv der Oper, hat ihn auch sofort volkstümlich gemacht.

Die Kraft, die vom Druck ausgelöst wird, offenbart sich rückhaltlos im Chor der Leviten. Alle Eigentümlichkeiten Verdischer Chorbehandlung, seine „ruvidezza", seine Rauheit und sein Tempo sind in ihm ausgesprochen. Der zum „effetto" Hinstrebende zielt auf packende Finales. Das erste brachte das Publikum zur Raserei. Nach diesem Höhepunkt, nach dem des zweiten und des dritten Aktes bedeutet der vierte nur wenig und blieb meist weg.

Verdi hatte die Schwungkraft seines in drei Monaten beendeten Werkes zwei großen Künstlern mitgeteilt und zum ersten Male die ganze Macht der singenden Persönlichkeit innerhalb der Oper und das unvermeidliche Zusammenfließen von Schaffen und Leistung an sich erfahren. Gewiß hatte schon seinem „Oberto" der berühmte Baß Ignazio Marini, dann Verdis Freund, zum Siege verholfen. Doch hier lag es anders. Die anmutige Giuseppina Strepponi, Meisterin des Gesanges, starke Empfinderin, echter und urteilsfähiger Musikmensch hatte ja schon vor der Aufführung ihre Eindrücke auf die nähere und entferntere Umgebung zu übertragen gewußt. Sie war auch Verdis Beraterin geworden, dessen „Oberto" sie einst Merelli empfohlen hatte. Zwar hatte sie, Tochter eines Musikers und Zögling des Mailänder Konservatoriums, schon sehr früh, in Triest und an der Scala, dem Theater angehört, war aber auch von der abenteuerlichen Buntheit des Lebens innerlich unberührt geblieben und ragte menschlich und geistig weit über das Mittelmaß der Sängerinnen empor. Als sie sich im Duett des dritten Aktes, zwischen Nabucco und Abigail, mit dem Bariton Giorgio Ronconi, dem König der Baritonisten jener Zeit vereinigte, wurde dies befruchtend für den Künstler und Menschen Verdi, wie es die Zuhörerschaft zu lautem Jubel stimmte.

Nabucco gewann dem jungen Maestro Volkstümlichkeit, Freundschaft und Liebe zugleich; denn außer seiner Giuseppina gewann er die Baronin Clara Maffei, eben jene, die bis zu ihrem Tode treu zu ihm hielt. Die mailändische Gesellschaft bewarb sich um ihn, der die Einsamkeit liebte.

*   *
*

Die Schlagworte, die Verdi in seiner Musik geprägt hatte, konnten ihm selbst gefährlich werden. Denn um jene Zeit gingen die Gedanken des Popularphilosophen Gioberti um, der eben den Katholizismus in den Dienst des italienischen Geistes, also des Befreiungswerkes stellen wollte. Was sich bei ihm nicht ohne Schwere und Künstlichkeit kundgab, dafür schien Verdi die musikalischen Formeln gefunden zu haben. Aber wie zufällig war „Nabucco" dem jungen Maestro aus der Feder geflossen, wie im Sturm hatte sich das innere Fieber durch dieses Werk gelöst, und selbst der Marsch, einst für den Karfreitag in Busseto geschrieben, hatte erst im Rausch der Leidenschaft den Charakter eines zündenden Stückes gewonnen. Das etwas zusammengeflickte Vorspiel soll in einem Café und bei einem guten Glas Wein entstanden sein, während Barezzi und ein Landsmann an der anderen Seite des Tisches plauderten; denn Barezzi, Entdecker und Gönner Verdis, durfte bei keiner Neuaufführung seiner Werke fehlen.

Nein, Verdi war gewiß weder Gelegenheitskomponist noch politischer Aufrührer. Aber das geprägte Schlagwort, der Typus einer Musik von der Tat zutreibender Kraft: dies wirkte unwillkürlich zunächst auf den Dichter, dessen klingende Verse dem Maestro den Weg zum Erfolg gebahnt hatten, und dessen Freiheitsgefühl sich nun in weit zeitnäheren Strophen ausleben wollte. Freiheitsgefühl, Wirkungswille, eine dem Romantischen zugewandte Phantasie also schufen den Text der „Lombardi". Die Lombarden, die zum ersten Kreuzzug marschieren, sind als eben jene gedacht, die sich gegen Österreich wenden wollen. Nur schade, daß das romantische Gefühl des Dichters in der Ausbeutung des Grossischen Romans so ungehemmt auf den Effekt zielte, daß es also einseitig auf überraschende Situationen ausging. Das Unwahrscheinlichste wurde hier Ereignis, der Wechsel des Schauplatzes wurde grotesk. Das Grundmotiv war klar; aber was sich darüber abspielte, war eben jene Theatralik im schlimmsten Sinne, die der spätere Verdi als Theater der Laterna magica peinlich empfand: Liebe, Eifersucht, Rache, Brandlegung, Vatermord anstatt des Brudermordes, Reue, Kreuzzug, Raub, Kampf, Liebe, Bekehrung. Hauptpersonen zwei Brüder, die Tochter des einen, Giselda; ein griechischer Prinz Orontes. Alles drängt zu einem rührenden Schluß. Dieses persönliche Schicksal der genannten Personen vollzieht sich zwischen Mailand und Jerusalem, und das Heldentum bringt Glorie und Sühne, wo so viel Verbrechen geschieht. Man mag einen Komponisten, der solchen Wirrwarr musikalisch durchleuchten soll, aufs tiefste bedauern; aber der Verdi dieser Zeit fand in solchem Libretto alles, was sein Blut in Wallung brachte. Die Gegensätzlichkeit des Geschehens, des Schauplatzes, der Empfindungen ohne seelische Begründung, aber mit dem aufrührerischen Unterton, reizte seine Phantasie. Die Taufszene schien ihm stark, rührend, wirkungsvoll. Das Einvernehmen zwischen Verdi und Solera war vollkommen.

Wer von der Höhe Verdischer Meisterschaft auf diese Musik zurückschaut, dem wird sie den ersten Gipfel seiner Inspiration, die abwechslungsreichste Äußerung seiner rhythmischen Lebendigkeit bedeuten. Aber er wird auch hier die Linie erkennen, die sich zu den Werken der Reife hinzieht. Ein Menschliches will durchbrechen, und wieder deutet sich, wenn das Wort „gioia", „gioia immensa" drängt, eine melodische Triolenfigur an, die zur „Traviata" führt. Auch die Zigeunerin der „Trovatore" ist vorgeahnt. Allerdings stärker als dies bleibt der Wechsel des Schauplatzes, das Schalten der zügellosen Phantasie mit der faustdicken Unwahrscheinlichkeit, das jugendliche Feuer und die wilde Begeisterung im Chor der Kreuzfahrer, der Ruf „All'armi", der Ausdruck der Grausamkeit bei den Muselmännern. Der Sechsachteltakt, den „Nabucco" noch nicht kennt, tritt hier auf. Die Feierlichkeit des anderen Werkes ist verlassen, aber sein Grundton unverändert. Verdi läßt nichts unversucht, um die Wirkung zu verstärken. Das Quintett des ersten Finales mit der Phrase „Farò col nome solo il cielo inorridir" ist mit Zielsicherheit hingesetzt. Verdi fühlt, wie die Cabaletta seinem Tempo gemäß ist, und erfindet im zweiten Akt eine neue, ohne freilich darum dem Gemeinplatz zu entweichen. Das Finalterzett im dritten Akt, mit vorangehendem Violinsolo: Die Wasser des Jordan im Spiel der Harfen, die drei Stimmen in freier Bewegung, ein Stück von melodischem Atem und dramatischem Überschreiten der durch das Herkommen gezogenen Grenzen, ist eine grandiose Nummer. Und schließlich muß ein vierter, der sehnsüchtige Chor „O Signore, dal tetto natio" wie ein Funke in die Seele des unterdrückten Volkes fallen.

Alles traf zusammen, um die Sensation noch sensationeller zu machen: Die Vorzensur, die, auf Anregung des österreichischen

Erzbischofs, gottesdienstliche Handlungen, Visionen, Prozessionen auf der Bühne hatte verbieten wollen; der Gesang der Erminia Frezzolini, seiner Giselda, die diese vielgeprüfte Frau hinreißend durch alle Schicksale führte; der Lärm eines Orchesters, das den Chören nicht nachstehen wollte; die Haltung der österreichischen Offiziere, die gegenüber dem Ausbruch der Volksleidenschaft unklug handelten.

Verdi hatte also im März 1843 seinen neuen gewaltigen Erfolg und war der „maestro della rivoluzione italiana" geworden. Doch in ihm ging anderes vor. Erfahrung an den Menschen hatte ihn zu einem leidenschaftslosen Beobachter der Menge gemacht. Der Schmerz hatte ihn innerlich reifen lassen. Im Jahre 1859 schreibt er folgende aufhellenden Worte an Tito Ricordi: „Du wunderst dich über die Ungezogenheit des Publikums? Mich setzt sie ganz und gar nicht in Erstaunen. Es ist immer glücklich, wenn es Gelegenheit hat, Skandal zu machen. Im Alter von 25 Jahren hatte auch ich noch Illusionen und glaubte an seine Höflichkeit; ein Jahr darauf fiel mir die Binde von den Augen, und ich sah, mit wem ich es zu tun hatte. Mich machen gewisse Leute lachen, wenn sie mit vorwurfsvoller Miene mich darauf hinweisen, daß ich diesem oder jenem Publikum viel verdanke! Es ist wahr: an der Scala hat man erst einmal den „Nabucco" und die „Lombardi" beklatscht; mag es nun der Musik, der Sänger, des Orchesters, der Chöre, der Ausstattung wegen gewesen sein: Tatsache ist, daß alles zusammen ein Schauspiel war, das den Beifall durchaus rechtfertigte. Wenig mehr als ein Jahr vorher jedoch mißhandelte dieses selbe Publikum die Oper eines armen, kranken jungen Mannes, den die Verhältnisse bedrängten, und dessen Herz von einem furchtbaren Unglück zerrissen war. Das alles wußte man, aber ohne sich in seiner Unhöflichkeit Zurückhaltung aufzuerlegen. Seit jener Zeit habe ich den „Giorno di Regno" nicht wieder gesehen, und diese Oper wird gewiß schlecht sein; aber wer weiß, wie viele andere nicht bessere geduldet und vielleicht auch beklatscht worden sind. Oh, wenn damals das Publikum diese Oper, nein, nicht beklatscht, sondern schweigend hingenommen hätte, ich fände nicht genug Worte, ihm zu danken. Aber nun, da es Opern freundlich aufgenommen hat, die den Weg über die Bühne der Welt gemacht haben, sind sie quitt. Ich will es nicht verurteilen: ich nehme seine Strenge, sein Pfeifen an, unter der Bedingung, daß man für den Beifall nichts von mir fordert. Wir armen Zigeuner, Charlatane oder was ihr sonst wollt, wir sind gezwungen, unsere Mühen, unsere Gedanken, unseren Rausch um Gold zu verkaufen — das Publikum erkauft für drei Lire das Recht, uns auszupfeifen oder herauszuklatschen. Unser Los ist es, uns zu bescheiden: so ist es."

Der Mensch, der so spricht, bezeugt den Riß, der damals in ihm geschehen ist, und der ewig blieb; begründet sein Mißtrauen in die Menschen, die er doch schließlich liebt; seine Zurückhaltung gegen das Publikum, das er doch schließlich aufsucht. Aber dies ist nicht später erworbene Weisheit, sondern schon die „Lombardi" zeigen ihn nachweisbar unerschütterlich. In dem gleichen Jahre, 1843, gehen sie in Venedigs „Teatro Fenice" in Szene. Eine Stunde nach Mitternacht, eine Viertelstunde nach dem Niedergehen des Vorhangs setzt er sich hin und schreibt der Gräfin Giuseppina Appiani, der Frau des Malers und seiner Freundin, nach Mailand: „Die ‚Lombardi' haben ein großes Fiasko erlebt: ein wahrhaft klassisches Fiasko. Alles ist entweder gemißbilligt oder nur geduldet worden, mit Ausnahme der Cabaletta in der Vision. Das ist die einfache, aber wahre Geschichte, die ich Ihnen weder mit Freude noch mit Schmerz erzähle."

Hat man also Verdi, den „Maestro" der italienischen Revolution genannt, so muß man dies so ergänzen: Verdi, von Hause starker und überlegener Geist, hat zunächst sein eigenes Unabhängigkeitsgefühl aussprechen wollen. Er fühlte mit dem Volk und gab dem Publikum, was des Publikums ist. Zunächst ist er Künstler und Mensch; Mensch und Künstler. Treibt er durch das Publikum auch das Volk zur Tat an, dann ist dies unwillkürliche Wirkung, aber gewiß nicht unerwünschte. Die Revolution, die von freiheitlich gestimmten Menschen kommt, gegen das Publikum und mit ihm geht, dann wiederum den Menschen und so den Künstler reifen läßt, menschliche, tönende Revolution also eines Einsamen mußte in einem Volk von Musikanten auch Massensuggestionen hervorrufen. Aber wohin es ging, wußte er das? Er war nicht Monarchist, nicht Republikaner, sondern Demokrat. Wie er selbst ein Beispiel zusammengefaßter Kraft war, wollte er sie auch im Volk so zusammengefaßt wissen, daß es kein österreichisches Venedig, kein bourbonisches Neapel, kein päpstliches Rom mehr geben sollte. Bis dahin war der Weg noch weit. Und noch oft genug sollte der von allen italienischen Bühnen begehrte Verdi sich gegen die Obrigkeiten der verschiedenen versklavten italienischen Länder stoßen.

Der Aufbau des inneren Menschen aus dem Freiheitsgefühl heraus begann ja auch bereits den seines äußeren Lebens nach sich zu ziehen. Dem wilden, jungen Mann hatte längst schon Giuseppina Strepponi ihre Neigung geschenkt; gerade das, was ihn vom gemeinen Mann, von dem des Theaters und dem der Musik entfernte, zog sie zu ihm. Die Liebe zwischen zwei freien Menschen reifte. Die Form der Beziehungen war gleichgültig. Die Frau, Gesanglehrerin in Paris, wurde auch dort seine Verkünderin. Wie diese beiden sich zusammentaten; wie sie in Sant' Agatà die Einsamkeit fanden, die Giuseppina dort, gerade dort inmitten des Landlebens wünschte; wie also der Besitz nicht ohne die starke Anregung und tätige Mitwirkung der Frau wuchs; und wie sehr die Freiheit dieses Zusammenlebens Revolution gegen alle Sitte der Umgebung, der Leute von Busseto war, mögen ein paar Worte Verdis zeigen. Sie richten sich von Paris aus in aller Schärfe gegen eben jenen einstigen Schwiegervater Antonio Barezzi, den er liebt und verehrt und auch hier seinen Wohltäter nennt. Doch: „In meinem Hause lebt eine freie, unabhängige Dame, die ebenso wie ich das einsame Leben liebt, mit einem Vermögen, das sie vor jeder Not schützt. Weder ich noch sie schulden irgendjemandem Rechenschaft über unsere Handlungen; aber übrigens wer weiß, welche Beziehungen zwischen uns bestehen? Welche Geschäfte? Welche Bindungen? Welche Rechte ich auf sie, oder sie auf mich hat? Wer weiß, ob sie meine Frau ist oder nicht? Und in diesem Falle: wer weiß, welches die besonderen Beweggründe sind, welche Gedanken die öffentliche Bekanntgabe hindern? Wer weiß, ob dies gut oder schlecht ist? Warum könnte es nicht auch gut sein? Und wäre es auch schlecht, wer hat das Recht, uns zu verurteilen? Nun, ich erkläre, daß man ihr, in meinem Hause die gleiche, wenn nicht mehr Achtung schuldet als mir, und daß niemand dagegen nach irgendwelchem Sonderrecht verstoßen darf; endlich daß sie allen Anspruch darauf hat, durch ihr Betragen, wie durch ihren Geist, und aus der gleichen Rücksicht, an der sie es nie anderen gegenüber fehlen läßt." Fürwahr, der Stil eines freien Mannes, stile a calci, ein Stil mit Fußtritten, wie Verdi von sich selbst aussagt; Stil auch seines Komponierens.

Die Revolution geht noch weiter. Denn dieser freie Mann will seine Freiheit auch im eigenen Hause, auch von seiner Giuseppina nicht angetastet wissen. Sie mag ihn wirtschaftlich stützen, auch sonst beraten, selbst sanft neue Arbeitspläne anregen. Schon nach dem „Nabucco" hatte sie ihn veranlaßt, von Merelli das Honorar Bellinis zu fordern. Und wird ihn, der die Leute seines Hauses in aller Freundlichkeit, doch im Geiste unbedingter Ordnung hielt, gewiß überall, sowohl im Verkehr mit Direktoren und Verlegern, als besonders in Werken der Wohltätigkeit nur bestärkt haben. Aber er war unkirchlich, ja ungläubig. Wohl feierten beide später einmal, 1859, in aller Stille und Einfachheit ihre Hochzeit in Colange, einem savoyischen Dorf. Doch was war geändert? Verdi setzte ihr und denen, die ihn zum Glauben bekehren wollten, hartnäckigen Widerspruch oder ein „Ihr seid wohl nicht recht bei Trost" entgegen. Er blieb äußerlich und innerlich frei: ein Künstler, dessen menschliche Unantastbarkeit beispiellos ist. Revolutionär aus Instinkt, Überzeugung, Pflichtgefühl.

*   *
*

Mit diesen Ereignissen seines Lebens sind wir zwar eine Reihe von Jahren über Verdis Schaffen hinausgelangt, brauchen aber nichts zurückzunehmen, wenn wir nun den „Ernani" von 1844 betrachten.

Denn Stoff und Schauplatz mögen verändert sein: der musikalische Freiheitsmann lebt auch in diesem Werk.

Daß Verdi gerade nach den Triumphen des „Nabucco" und der „Lombardi" den heißen mailändischen Boden trotz aller Angebote Merellis mit dem anders gearteten Venedig vertauscht, ist seiner tiefen Einsicht in das Wesen des Publikums zu danken. Man verlangt ihn in der Lagunenstadt; baut ihm goldene Brücken; der von Piave nach Viktor Hugo zurechtgezimmerte Text hat Situationen, wenn auch nicht gerade Charaktere. Ein Verdi fühlt die prunkvolle Rhetorik dieses Textes nicht so sehr und hat unter Umständen die Kraft, durch ein schönes Mißverständnis zu siegen. Venedig selbst scheint ihm schön, poetisch, herrlich, aber er möchte da nicht wohnen. Sofort hat er auch seinen Unabhängigkeitssinn zu bewähren. Diesmal drohen die Launen einer Primadonna: der Deutschen Sophie Löwe; Verdi ist dieser gefürchteten Frau gegenüber karg mit Worten und wartet ihr nicht auf. Das hilft zunächst.

Die Oper „Ernani" hat sich also im Stoff von dem Allzudeutlichen und dem Allzuverwickelten befreit und versucht noch menschlicher zu sein als die vorangehenden Opern. Und so auch dramatischer.

Schon die Ouvertüre ist ein Schritt über die Vorgängerinnen hinaus, die zusammengesetzte, zusammengeflickte Musik sind. Auch dort waren Motive der Oper verwandt; hier aber gibt sich der dramatische Wille schon im Grundmotiv kund, der zugleich das Todesmotiv Ernanis wird. Dann diese Elvira, um die sich drei Männer streiten: dem Silva ist sie hörig, dem König Carl V. hat sie zu folgen, und den Banditen Ernani liebt sie. Der Bandit, der zugleich ein Mensch, ein Kerl und ein Held ist; die hingebende Frau, seine Geliebte: diese beiden sind ganz nach dem Herzen Verdis. Gewiß, er schmückt Elvira mit Koloraturen aus, die, von ihm gebracht, so seltsam klingen; und auch was Ernani singt, ist nicht immer goldrein. Aber das Liebesmotiv und das Todesmotiv sind nun doch hier in ganz neuer Art fruchtbar. Mit ihnen das Freiheitsmotiv. Wie es schon in der Verknüpfung der beiden Menschen tätig ist, wird es natürlich auch da schöpferisch, wo Unterdrückte sich gegen den Unterdrücker wenden. Und nun tritt als Folge ein Motiv auf, das Verdi wie jene anderen Grundmotive in mehreren Werken durchprobieren, abwandeln wird: das der Verschwörung. Verschwörungen haben für ihn etwas Anreizendes; das Flüstern von Menschen um einen Nichts- oder Allesahnenden, der Ausbruch, das Ensemble, das sich daraus ergibt, sind starke Lockungen für seine seelisch zu belebende Situationsdramatik. Dazu der romantische Schauplatz: am Grabe Karls des Großen geschieht Verschwörung, Überraschung, Verzeihung, Hymnus. Das läßt sich, scheint es, in den „Sizilianischen Vespern", im „Maskenball" nicht überbieten. Der Tod endlich, der ein rechter Theatertod ist, weil der alte Sklavenhalter Silva nur sein Horn zu blasen braucht, um den heldenhaften Banditen an sein selbstmörderisches Ehrenwort zu erinnern; selbst dieser Tod, der drei Menschen so gegen alle Seelenkunde zusammentreibt, wird von Verdi musikalisch durchglüht: Und auch hier ist schließlich das Wort so gewählt, daß es in der Zuspitzung durch den Ton ein Schlagwort wird.

Ganze Teile dieses „Ernani" mögen uns heute schal erscheinen. Aber je mehr wir uns dem Schluß nähern, je stärker die Motive aufeinanderstoßen, desto eindringlicher wird auch diese Musik, die zwar oft dem Worte vorangeeilt, aber mit einer weitergehenden Rücksicht gegen die menschliche Stimme geschrieben ist und von ihrer sinnlichen Zündkraft, ja, von ihrer Zartheit und Schmiegsamkeit das meiste erwartet.

Man spürt also hier das erwachende dramatische Gewissen des Rezitativs, bemerkt die wuchtige Deklamation, wenn König Karl Elvira als Bürgin hinnimmt, hört über Trink- und Freudenchöre hinweg, die zuweilen galoppartig vorüberjagen, aber auch typische Verdische Rauheit zeigen, und hält bei der großen Verschwörungsszene. Carlo singt seine Kavatine. Diesem König, einem Bariton, hat Verdi eine besondere Seele, ein Stück der eigenen, gegeben. Sinnen und Sehnsucht ist in ihm; er will ein Idealkönig sein und gelobt es am Grabe Karls des Großen. Zunächst richtet sich unser Blick auf die Verschwörer. „Aida" leuchtet in einem charakteristischen Motiv vor. Der punktierte Rhythmus herrscht. Alles strafft sich, mit erhobenem Dolch, zum Schwur. Die Worte „patto", „giuramento" werden festgerammt. Und nun, wenn die Mannhaftigkeit so vorbereitet ist, ertönt in einem strahlenden H-dur jenes marschartige, eiserne „Si ridesti il Leon di Castiglia", das bestimmt ist, sich als Schlachtparole fortzupflanzen. In vollem Akkord schreitet es schließlich einher. Dort wiederum König Karl, wie er dem großen Kaiser huldigt. Sein „O sommo Carlo" in sinnendschwermütigem f-moll, sein wie ein großes Manifest in klarem, beharrlichem C-dur ausgesprochenes „Perdono a tutti" und der Jubel, der dem Kaiser entgegentönt „A Carlo Quinto sia gloria ed onor", in einem nur durch den alten Silva getrübten Septett: wie dies alles, gegensätzlich angelegt, sich doch in F-dur-Harmonie auflöst, das hat nie einer vorher ähnlich zu empfinden und zu sagen gewußt.

Der Bericht Verdis, des glaubwürdigsten aller Berichterstatter, stellt den guten Erfolg dieser Aufführung mit zahlreichen Hervorrufen fest. Aber für seinen Sänger ist er nun doch ein strenger Kritiker: der Tenor Guasco wäre stimmlos und entsetzlich katarrhalisch gewesen; Sophie Löwe hätte so unrein gesungen wie nur möglich. O, diese Elvira hatte ihn ja, wenn auch vergeblich, durch ihre Launen zur Hinzufügung einer Bravourarie am Schluß zwingen wollen. Er vergaß es ihr nicht so bald.

Mit „Ernani", dieser Mischung von Menschlichkeit und Unmöglichkeit, steigert sich nicht nur Verdis Volkstümlichkeit: denn wieder ging ein Schlagwort durch Italien; sondern sein Name beginnt durch Wien europäisch zu werden. Hans von Bülow entdeckt hier melodischen Reichtum und theatralische Begabung. Sänger werden in ihm selig.

Der einsame „Maestro" der Revolution trägt den Aufruhr in die Welt.

ZWISCHENWERKE

Verdi ist hier unproblematisch genannt worden. Das heißt aber nicht, daß diesen granitenen Menschen und Maestro nie Schwäche oder Zweifel erfaßt und bedrängt hätten. Zweierlei mußte auch seinen Weg schwer, doppelt schwer machen: seine Stellung in der Zeit und seine menschliche Natur.

Die Zeit, in die Verdi hineingeboren wurde, hatte zwar das Problematische längst in die nordische und westliche Kunst eingeführt, aber Italien in seiner künstlerischen Unbedenklichkeit nicht in gleichem Maße erschüttert. Hier begnügte man sich mit dem reinen melodischen Einfall, und es konnte geschehen, daß ein unwissender Musiker wie Pacini mindestens vorübergehende Erfolge hatte, weil seine Hand leicht und seine Einfalt nicht getrübt war. Das rasche Niederschreiben von Melodien und eine unbegrenzte Fruchtbarkeit galten noch immer als Maßstab des Genies. Freilich gab es auch schon einen Mercadante, Komponisten des „Giuramento", der mit schwerem kontrapunktischen Geschütz anfuhr und sein Orchester nicht minder schwer belastete. Aber gerade er hatte als trockener Opernschreiber den Kontrapunkt, den er nicht zu vergeistigen noch zu beseelen wußte, für die italienische Oper als gefährlich erwiesen. Gewiß fiel auch ein Widerschein der deutschen Romantik nach Italien, aber wie sollte sie in diesem durchaus unromantischen Lande, das zwar leuchtenden Sonnenschein und unverhüllte Klarheit, doch nicht das geheimnisvolle Raunen des Waldes kennt, in Wahrheit Wurzel fassen!

Der seltsame Mensch Verdi mit der inneren Ahnung und dem unbewußten Ziel einer fortschreitenden, aufwärtsführenden Entwicklung hatte in sich den echt italienischen Trieb zum leichten Schaffen, zugleich aber doch etwas, was ihn in der Unbedenklichkeit hemmte. Italiener von Geburt und aus Überzeugung, liebte er jene, die ganz kapellmeisterlich Werk um Werk herausschleuderten, hatte zum Beispiel immer eine besondere Schätzung für den Melodiker Ponchielli, den Komponisten der „Gioconda". Und er selbst schwankte also lange genug zwischen einem italienischen Naturtrieb und einer weniger improvisatorischen Art, die zuletzt wohlerwogene Dramatik zeugte. Ganz frühzeitig war ja an ihm der nachdenkliche Zug, die

Neigung zu einem Besonderen, aufgefallen. Großartig nur bleibt, daß diese sinnende, besinnliche Eigenart doch wieder im Instinkt sich löste.

Man wird nichts Pathologisches in Verdi finden können; und Cesare Lombroso, der Genie und Irrsinn immer verbunden sah, war geneigt, Verdi gerade darum das Genie abzusprechen. Es ist ja auch kennzeichnend, daß der Maestro den Nervenkünstler Berlioz, den er kannte, und der seine Giuseppina hochhielt, als einen armen Kranken bedauerte, ohne ihm natürlich seine Bedeutung, zumal für das Orchester, zu bestreiten. Seine Maßlosigkeit, selbst im Guten, störte Verdi. Nein, Nervenromantik hatte in ihm keinen Boden.

Und doch spielte sich auch innerhalb dieses letzten Endes geschlossenen Wesens Merkwürdiges ab. Wie vom Leben immer wieder seine Gedanken zum Tode schweiften, so nehmen ihm auch Zufälligkeiten zuweilen die Feder aus der Hand. Pausen treten ein. Dann zieht der Mensch es vor, nur der Natur zu leben, über Land zu wandern. Körperliches und Seelisches bestimmt Art, Charakter, Tempo seines Schaffens. Wie die Erfahrung eines Abends, das Erlebnis an den Menschen ihn durchtönte, schüttelte, reifen ließ, ist schon gesagt. Diese stolze Natur mußte ja nun doch die Entscheidungen des Publikums hinnehmen. Aber so sehr sein Dämonisches ihn auch drängte, der leicht zur Hypochondrie geneigte Mann hatte oft genug mit Krankheit zu tun; Hals und Magen machten ihm zu schaffen. Der Arzt mochte auch schließlich feststellen, daß ein Mensch von so kräftigen Lungen und so starkem Grundriß für die Zukunft nichts zu fürchten habe: Verdi litt und fürchtete doch, ging nach Recoaro in die venezianischen Alpen, langweilte sich dort und war vor sich selbst erstaunt, Musiker zu sein. — Zwar hielt er, ungläubig auch darin, von den Heilwassern nicht eben viel; aber hier fügte er sich doch.

Diese Unpäßlichkeiten treten gerade in den Jahren der ersten Erfolge und gerade nach den größten Siegen auf. Sie drückten auf seine Schaffenskraft. Er gesteht selbst, daß er nicht mehr wie einst arbeiten könne. Eine gewisse Gleichgültigkeit, wenigstens eine scheinbare, tritt ein. Kann er nicht ruhen, muß er eingegangene Verpflichtungen erfüllen, nützen auch die dem Theater eingereichten ärztlichen Zeugnisse nichts, nun, dann wirft er Noten aufs Papier wie jene reinen Melodiker. Macht er's so gut wie sie? Vielleicht,

vielleicht auch nicht. Diese melodische Leichtigkeit ist ja im allerletzten Grunde nicht Verdis Art. Das erkannte schon der ihm, im Gegensatz zu Rossini, sehr wohlwollende Donizetti, wenn er sein Genie als unzweifelhaft hinstellte, aber zugleich mühevoll gefundene, doch außerordentlich einprägsame Motive bemerkte. Ja, die unverantwortliche Melodiefreudigkeit der übrigen besaß eben Verdi, wenn er im eigenen Sinne schuf, gewiß nicht. Anderes war hier am Werk. Aber eine Nummer, wie etwa die empfindungsvolle Tenorarie in Donizettis „Elisir d'amore" ging in Verdis Lyrik ein.

Die durch körperliche und seelische Ermüdungs- und Schwächezustände hervorgerufenen Schwankungen werden durch die Unzuverlässigkeit des begabten Solera oder durch die Mittelmäßigkeit des treuen Piave, jedenfalls aber durch den Zufall ihrer größeren oder geringeren Treffsicherheit noch folgenschwerer. Neben Shakespeare und Schiller tauchen Viktor Hugo, Byron, Voltaire als Anreger auf. Der Mensch von zeitweilig geminderter Widerstandskraft nimmt auch einmal eine ungeeignete Vorlage an.

Dazu treten innere Unsicherheiten. Ein Mensch wie Verdi, der eben dem starken, eisernen oder schneidenden Rhythmus Erfolge ohne gleichen zu danken hat, selbst die Starrheit des Typischen inmitten der Beweglichkeit fühlt, und wenn er sie auch nicht fühlte, an sie erinnert wird; ein Künstler, dem die Kritik einseitige Vorliebe für den Lärm nachsagt, mag noch so sehr innerlich gefestigt sein: er schaut um sich und will sich zur Wandlungsfähigkeit entwickeln; er sucht nach neuen Mitteln, den eigenen Willen erfolgreich durchzusetzen, sein Werk zu bereichern. Verdi hat ein Auge auf alle, die den „effetto" rechtmäßig wollen und erreichen. Eine fremde Oper, die von der Bühne herab gewirkt hat, ist für ihn irgendwie aufschlußreich, ohne daß er sie studiert hat. Auch die Form fesselt ihn; er will, kann sich zwar nicht untreu werden, will aber doch nicht stehen bleiben. Kein Wunder, daß er zu Meyerbeer gelangt, der Paris erobert hat. Für Verdis Naivität ist Meyerbeer ein wahrer Verfechter dramatischen Wollens; durch ihn werden ihm neue Formen, neue Mittel der Wirkung enthüllt. In „Roberto il diavolo" findet er eine Mischung von Realismus und Phantastik, die nicht ohne Einfluß auf ihn bleiben kann.

Mit alledem haben wir den Weg gezeigt, auf dem sich Verdi

nun mit zweifelhaftem Erfolge bewegt: durch Unlust, Müdigkeit, Erfolgsbewußtsein zu fieberhaftem Schaffen.

*   *

*

Auf dunklem Hintergrund erstehen „I due Foscari" nach Byron. Venedig ist der Schauplatz. Man spürt, daß dieses Venedig, das er selbst als düster und niederdrückend empfand, ihn nach längerer Anwesenheit befruchtet, während es seine Neigung zur Schwermut steigert. Piave, der vorher diesen wahrhaftig undramatischen Byron auf Situationen und Charaktere hin untersucht, konnte hier für seine mittelmäßige theatralische Anschauung nur wenig herausschlagen. Denn da ist nichts quadratisch, nichts zugespitzt, alles unentschieden. Aber Verdi hat zunächst für Piave alles Lob und erhofft sich Erfolg. Der äußere unmittelbare Anlaß für „I due Foscari" ist eine Bestellung von Rom her, wo der Impresario Lanari vom Fürsten Torlonia das Teatro Argentina gepachtet hat. In Rom, das fühlt er, muß man manches stärker unterstreichen, wenn man beim ersten Anhieb auch dieses Publikum gewinnen will. Darauf weist er auch Piave hin.

Aber der Kern dieses nach den starken und siegessicheren Opern merkwürdigen Werkes ändert sich damit nicht; des Dogen Sohn Jacopo Foscari, von Verbannung zu Verbannung schreitend; der Doge selbst zwischen Härte und Vaterliebe sich selbst vernichtend; und Jacopos Weib Lucrezia, schattenhaft. Man spürt: hier sollte Stimmung viel, wenn nicht alles leisten. Verdi hat dies auch in seinen Anweisungen an Piave angedeutet: Gesang der Gondoliere, gemischter Chor, Sonnenuntergang, das dünkt ihn schön. Er liebt Sonnenuntergänge. Aber es ist klar, daß auch alles, was als Stimmung dunkel geahnt ist, zuletzt wieder in naives Theater einmünden soll.

Diese Absicht erreicht Verdi nicht. Nur der Ausdruck des Schmerzlichen verfeinert sich. Wenn Jacopo seine Verbannung in einer Arie beklagt, das Orchester in der Flöte einen Ausflug ins Landschaftliche unternimmt, Viola und Violoncell im Beginn des zweiten Aktes sich zu eindringlicherer Rede melden wollen, ist, mit oft gewinnendem Einfall, dramatischer Gehversuch im Feineren zu bemerken. Aber erst am Schluß, da, wo der alte Doge, seines Amtes entsetzt und des Sohnes beraubt, zusammenbricht, findet der Schmerz, wie Verdi ihn miterlebt, seinen vollen Nachhall in der Arie.

Rom hat Verdi 1844 wegen seiner allzu hoch gespannten Erwartungen zuerst unfreundlich, an den darauffolgenden Abenden aber entschieden freundlicher empfangen. Bankett, Gedichte werden ihm gewidmet. Man ist bereit, ihm in Zukunft auch hier zu huldigen.

*   *
*

Von Byron zu Schiller und Voltaire. Immer dunkler, unsicherer werden Verdis Wege. „Giovanna d'Arco" und „Alzira" sind für alle, die an den neuen Stern glauben, schwere Geduldsproben, den Zweiflern und Neidern aber hochwillkommen.

Die Idee der Feierlichkeit, die sich schon so fruchtbar ausgeprägt hatte, mag Solera zur Wahl der Schillerschen „Jungfrau von Orleans" bestimmt haben. Aber was wurde das Gedicht unter seinen Händen! Die Jungfrau ist weder Heldin noch Heilige. Und wird überdies von König Karl geliebt. Damit ist Agnes Sorel überflüssig geworden. Johanna hat einen unmöglichen Vater, der sie den Engländern verkauft, dann, nach erkanntem Irrtum, gegen sie bewaffnet. Dämonen- und Engelschöre übernehmen Wesentliches der Handlung. Ganz entfernt sich Solera von Schiller am Schluß. Hier soll der Gipfel theatralischer Wirksamkeit erreicht werden. Johanna besteigt nicht den Scheiterhaufen, sondern liegt auf einer Bahre. Sie soll Heilige werden. Man kniet vor ihr. Der Engelschor, der Dämonenchor äußern ihre entgegengesetzten Empfindungen der Freude und der Klage. Wem gehört die Seele Johannas? Die Tote richtet sich auf, preßt die Fahne Frankreichs an die Brust und stirbt, wirklich eine Heilige.

Es ist nicht leicht, in diesem schwachen Nebenwerk Zeichen des Genies zu erkennen. Man wird sie noch am ehesten in der Ouvertüre finden. Auch Gewitter und Sturm haben als dramatische Naturereignisse oder vielmehr als Naturereignisse, die das Drama wirksam begleiten, ungewöhnliche Leuchtkraft: die Nähe des „Rigoletto", seines letzten Aktes, kündigt sich in der Art handelnder Schilderung an. Sonst fällt gerade die Milderung alles dessen auf, was in den ersten Werken Verdis als zu hart und lärmend erscheint.

Verdi berichtet, daß die erste Aufführung an der Mailänder Scala, der er selbst aus äußerem Grunde nicht beiwohnte, unter Eiseskälte vor sich gegangen sei. Das wollte bei Sängern wie der Frezzolini und ihrem Gatten, dem Tenor Poggi, viel sagen. Und wenn der Komponist sich sogar später entschloß, die Ouvertüre aus ihrer Umgebung zu entfernen und für die „Vespri Siciliani" zu verwenden, hat er damit über seine „Giovanna d'Arco" das Urteil gesprochen.

Über seine „Alzira", die ihm Cammarano nach Voltaire zurechtmacht, traut er sich von Anfang an ein Urteil nicht zu. Er hat sie nur so hingeworfen und würde auch ihren Fall nicht schwer empfinden. Mit ihr zieht er ins San Carlo in Neapel ein, dessen Bewohner ihm teils ungehobelt, teils zu schmeichlerisch erscheinen. Er ärgert sich sehr über ihr Geschwätz: geht er ins Café, sitzt er auf dem Balkon der Sängerin Tadolini, trägt er neue Schuhe, sofort ist er im Munde der Leute. Dabei kümmert er sich um niemand. Die Oper fällt nun wirklich. Und die Erkenntnis ihrer Minderwertigkeit ließ nicht lange auf sich warten: Verdi sprach seiner „Alzira" später jeden Wert ab. Das Übel war unheilbar; es lag tief „in den Eingeweiden".

Der „Maestro della rivoluzione italiana" hatte es nun in der Hand, sich auf die Höhe zu bringen. Für einen Aufstieg von innen heraus fehlten die künstlerischen Voraussetzungen. Da bot sich ihm das Schlagwort. Der sichere Weg des „Nabucco" und der „Lombardi" wurden mit einem neuen Werk beschritten, das „Attila" heißen sollte. Verdi ahnt wohl, daß Kritiker ihn als musikalischen Ausmünzer des Patriotismus anprangern könnten; er findet den Gegenstand aus Überzeugung schön und schafft mit Begeisterung. Mit diesem Werk kehrt er an das Teatro Fenice in Venedig zurück, wo sein „Ernani" glückverheißend in Szene gegangen war.

Für uns verlohnt es kaum, Soleras Text des „Attila" ernst zu nehmen. Genug: Hier ist die Gottesgeißel und verbreitet Schrecken: brennendes Aquileja, Hunnenchöre. Aber der Attila der Geschichte sieht anders aus; dieser hier hat edlere Züge. Er steht als Baß dem Bariton Ezio, dem Gesandten Roms gegenüber, der sein Vaterland verraten will. Vor diesem Rom, vor der göttlichen Macht verneigt sich Attila. Die Frau, die hier in Geschicke eingreift, ist Odabella, Forestos Geliebte, einst Gefangene Attilas und auf Rache sinnend. Der Text geht auf ein unbedeutendes Stück von Verner zurück.

Nicht die Liebe macht den Erfolg dieser Oper. Auch nicht der musikalische Gehalt der Nummer, so sehr sie sich durchschnittlich über die letzten Werke erhebt. Das Schlagwort ist mächtiger als alles andere. Es fällt wie ein Funke in die erregten Gemüter der Menge, es wird mit dem Spürsinn des Freiheitsdurstes aufgesucht. Keine Verdi-Oper ist so voll von Schlagworten wie der „Attila": Wenn Ezio dem Attila entgegensingt: „Avrai tu l'Universo, Resti l'Italia a me", erhebt sich, von der Fermate und der Kadenz aufgefordert, das ganze Theater und ruft: „A noi, l'Italia, a noi!" Odabella wird zur Sprecherin der italienischen Frauen, die „den Busen mit Eisen gegürtet" auf den Plan treten, und auch Foresto hat seine Schlagwortarie: „Cara patria, già madre e reina", dem ein Unisono auf der Bühne und ein anderes im Publikum folgt.

Ja, hier macht das Wort die Musik. Aber selbst, wo die patriotische Welle ihn emporträgt, ist der Künstler nicht stumm geblieben und auch fortgeschritten. Dem Allegro, das wie immer in eine scharfe Dur-Herrlichkeit ausartet, steht ein gefühlteres Espressivo in den Gesängen der Odabella gegenüber. Und das Orchester will wiederum, in stärkerem Maße handelnd, schildernd am wirksamen Ausdruck teilnehmen; Sturm und Sonnenaufgang werden tonmalerisch aufgefangen; die Ouvertüre ist ausdrucksarm, aber das Vorspiel und das konzertierende Stück werden gepflegt; und harmonisch setzt sich ein Moment gegen das andere besser ab.

Als Werk aber kann auch „Attila" in Verdis Gesamtwerk nicht bestehen.

* *
*

Während der Vorbereitungen zu diesem „Attila", dessen Aufführung sich wegen der Krankheit bis zum März 1846 verzögerte, veranlaßt er seinen Freund, seinen „caro matto", den Maler Vinzenzo Luccardi, Lehrer an der Akademie von S. Luca in Rom, sich einmal im Vatikan die Begegnung Attilas mit dem heiligen Leo anzuschauen: er braucht die Vorlage für Kostüm und Kopf.

Damit treffen wir Verdi mitten im praktischen Theaterbetrieb Sein Wirken innerhalb des Theaters und die Rückwirkung dieser Tätigkeit auf sein Schöpferisches sind gerade jetzt, da er in Schwankungen fortschreitet, aufmerksam zu beobachten.

Der Mensch, der den theatralischen „effetto" sucht, um das Drama zu finden, muß notwendig selbst in den Betrieb des Theaters eingreifen. Verdi, der von Natur Einsame, hat in sich viel, was ihn vom Theater abstößt, Entscheidendes, was ihn zu ihm hinzieht. Seine sincerità, sein Wahrheitstrieb, ist ja gegen alles, was da in Perfidie kreucht und fleucht. Aber gerade diese sincerità zwingt ihn, seine Sache mit der äußersten Tatkraft durchzusetzen. Er muß also seinen schöpferischen Instinkt gegen die Vielheit der Instinkte und Leidenschaften behaupten. Und je stärker er sich innerlich entwickelt, desto stärker wird auch unter Umständen der Zusammenstoß zwischen Verdi und den Geistern des Theaters sein. Allerdings lösen sich alle Widersprüche, wenn der Erfolg dem Meister Recht gegeben hat.

Der Maestro Verdi unterscheidet sich also sehr wesentlich von den andern Maestri in der Einwirkung auf das Theater. Auch für ihn ist äußerer Anlaß seines Werkes die Stagione, die alte und einzige Form des italienischen Opernbetriebes. Der Impresario, mit Merelli als auffallendstem Typus, setzt seinen Namen und sein Werk auf das ankündigende Plakat, cartellone. Verdis steigender Stern und der sinkende der damaligen italienischen Oper bringt es mit sich, daß er die cartelloni der italienischen Opernbühnen beherrscht. So kann er natürlich auch überall schrittweise neue Forderungen geltend machen und den Wirkungsbereich des Maestro erweitern.

Er trifft zunächst selbst am Aufführungsort ein und ist an der Inszenierung beteiligt. Wie karg auch die „messa in scena" damals noch war, Verdi hatte ein Auge für malerische und plastische Wirkungen; schon im Text war ja dem Auge die Sensation verheißen, das Drama im Bild vorgeschaut. Um die Figurinen war er, wie sich eben zeigte, besorgt und bereit, seine künstlerischen Bekanntschaften und andere Erfahrungen zu Rate zu ziehen.

Die letzte Entscheidung aber lag doch bei den Sängern. Aus ihnen mußte die Verwirklichung des dramatischen Gedankens geboren werden. Wie der Sänger sich der Situation fügte, und wie er den gewollten Charakter phantasievoll durchlebte und durchführte, darauf kam es an. Hier allerdings stach sein Wirken sehr gegen das der Maestri ab, die nichts Höheres kannten, als die Sänger und Sängerinnen durch Willfährigkeit sich günstig zu stimmen und ihnen noch im letzten Augenblick durch eine hinzukomponierte Arie den besonderen Effekt zu sichern. Unser Maestro konnte nicht schmeicheln. Ihm fehlten die Phrasen, das Futter für die Eitelkeit der Sänger und der Köder für ihre Freudigkeit.

Verdi galt als streng und war im Theater nicht eigentlich beliebt. Mag auch vieles von dem, was über ihn umging, übertrieben sein: gewiß hat er Orchesterspieler und Sänger bis zum äußersten angestrengt und Aufopferung im Dienst der Sache gefordert. Er selbst von genauester Pünktlichkeit, verlangt das gleiche auch von den Sängern. Mit ihrer Art ist er bald, wenn nicht vorher, vertraut. Daher auch darauf gefaßt, daß nicht alle seinem Wink mit derselben Raschheit folgen. Die Proben werden, müssen darum oft zahlreich sein. Zunächst: dieses oder jenes Wort, ja, eine Silbe, wie sie ihn selbst als Schaffenden geleitet haben, sollen ihren besonderen Ton haben und die Aufmerksamkeit des Zuhörers auf sich ziehen. Die deutliche Aussprache in der musikalischen Phrase ist ihm wesentlich; und nicht minder ihre von jeder launischen Ausschmückung freie Wiedergabe. Es gibt nichts Unwesentliches.

Die Künstler, die den musikalischen Teil nun allmählich beherrschen, sitzen um das Klavier herum und hören die Anweisungen Verdis über den Charakter der Personen, er selbst markiert den Gesang, zeigt die Biegungen um der Farbe willen an. Die Künstler werden von dem Ausdruck ergriffen, beginnen zu gestikulieren, gruppieren sich, und Verdi, aufmerksamster Beobachter, lenkt ihren Schritt, ihre Geste. Der Maestro, der auch zu loben weiß, und die Künstler wirken im Feuereifer zusammen. Vom Klavier zur Bühne, wo beim Spiel des Orchesters Andeutungen in Taten übergehen. Eine Unzahl von Proben hat stattgefunden.

Wir sind etwa vor der Generalprobe des „Macbeth", März 1847 Florenz. Man hat fieberhaft probiert. Alles ist in schottischem Kostüm. Da nähert sich Verdi den beiden Darstellern des Macbeth und Lady Macbeth, Felice Varesi und Marianna Barbieri-Nini und bittet sie, mit ihm das große Duett noch einmal durchzuprobieren. Varesi ist empört und wagt den Einwurf, daß sie dieses Duett nun schon hundertfünfzigmal probiert hätten. Und doch wird es, während das Publikum unten vor Ungeduld stampft, das hunderteinundfünfzigste Mal wiederholt. Die Sängerin Barbieri-Nini, die dies erzählt, eine Frau, die mit stärkster künstlerischer Einsicht den Mangel an Schönheit wettmachte, fügt hinzu, sie habe drei Monate lang morgens und abends die Haltung einer im Schlaf Sprechenden für die Nachtwandelszene in Macbeth nachzuahmen gesucht.

Dieser „Macbeth" war wohl die stärkste Kraftprobe des jungen Verdi; der Versuch, einen Schritt zum Phantastischen zu tun; mit neuen künstlerischen Mitteln zu arbeiten; Shakespeare und Meyerbeer miteinander zu verknüpfen und doch Verdi zu bleiben. Erleichtert wurde das durch die Unmöglichkeit, den großen Paradetenor Fraschini zu bekommen, dem Verdi eine Glanzrolle hätte zuschreiben müssen. Alles soll so angelegt sein, daß die Illusionsmöglichkeiten der Bühne und die Illusionsfähigkeit des Darstellers sich ungeahnt steigern. Instinkt und Ethos, Wirkungswille und dramatischer Wille drängen zu einem Ziel. Und es fragt sich nur, ob in Verdis Wesen sich nicht Widerstände gegen das Phantastische im höchsten transzendentalen Sinne zeigen. Mag nun diese Probe glücken oder nicht: hier ist zum ersten Male wieder der treibende Schaffensdämon am Werk, der den Entwicklungsgedanken nährt und stärkt. Darum ist Verdi der „Macbeth" auch immer das liebste unter seinen Frühwerken, und er widmet es in besonderer Verehrung und mit herzlichen Worten seinem Wohltäter Antonio Barezzi, der von dem Fortschreiten des Werkes genau unterrichtet war.

Nun ist freilich auch der genius loci hier im vornehmsten Sinne anregend: diese Oper ist für Florenz geschrieben und soll im Teatro della Pergola aufgeführt werden. Verdi, in dem Streben, sein Bauerntum zu verfeinern, hat schon immer eine tiefe Neigung zu dieser Stadt, in der alle politischen Stürme schweigen, die Worte so natürlich fließen, die Künste so viel gelten. Hier sind Sammlungen und Bibliotheken, die er gern aufsucht; aber auch Menschen, die er als Fürsprecher des Geistes liebgewinnt, wie der Bildhauer Duprez, in dessen Atelier er gern weilt, Giuseppe Giusti, Capponi und Andrea Maffei, der Schillerübersetzer und Gemahl der Gräfin Clara, der ihm gerade für den „Macbeth" von Wert sein soll.

Verdi fühlt, daß er für das Phantastische einen ganz neuen Apparat brauche. Er weiß, das hier die „messa in scena" Außerordentliches zu leisten, die Sensation zu erhöhen habe. Sein getreuer Reimer Piave teilt dem Impresario Lanari mit, daß diese Oper, wenn sie gefiele, der italienischen Musik und den Meistern der Gegenwart wie der Zukunft neue Wege erschließen werde. So spornt er den Eifer des Impresarios an.

Indes arbeitet Verdi in Ruhe an dem Werk. Er selbst hat das Drama skizziert; ja, diese Skizze war ausgeführter als gewöhnlich: nicht nur die Einteilung in Akte, Szenen und andere Teile ist von Verdi gegeben, sondern auch durch Prosa verdeutlicht. Piave, dem man später alles Fehlerhafte des Librettos zuschiebt, hatte nur die Verse zu schreiben. Da aber der Chor der Hexen und die Nachtwandelszene Verdi nicht ganz geglückt scheinen, bittet er Maffei, seine bessernde Hand anzulegen. Das Textbuch schält aus Shakespeare die starken Situationen heraus: Erster Akt: Hexenszenen (Duette), dann Verwandlung: Schloß Macbeths, Lady Macbeth allein, Gäste, Szene zwischen Macbeth und Lady Macbeth (die Ermordung des Königs wird beschlossen), großes Finale (Sextett und Chor). Zweiter Akt: Bancos Tod wird beschlossen, Parkszene mit dem Chor der Mörder, wiederum Macbeths Schloß; Finale: Bancos Geist erscheint beim Gastmahl. 3. Akt: Höhle mit Geistererscheinungen; anschließend Duett. Vierter Akt in drei Abteilungen: in einer wüsten Gegend Chor klagender schottischer Flüchtlinge. Soloszenen Macduffs, Malcolm mit Soldaten, Duett Malcolms und Macduffs. Schloß. Nachtwandelszene. Macbeth allein. Schlachtmusik, Schlacht, Schlußchor.

Das Schauerliche und Geisterhafte soll nun zwar, nach Verdi, die Zuschauer reizen, aber doch so, daß die dramatische Wahrheit nicht angetastet wird. Der Maestro läßt sich also von London über den szenischen Teil der landläufigen Aufführungen des „Macbeth" unterrichten und schreibt zum Beispiel dem Impresario vor: Bancos Geist soll, aus unterirdischem Verließ, mit einem schwarzen dünnen Schleier, aber mit wirren Haaren und verschiedenen sichtbaren Wunden am Hals, erscheinen. Weiter hat er sich mit dem Bühnenmaler der Scala, Sanquirico, für die Form der Geistererscheinungen beraten: die Phantasmagorie soll ihre Schwierigkeit in bester Art lösen. Ferner sollen die Hexen immer in drei Zügen, immer zu sechs, auftreten. Schließlich wird nochmals, damit nichts Unzeitgemäßes vorfällt, das 11. Jahrhundert als die Zeit der im „Macbeth" dargestellten Geschehnisse in Erinnerung gebracht.

Auch von den Sängern wird hier ungewöhnliche Darstellungskraft verlangt. Wenn immer schon das Wort als gipfelhafte Zusammenfassung Verdi einer halb deklamierten Arie entgegentrieb, so soll hier der Grundsatz freier Deklamation im Sinne des Dramas bewußter durchgeführt werden. Der Bariton Macbeth und der Sopran Lady Macbeth sind also vor eigentümliche Aufgaben gestellt, und wir haben gesehen, wie tatkräftig, ja tyrannisch Verdi auf ihre Durchführung drang. Lehnte er doch später für Neapel die ausgezeichnete Tadolini als Lady Macbeth darum ab, weil sie zuviel Schönheit und Güte im Aussehen und Gesang zeigte; weil sie etwas Engelhaftes und nicht vielmehr etwas Teuflisches in sich hätte. Eine Schwierigkeit tritt auf: der Darsteller des Banco, schreibt Lanari, weigert sich Bancos Geist zu geben. Warum? Sollen etwa Gesang und Aktion getrennt sein? Mit solchen Zöpfen muß aufgeräumt werden. Das ist Forderung des Dramas.

Der Tenor Macduff tritt hier in den Hintergrund, und die Liebe ist so gut wie ausgeschaltet. Düster ist der Grundton dieses Macbeth, und von der Fülle an Hexen und Geistern droht Gefahr.

Aber Pietro Romani, der tüchtige Kapellmeister, bereitet alles vor und führt das Werk bis zur Generalprobe, von der wir ein Stück erhascht haben.

*   *

*

Ist einmal die äußerliche Phantastik des Textbuches festgestellt, dann hat die Musik ihren vorgezeichneten Charakter. Beide, Text und Musik, finden ihre Grenzen in der auf das Körperliche gerichteten Natur Verdis. Aber auch innerhalb dieser Grenzen ist das künstlerische Wollen des Mannes und seine über alles damalige Italienertum herausragende Eigenart zu erkennen.

Mit zielbewußter Tatkraft sucht er zunächst seinem Rhythmus die bisher größte Mannigfaltigkeit zu sichern. Dann wird vom düstern

VERDI-KARIKATUREN von Melchiorre Dèlfico
Aus der Zeit der Proben zu Simon Boccanegra

VERDI-KARIKATUREN von Melchiorre Dèlfico
Aus der Zeit der Proben zu Simon Boccanegra

Grundton aus stark moduliert. Chromatische Baßgänge treten, leidenschaftlich akzentuierend, auf. Endlich wird auch das Orchester, zumal in den Holzbläsern, nach dem Beispiel der deutschen Romantiker, zur Wirkung herangezogen, wo die Geister ihr Wesen treiben. Aber es soll immer feine, dunkle Grundfarben haben. Später, für das größere S. Carlo wird dies trotz aller Verstärkung eigens verlangt.

In der großen Szene zwischen Macbeth und seiner Frau erhebt sich so das Genie Verdis zu einer neuen Höhe. „Fatal mia donna", heißt es. Man spürt, wie der Mensch Verdi vor der Schwere des begangenen Verbrechens erschauert, und fühlt den Gegensatz zwischen dieser Anständigkeit und der Gemeinheit der Frau, die ihm scherzhaft ihr „Follie, follie" entgegenhält. Hier ist die Folge verschiedener Achteltakte der Widerschein der inneren Erregungen. „Zum zauberhaften Effekt des Ganzen," sagt Basevi mit Recht, „trägt nicht so sehr die Melodie, wie die einfache, aber wirksame Instrumentation bei. Die zweiten Violinen lassen mit den Dämpfern eine Art Murmeln vernehmen, während die ersten Geigen und das Englischhorn dem Gesang pianissimo folgen. Es schließen sich dann andere Instrumente, immer mit zauberhafter Wirkung, an." Es fehlt in der Tat auch hier nicht an höchst gewöhnlichen Wendungen. Aber ein „Odi tu"? wenn an der Tür gepocht wird, läßt aufhorchen. Und das Wort „orrore" gibt den Ton für das Finale an, das in der Erinnerung an die ersten Opern die Schlagkraft in Gegensätzlichkeiten erreicht.

Die Nachtwandelszene zielt auf ähnliche Eindringlichkeit, und auch hier hat das Englischhorn Anteil an der Wirkung.

Geister und Hexen halten nicht, was sie verheißen haben. Darin kann sich Verdi mit seinen Vorbildern nicht messen. Aber da ist ein Chor „Patria oppressa", da sind tönende Worte des Macduff, der zur Rettung des verratenen Vaterlandes aufruft. Diese werden künftighin ein starkes Echo wecken.

An dem Abend der Erstaufführung stürzte Verdi, wie die Barbieri-Nini erzählt, mit roten Augen und sprachlos gestikulierend, in ihr Ankleidezimmer, um ihr für die dramatisch hinreißende Darstellung der Nachtwandelszene zu danken; und dann wieder hinaus. Sie hatte seine künstlerischen Absichten erahnt.

Das Publikum von Florenz hatte wohl einzelne Szenen der neuen

Oper mit stärkstem Beifall aufgenommen, aber für einen blitzartigen Erfolg war dieses fesselnde Zwischenwerk schon wegen seiner Düsterkeit nicht geschaffen.

Das bestätigte auch ein Brief Giuseppe Giustis: „Je öfter Deine Arbeit aufgeführt werden wird, desto mehr wird sie verstanden und genossen werden, denn das Gute gewisser Dinge wird nicht sofort aufgefaßt. Fahre fort, dann kann Dir ein großer Name nicht fehlen; aber wenn Du einem vertraust, der der Kunst und Dir wohl will, dann laß Dir die Gelegenheit nicht entgehen, jene sanfte Trauer auszusprechen, in der Du bisher soviel Macht gezeigt hast... Im Phantastischen kann man Talent beweisen, im Wahren aber Talent und Herz."

Was ihm hier zugerufen wurde, war ohnehin Leitwort Verdis. Er konnte sich nicht verlieren. Der Ausdruck sanfter Trauer war ihm aber nicht nur, wie Giusti es wollte, durch den gemeinsamen Schmerz der Italiener geboten; er fühlte auch ein persönliches Leid, das zur Aussprache aufforderte.

PARIS

Verdi hatte mit „Macbeth" den Blick nach jenseits der Alpen gerichtet. In Paris mit Ehren genannt zu werden, war auch seine Sehnsucht. Dort hatte der „Nabucco" im Théâtre Italien seit 1845 den Namen Verdi als zukunftsreich verkündigt. Von dort hatten bald nach dem ersten Erfolge die Verleger Léon und Marie Escudier die Fühler nach ihm ausgestreckt.

Aber diesmal ging die Reise zunächst nicht nach Paris, sondern nach London, wo Verdi in „Her Majestys Theatre", dem vom Impresario Lumley gepachteten Theater, seine neue Oper „I Masnadieri", Schillers „Räubern" von Maffei nachgedichtet und für den Maestro und Freund hergerichtet, zu leiten und sich selbst als Sensation einzuführen hatte. Auch in London war ihm der Weg bereitet: durch die „Lombardi".

Es ist die erste Auslandsreise Verdis: kein Wunder, wenn er sie voll genießt. Zu seinem Glück oder Unglück ist bei seiner Ankunft in Straßburg die Extrapost schon abgegangen. So macht er sich auf eine Rheinreise, besucht Mainz, Köln, ist von der Landschaft entzückt, kommt nach Brüssel und schaut zwei Tage lang in das ersehnte Paris hinein. Ein Gang in die Große Oper; aber weder Sänger noch Chor noch Orchester haben seinen Beifall. Doch gefällt ihm das freie Leben, das man hier führen kann. In London sieht er nur Rauch, riecht nur Kohle und kommt sich ewig wie ein Dampfboot vor. Sein Schüler und Faktotum, der ihm blind ergebene Emmanuele Muzio, den er vorausgeschickt hat, hat ihm ein sauberes Quartier besorgt, in dem er sich aber nicht rühren kann.

Bei solchem Nebel, in solcher Luft, in tiefer Sehnsucht nach dem blauen Himmel Italiens, wie kann er da seine „Räuber" beenden oder probieren? Alle Lust vergeht ihm hier, sein Geist verdunkelt sich in dieser steinernen und bewußten Herrlichkeit. Das hat er mit den Romantikern gemein. Er ist bei alledem noch fähig, den schönen Gesang seiner Primadonna, der Jenny Lind, aufzunehmen, die gleichwohl andere italienische Eindrücke in ihm nicht auslöscht.

Das alles wird wohl Vorspiel zu einem mißlungenen Werk sein? In der Tat sind „I masnadieri" durchaus mißlungen, wenn sie auch keineswegs so abgelehnt werden, wie man gewöhnlich behauptet hat.

„Der Maestro selbst," berichtet Muzio, „dirigierte das Orchester, auf einem höheren Sitz, und mit seinem Stab in der Hand. Bei seinem Erscheinen im Orchester wurde er mit einviertelstündigem Beifall empfangen." Das Ereignis spielte sich in Anwesenheit des königlichen Hauses und bei dicht gefülltem Theater ab. Jenny Lind, Gardoni, Coletti und Lablache leisteten Außerordentliches, wenn auch die ersten beiden wegen der Neuheit der Aufgabe gegen ihre Aufregung anzukämpfen hatten und unsicher waren. Die Times, Morning Post, Morning Chronicle usw. sind durchaus höflich. Der Impresario bietet ihm sofort 60000 Franken für künftig zu schreibende Opern. Aber Verdi ist durch Vertrag an den Verleger Lucca gebunden, der auf seinem Schein besteht und auch durch eine Abstandssumme von 10000 Franken nicht zum Verzicht bestimmt werden kann. Der Maestro, auf den gierigen Lucca wütend, erklärt, er werde für diesen nie etwas Anständiges schreiben. So wirft er ihm auch bald darauf den „Corsaro" nach Byron zu, der wirklich eine Erfüllung dieses Versprechens bedeutet.

„Masnadieri", im Juli 1847 in London, und „Corsaro", im Jahre 1848 in Triest aufgeführt, sind, ohne den gleichen Anlaß, doch etwa von gleicher Mittelmäßigkeit. Man spürt, daß noch immer Verdis Schritt schwankend ist. Es widerstrebt ihm keineswegs, auf ein mit größter künstlerischer Gewissenhaftigkeit geschriebenes Werk ein völlig leeres folgen zu lassen. Die „Masnadieri" sind nun aber doch nicht ganz unnütz; irgendetwas in den Chören deutet auf den „Trovatore"; Räuber und Zigeuner sind einander verwandt.

*   *
*

Paris hat Verdi an sich gezogen. Der Gedanke, hier in Freiheit leben zu können, hat ihn von London aus gelockt, wo die „Räuber" doch, nach Verdis eigenem Bericht, „nicht eigentlich Furore gemacht haben" und gewiß nach seiner Abreise vom Spielplan verschwinden werden. Der Impresario Lumley möchte London, das ja von jeher Kunst und Künstler Italiens in Scharen anwarb und zu seiner Unterhaltung verbrauchte, die Zugkraft Verdis als eines leitenden und schaffenden Maestro auf ein paar Jahre hinaus erhalten. Verdi ist schwankend, aber der glückliche Zufall vereitelt die Annahme des Vorsatzes. Verdi und London sind einander seelisch entgegengesetzt. Später zögerte derselbe, weiter entwickelte Verdi nicht, den Posten Donizettis in Wien abzulehnen. Er will ja im Grunde unabhängig schaffen. Die Freiheit, die ihn zunächst nach Paris zieht, ist die eines Menschen, der die Zurückgezogenheit liebt, der andere ungeschoren läßt und in der Weltstadt beides am besten zu verwirklichen hofft.

Aber Verdi ahnt nicht, daß aus diesen Wochen Jahre werden sollen. Paris kann nicht ohne Einfluß auf ihn bleiben, wenn auch nur so, daß es ihm neben aller Verwandtschaft zweier Schwestervölker die Kluft zwischen ihnen offenbart und sein eignes Ziel noch klarer abzeichnet.

Als Theatermann, Mensch, Revolutionär, Künstler hat er Paris Wesentliches zu danken.

Die Freiheit des Lebens, die er hier zu finden hofft, erweist sich zunächst als schönes Trugbild. Denn diese betriebsame Stadt bemächtigt sich seiner sofort. „Stellen Sie sich vor, daß ich mich den ganzen Tag zwischen zwei Dichtern, zwei Impresarii und zwei Musikverlegern befinde. (Hier treten sie immer zu zweien auf.)" Und sie wollen von ihm, daß er seinen neuen Namen in Paris vergolden und ausnützen lasse: als Impresarii die Herren Duponchel und Roqueplan, Direktoren der großen Oper, die Verdis „Lombardi" aufführen wollen, als Dichter die Herren Roger und Vaëz, die sie für dieses Haus umdichten und gebrauchsfähig machen sollen; als Verleger die Herren Léon und Marie Escudier, die von nun an eine heftige Propaganda für Verdi treiben und damit nicht minder heftige Gegenströmungen hervorrufen sollen. Denn Verdi ist unbestrittener Thronerbe der italienischen Oper. Um eben diese Zeit dämmert sein einstiger Gönner und Verkünder Donizetti, geistig gebrochen, in unheilbarer Dumpfheit dahin. Man hat ihn aus der Heilanstalt in Jory nach Paris, Avenue Chateaubriand, gebracht und wird ihn bald zur letzten Fahrt nach Italien überführen. Verdi empfindet das tief. Aber er kommt kaum zur Besinnung. Die Vorbereitung der Aufführung, die Wahl eines neueren Textbuches, der Zeitungsstreit, der sich um ihn erhebt, die Späße der Witzblätter Charivary und Entre-Acte, die ihm selbst Spaß machen: das ist mehr, als er vertragen kann. Das Treiben

der Boulevards stößt ihn ab, „denn dort findet man Freunde, Feinde, Priester, Mönche, Spione, Nassauer, kurz ein wenig von allem, und ich tue mein möglichstes, um ihnen immer aus dem Wege zu gehen. Ich begreife, daß dies seltsam sein wird, aber was soll ich dazu sagen! Nur in einer Hinsicht gefällt mir Paris, und zwar darum, weil ich mir inmitten solchen Lärms wie in einer Wüste vorkomme. Niemand beschäftigt sich mit mir, niemand weist mit dem Finger nach mir . . ."
Es ist also Verdi doch gelungen, sich seine Freiheit zu sichern. Immerhin rückt die Aufführung in der Großen Oper heran, die Proben beginnen, die Direktoren strengen sich an. Das soll zugleich ihre Kraftprobe sein, mit der sie dem offenbaren Niedergang des Hauses auch in der öffentlichen Meinung entgegenarbeiten wollen.

Die „Lombardi", in ein „Jérusalem" verwandelt, treten im November 1847 Publikum und Kritik gegenüber. Der Erfolg, zumal der „mise en scène", läßt nichts zu wünschen; wieder treibt Verdi in dem großen Ameisenhaufen des Theaters und seiner Umgebung. Übrigens ist Jérusalem-Lombardi ein Bastard geworden. Verdi hat seine italienische Erfolgsoper bis zur Unkenntlichkeit maskieren wollen; aber damit auch ihre Erfolgsmöglichkeit beseitigt. In der Handlung, mit dem Ausgangspunkt Toulouse, ist jede Erinnerung an den Kreuzzug gelöscht, so auch die treibende Kraft geschwächt. Starke Nummern fehlen, sind durch andre ersetzt, oder haben, wenn sie erhalten sind, ihre zusammenfassenden, gipfelhaften, drängenden Schlagworte eingebüßt. Um so seltsamer, daß man diesen nun wieder übertragenen Bastard nach Italien zu verpflanzen suchte, wo er als Abtrünniger zwar wiedererkannt, doch nicht anerkannt wurde.

Schon ist jedenfalls in Paris der Grund für den Ruhm Verdis wie für die Bosheit gegen ihn gelegt. Wo Rossini lebte und Salon hielt, mußten auch Einflüsse schon auf italienischer Seite spürbar werden: der aus Italien gebürtige Kritiker Paolo Scudo, allerdings blinder oder auch sehender Parteigänger Meyerbeers, wird der Wortführer des Widerspruchs gegen ihn sein. Das Cliquentum innerhalb der Pariser Kritik und der Pariser Komponisten muß bald Früchte absetzen.

Die Freiheit des Menschen ist eingeengt; aber der Freiheitsdurst des geborenen Revolutionärs wird angeregt und erhofft Befriedigung. Paris war immer Zuflucht der Enttäuschten. Die Fata morgana der Freiheit, Gleichheit, Brüderlichkeit lockten. Die polnischen Flüchtlinge hatten hier ihre zweite Heimat gefunden. Nun, im Februar 1848, war wieder Revolution in Paris: Louis Philippe verjagt, eine zeitgemäße Regierung eingesetzt, die Republik erklärt. Verdi, mit pochendem Herzen, ist Zuschauer des Umsturzes und des Zuges, der die Toten zur Trauersäule der Bastille begleitet. Wie, wenn auch der Traum der italienischen Freiheit und Einheit sich erfüllte! Doch noch kann ihn das Schauspiel unterhalten, noch kauft er Zeitungen zusammen, um sie nicht zu lesen, noch will er die Nationalversammlung erwarten. Mit Überlegenheit unterscheidet er in der ganzen Bewegung das Ernste von dem Spaßhaften; ist aber bereit, nach Italien zu gehen, wenn die Ereignisse ihn rufen.

Und die Ereignisse rufen. Wie in Deutschland und Österreich, so glaubte man auch in Italien die Stunde der Freiheit gekommen. Leerer Wahn! Und Verdi, der die Heimat, der Mailand aufgesucht hat, sieht die unglückliche Wendung der Dinge, geht nach Busseto, trifft Anstalten, den schon früher in Roncole erworbenen Landbesitz zu erweitern, langt aber nach zwei Monaten wieder in Paris an. Die Revolution, die nicht Tat werden kann, fordert wiederum den Musiker in ihm auf. „Die Schlacht von Legnano" soll, nach den mit dem Teatro Argentina getroffenen Vereinbarungen, in Rom nochmals für den Geist der Revolution zeugen. Aber Frankreich soll auch noch einmal daran gemahnt werden, daß es künftig nicht heißen soll: „Malheur aux peuples qui ont foi dans les promesses de la France!" Eine Adresse wird von dem mailändischen Minister des Äußeren, Guerrieri Gonzaga der Pariser Regierung überreicht, und unter den Namen der hervorragenden, in Paris ansässigen Italiener finden wir auch den Verdis. Aber was schert Frankreichs öffentliche Meinung die Einheit Italiens? Verdi tut ein übriges, indem er, sonst Feind jedes politischen Liedes, seinem Bekannten Mazzini die Komposition der Freiheitshymne „Inno di Mameli" nicht weigert. Er wollte auch einmal Tyrtäus sein.

Er glaubte es übrigens auch mit seiner „Schlacht von Legnano" zu werden, der er selbst für Rom die Weihe geben wollte. Nach mancherlei peinlichen Erörterungen war eine feierliche Einladung vom Kapitol aus an Verdi ergangen, und mit der Ehrengabe von 1000 Franken hatte er die Reise von Paris nach Rom und zurück zu bestreiten. Cammarano hatte hier die hochtönende Phrase zu liefern und wirksamen Massenszenen den Boden zu bereiten. Diese „Schlacht von Legnano" vom Januar 1849, im textlichen Anschluß an italienische Ruhmestaten geschaffen, ist nichts weiter als Anlaß zu Lärmszenen im Theater. Nur im Schlußterzett erhebt sich diese Oper über eine Folge auftrumpfender Stücke. Je lauter das Volk nach ihm ruft, desto mehr wird sich Verdi bewußt, erst im Vorhof der Kunst zu stehen. Mag nun auch „Die Schlacht von Legnano" aus Rücksicht auf die österreichische Zensur für das Mailändische in „die Belagerung von Harlem" umgetauft werden: ihr keineswegs glorreicher Weg wird auch Verdi nicht bekümmern.

* *
*

In Paris, wo er mit Signora Strepponi Rue de la Victoire wohnt, hat er indes einen Beweis der Unzuverlässigkeit der Direktoren Duponchel und Roqueplan erhalten und den Vertrag, der ihn zu einer neuen Oper verpflichtete, zurückgefordert. Die Saat an Neid und Eifersucht beginnt bereits ihre Früchte zu tragen.

Der Mensch, der Revolutionär, der Künstler werden zugleich ernüchtert und hoffnungsvoll.

Die starke Neigung zu Frankreich befestigt sich trotz der Erkenntnis, daß die Franzosen eitel nur sich, sich und immer sich in den Vordergrund rücken. Der Mensch Verdi kann folgendes über sich aussagen: „Es ist wahr, daß ich nun anderthalb Jahre in Paris lebe (der Stadt, in der sich angeblich alles verfeinert), aber ich bin, das muß ich zugeben, mehr „orso", Rauhbein noch als früher. Seit 6 Jahren schreibe ich beständig, wandere ich von Land zu Land und habe niemals bei einem Journalisten um gut Wetter gebeten, bin niemals einen Freund darum angegangen, habe nie einem reichen Mann den Hof gemacht, um Erfolg zu haben. Niemals, niemals: ich werde diese Mittel immer verschmähen. Ich mache meine Opern so gut als möglich; ich habe die Dinge ihren Weg gehen lassen, ohne je auch nur im geringsten die Meinung des Publikums zu beeinflussen."

Der Künstler, auf dem Grunde solchen Menschentums, ist in seiner Richtung zur Höhe unwandelbar. Aber während er sich so vom Geist des Parisertums fernhält, sieht er doch Wesentliches im französischen Theater. Geschmack, die Tugend der Schwachblütigen, ist in Paris Scheidemünze. Sein Blut kann, wird Verdi nie verleugnen. Aber eindrucksvoll bleibt die „messa in scena", die hier, in dem Vorort der bildenden Kunst, weit voraus und das Glück mancher Oper ist. Es öffnet sich der Blick für die Linie, die gleichschwebende Temperatur des Werkes, für das Ineinanderfließen des Rezitativs und der Arie, die ohnehin durch den dramatischen Willen des Maestro für die Zukunft beschlossen ist. Aber Verdi komponiert noch immer stückweise: hier Arien, hier Rezitative. Auch das Schauspiel regt ihn an.

Verdi ist zu naiv, zu stark, zu rauh, zu tiefempfindend, um nun in gerader Linie fortzuschreiten. Aber es sind Keime in ihn gelegt, die aufgehen werden. Mit „Luisa Miller", die noch in Paris ersonnen, erwogen und komponiert wird, tastet sich Verdi vor. Man schreibt 1849; Cholera in Paris, die Verdi nicht schreckt, doch die Seinigen; Unglück in Rom. Aber es wird Sant' Agatà.

ERNTE

LUISA MILLER — (STIFFELIO) — RIGOLETTO — TROVATORE — TRAVIATA

Man weiß, daß nun die fruchtbarsten Jahre kommen, daß zwischen 1849—1853 der Welt eine Fülle von Gaben zufällt. Warum das Genie die Werke gerade jetzt herausschleudert, welche glücklichen Umstände ihm helfen, von „Luisa Miller" als Vorspiel im Sturmschritt bis zur rührenden „Traviata" zu gelangen, dies ist, scheint es, noch nicht eigentlich beleuchtet worden.

Oft genug hat man auf die Verschiedenheit der drei etwa zu gleicher Zeit geborenen: Rigoletto, Trovatore, Traviata gewiesen. Sie besteht, gewiß. Aber nicht minder gewiß eine tiefe Verwandtschaft zwischen ihnen allen: große und heiße Leidenschaften drängen in ihnen zur Aussprache. Kraft und Empfindung leben sich aus: so zwar, daß, je nach den Forderungen des Librettos, hier mehr jene, dort mehr diese betont wird. Aber nichts wesentlich Neues wird ausgesprochen. Alle Züge, die in den drei Werken auftreten, sind uns, wenn wir aufhorchten, schon früher begegnet. Nur scheinen Kraft und Empfindung ihrer sicher geworden. Es ist, als ob alle gesammelten Energien nun urgewaltig losbrechen, um das bisher Verstreute, mit zuviel Schlacken Durchsetzte in hinreißenden Werken umzuwerten. Im Kraftvollen, Rauhen, Scharfen war Typisches geschaffen; Schmerz und Tod hatten da und dort ihre Furchen gegraben; die Seele hatte zuweilen so gedämpften Ton gefunden, daß schleichendes Zwischenwerk entstand. Das Volksschicksal wiederum hatte das tönende Pathos emporgetrieben. Der Opernschreiber war, mochte er wollen oder nicht, ein Rhetor geworden. So war die sincerità zwar nie verletzt, nur überdonnert worden. Schwankungen und Ungleichheiten waren so durch den Anlaß geboten und durch die Unreife verwirklicht. Inspiration und Nichtinspiration hatten oft wahllos geschaffen. Das alles war vor der Öffentlichkeit geschehen und dem Namen Verdis oft nicht günstig, während es ihn in die Massen trug. Nun sind ihm durch alle Irrtümer hindurch die Flügel gewachsen: zu dem minderen, aber wirksamen, ja genialen Irrtum, der eine starke Oper ist. Nun packen ihn nicht Volks-, sondern Einzelschicksale;

und gleich drei, vier Einzelschicksale. Vielmehr: er packt sie selbst. Denn Rigoletto, Trovatore, Traviata mindestens sind im Stoff von ihm gewählt, in ihren opernhaften Möglichkeiten von ihm zunächst erkannt worden. Immer ist es natürlich eine Erzählung, ein Stück, dessen äußere Theatralik und innere Bewegung auf den Naiven tief gewirkt hat, und das er nun seinem Textdichter zur operntextlichen Ausmünzung empfiehlt. Es ist wahr, daß in der Reihe dieser urplötzlich herausgeschleuderten Opern auch der unglückselige „Stiffelio" steht, den sein grotesk-romantischer Text scheitern läßt. Aber dies eben zeigt, wie wenig die Naivität Verdis vor Selbsttäuschungen sicher ist. Immer bleibt er den Fährnissen der Wahl- und Geschmacklosigkeit ausgesetzt; denn es wäre irrig, den „Stiffelio" zu den nicht inspirierten Werken zu rechnen; bietet er ihn doch einmal, als die Zensur quält, Venedig an Stelle des vielgeprüften künftigen Rigoletto an; und Venedig erhielt nichts Minderwertiges, wie etwa Triest, dem einmal der „Corsaro" aufgebunden worden war.

Das Schaffenstempo, das zwischen 1852 und 1853 wunderbar scheint, ist also zunächst in der Fülle von Situationen und Charakteren begründet, die sich ihm gleichzeitig bieten und seine gesammelten Kräfte zur Tat, zu Taten aufreizen. Dann in der besonderen inneren Vorbereitung, die der Niederschrift vorangegangen ist; in der Freude am Gegensatz zwischen den Situationen und Charakteren der verschiedenen Texte, die das Genie immer wieder anreizt; endlich in einer neuen Verfassung des Menschen, der hinter sich Sant' Agatà, Frau Giuseppina, ein Zentrum trotz allen Hin- und Herfahrten fühlt und, mag er nun auch über Rheumatismus klagen, körperlich kräftiger, widerstandsfähiger geworden ist. Wie der dem Apollotheater in Rom und dem Fenicetheater in Venedig 1853 verpflichtete Verdi den „Trovatore" vom 1. bis 29. November so fertig komponiert, daß die Partitur am 30. von Sant' Agatà nach Cremona zu Giovanni Ricordi gehen kann; wie der zwischen Genua und Rom durch die Weihnachtsruhe der Dampfer aufgehaltene Verdi die Wartezeit von drei Tagen zur Niederschrift des ersten Aktes „Traviata" benützt, dann, nach der römischen „Trovatore"-Aufführung, in Sant' Agatà den Rest der Oper in dreizehn Tagen niederschreibt: das bleibt immer noch wunderbar genug.

* *
*

„Bedenken Sie wenigstens," schreibt Verdi im September 1848 an Cammarano, „daß ich ein kurzes, interessantes Drama von starker Bewegung und mit sehr viel Leidenschaft brauche, damit es mir leichter wird, es in Musik zu setzen." Es handelt sich um Neapel. Cammarano sitzt in Neapel; ihm zur Seite der Impresario Vincenzo Flauto. Das Drama ist Schillers „Kabale und Liebe", aus dem „Luisa Miller", oder wie es zunächst heißt, Eloisia Miller, gezogen wird. Verdi selbst hatte diesen von Theater strotzenden Schiller einmal empfohlen. Mai 1849 wird Verdi die Skizze der Oper unterbreitet. Es liegt kein Anlaß vor, sich näher mit ihr zu befassen. Aber zu bemerken ist doch, wie Verdi seinen Textdichter darauf hinweist, daß die höllische Intrige zwischen Walter und Wurm, die wie ein Schicksal das ganze Drama beherrscht, in dieser Skizze nicht die ganze Farbe und Kraft hat, die Schiller ihr gibt; ferner soll das Duett zwischen Vater und Tochter im dritten Akt derart sein, daß es zu Tränen rührt. Man sieht: hier werden Tränen und Tragik empfunden und sollen im Ausgang wirksam werden. Und der ob des „Trovatore" vielgescholtene Cammarano sagt in seinem Antwortschreiben an Verdi: „Fürchtete ich nicht den Vorwurf eines Utopisten, so wäre ich versucht zu sagen, daß mir nur die Vereinigung des Dichters und des Komponisten in einer Person die möglichste Vollkommenheit einer Oper gewährleisten könnte; aus dieser Idee ergibt sich mit unbedingter Klarheit: wenn nun einmal zwei Verfasser da sind, ist es mindestens nötig, daß sie sich brüderlich verstehen, und wenn die Poesie nicht die Sklavin der Musik sein soll, darf sie auch ebenso wenig ihre Tyrannin sein." Die Utopie Cammaranos ist zwar um diese Zeit im Norden schon verwirklicht, aber man muß nun doch den guten Willen des Textdichters zu einer künstlerischen Verständigung zwischen dem Dichter und dem Komponisten anerkennen. Er ist hier zunächst darauf bedacht, dem Maestro die starken Finales zu dichten, die er braucht.

Daß von der „Luisa Miller" der gerade Weg zur „Traviata" führt, daß hier wie dort die feineren und tieferen seelischen Regungen, daß vor allem die Poesie des Schmerzes und des Todes in beiden ihren Klang vertiefen und verfeinern will, ist nicht schwer zu erkennen. Luisa soll geopfert werden wie später Violetta. Die eine ist bürgerlich, die andere halbweltlich. Aber in beiden ruft das Weib gegen die Konvention. Auch das Orchester will an diesem verfeinerten Klang teilnehmen, und die thematische Arbeit hebt schon die Ouvertüre. Das bürgerliche Leben führt den gegenständlichen Dialog mit sich, der in einem Parlando Musik wird. Aber was an tragischen Zusammenstößen im Drama liegt, wird durch theatralische Unterstreichungen um seinen schon brüchigen Sinn gebracht. Das eigentlich Bürgerlich-Deutsche des Schauspiels wird mißverstanden. Doch gibt es eine Gewalt Verdischer Tonsprache, die für sich allein besteht; ihre Wahrheit dringt auch gegen alle Wahrscheinlichkeit durch. So im Quintett; im Finale des ersten Aktes. Luisa hebt ihren tränenvollen Blick zum Himmel. „War nicht auch ich", singt sie im d-moll, „zu deinem Ebenbild geschaffen? Und warum werde ich nun von diesem Unhold Walter in den Kot gezerrt? Warum? Warum?" Dieses „Warum" ist zwingend. Luisa ist Herrscherin im Quintett, in dem Schmerz, Biederkeit, Liebe, Gemeinheit gegeneinanderprallen und durch eine in harmonischer Bewegung gärende Musik versöhnt werden.

Das „deh! ... mi salva" steigt empor, bis es flüsternd im „salva mi, salvami Signore" die feierliche Stimmung des Requiems und der Pezzi sacri erreicht. Nach diesem Gebet, das auch durch das „No, no" Walters im Baß nicht gestört, sondern gestützt wird, wird mit doppelter Kraft der Weg zu den Steigerungen des Schluß-D-dur genommen. Es ist eines der größten, durchdringendsten Ensemblestücke Verdis, ein Musikwerden des reinen Gefühls aus dem Geiste des Theaters.

Wenn Wurm Luise den Absagebrief diktiert, sind wir ganz in der Traviataregion. Es ist, auch in der motivischen staccato-pianissimo-Begleitung, ein Aufstieg im Parlando zu spüren. Das unbegleitete Quartett erfüllt die Sehnsucht Verdis, einmal gerade durch das fehlende Orchester eindringlicher zu werden. Stimmt es mit ein, dann gibt es der Schlußkadenz ein Übermaß an Klang. Der Tod, vom Duett zwischen Luise und Rudolf vorbereitet, wird im Schlußterzett zur Schönheit verklärt. Es-moll— Es-dur: die bewußte Gegenüberstellung der Tonarten fällt ebenso auf wie die im Werk festgehaltene Grundfarbe.

Das Werk wird im Dezember 1849 in dem Neapel bejubelt, das Verdis wenig mitteilsamer Natur nicht eigentlich zusagt, aber durch seine Freunde für ihn erobert ist. Da lebt Cesare de Sanctis, Kaufmann, aber voll Leidenschaft für das Theater und besonders für Verdi, dessen „Statthalter auf Erden" er genannt wird.

Die Ausdruckswerte der „Luisa Miller" brauchen die Atmosphäre eines durchgeführteren Librettos, um volle Geltung zu gewinnen. Als Vorspiel der „Traviata" hat sie starken Durchgangswert.

* *
*

Schon September 1849 deutet Verdi auf „Le roi s'amuse" hin, „ein schönes Drama mit wunderbaren Situationen von Victor Hugo". Cammarano soll von Flauto darauf hingewiesen werden: Schließlich wurde der Text von Piave gedichtet und hieß anstatt „La Maledizione": Rigoletto.

Venedig mag Verdi als Stadt auf die Dauer zu düster sein: das Teatro Fenice ist ihm nahe. Hier hat er den entscheidenden Sieg mit „Ernani" erlebt; und hier findet jedes Verdische Werk bisher lautesten Widerhall. Da wohnt ja auch sein Freund und Anhänger Antonio Gallo, Musikalienhändler, maestro di musica und Impresario, in dessen Geschäft unter den alten Prokurazien sich Verdi mit dem Advokaten und Schriftsteller Dott. Somma und dem Arzt Dott. Cesare Vigna trifft. Welch ein Typ dieser allezeit bewegliche Gallo mit dem immer schief sitzenden, tanzenden Zylinder! Dabei einer, den man immer nur lächelnd betrachten, nie lächerlich finden konnte. Denn er meinte es sehr ernst.

Welche harten Kämpfe Verdi um des „Rigoletto" willen mit der österreichischen Zensurbehörde auszufechten hat, ist bekannt. Sie waren ihm um so unerwarteter, als Piave ihm versprochen hatte, alle Schwierigkeiten rasch zu beheben. Es handelte sich erstens um Franz I., der in einen phantastischen Duodezfürsten zu verwandeln war; zweitens darum, alles sogenannte Obscöne der Handlung zu beseitigen. Tatsächlich war ja auch in Paris „Le roi s'amuse" Victor Hugos nach der ersten Aufführung abgesetzt worden.

Aber uns geht es hier nicht um diesen, in seinen Motiven läppischen Kampf, sondern um Verdi, wie er immer wieder seine künstlerische Absicht und sein Gewissen in der Abwehr betont. Ein anderes Libretto kann er nicht wählen: denn er hat gerade dieses Stück „eingehend studiert und durchdacht, und die Idee, die musikalische Grundfarbe waren im Geiste fertig. Ich kann sagen, daß für mich damit die Hauptarbeit getan war." Zu solcher Arbeit würde ihm für einen neuen Gegenstand die Zeit fehlen. Und da man nun, als Ausweg, das Libretto in wesentlichen Punkten bis zur Unwirksamkeit abschwächen und sogar den Sack als Hülle des Leichnams der Tochter hinausbefördern will, da sagt er: „ . . . Ich finde es gerade sehr schön, eine äußerst mißgestaltete und lächerliche Person darzustellen, die innerlich leidenschaftlich und von Liebe erfüllt ist. Ich wählte gerade diesen Gegenstand wegen aller dieser Eigenschaften, und wenn man diese eigenartigen Züge beseitigt, kann ich dazu keine Musik mehr machen. Wenn man mir sagen wird, daß meine Noten auch zu diesem (also von der Zensur zugerichteten, höchst gewöhnlichen und kalten) Stücke passen, erwidere ich, daß ich diese Einwendungen nicht verstehe, und ich erkläre offen, daß ich meine Noten, ob schön oder häßlich, niemals so aufs Geratewohl hinschreibe und immer Wert darauf lege, ihnen Charakter zu geben."

Endlich erwirkt der Polizeipräsident Martello, kunstfreundlicher als die oberste Behörde, für den nur in einigen Namen geänderten „Rigoletto' die Erlaubnis der Aufführung. Doch hat sie sich so bis 11. März 1851 verzögert.

Man kann bisher nirgends wie im „Rigoletto" die Mischung von theatralischer und menschlicher Leidenschaft, von Ethik und Instinkt in Verdi bewundern. „Le roi s'amuse" sollte „La Maledizione" heißen und wurde „Rigoletto". Der Fluch als Schicksalsmacht; dann der Narr als tragischer Held. Aus dem unterhaltenden Stück des Wortkünstlers sollte eine Tragödie werden. „La tinta musicale", die Grundfarbe ist für Verdi gegeben und nicht mehr auszulöschen. Er hat das Stück in seinem Sinn angeschaut und nicht nur herrliche Situationen, blendende Gegensätze, sondern ein heißes Gefühl darin gefunden. Und noch später erklärt er, ihm sei nie ein besserer Stoff zugefallen als der „Rigoletto", wo sich aus dem Handeln des Fürsten eine ganze Fülle von Verwickelungen ergibt. Zuletzt ist es aber doch ein leidenschaftliches Grundgefühl, das ihn hier fesselt: die tragische Liebe eines armen Narren zu seiner Tochter.

Die Oper ist vor mehreren Menschenaltern in die Welt getreten und immer noch lebendig: also eine Genietat von hinweisender Bedeutung und von immer noch fesselnder Menschlichkeit. Was hier Schlacke ist, wurde gleich als solche empfunden; aber auch der Genieblitz. Noch immer ist der Ballsaal Verdi nicht günstig; kann der Rhythmus Träger und Bildner einer gewöhnlichen Melodik werden; sind die Männer, wenn sie singen, leicht roh; kann dramatische Wahrheit von musikalischer Form als Wiederholung vergewaltigt werden. Aber selbst dies alles hat Charakter. Und wie am ersten Tage, ja, weit mehr noch als am ersten Tage leuchtet die Fähigkeit, das Gegensätzliche auch musikalisch gegeneinanderzustellen, ergreift die festgehaltene musikalische Grundfarbe, macht die Leidenschaft der Sprache erzittern, zündet das Zusammenklingen einer entscheidenden Situation und der Musik, die nun endgültig über sie entscheidet, sie ewig in das Hirn hämmert. Wie die Szene die Form der Musik bestimmt und doch wieder von ihr gebildet, geprägt wird: das wird den „Rigoletto" immer als einen tödlichen Schlag gegen jene italienische Oper kennzeichnen, die ohne menschlichen Hintergrund ihr Leben fristete.

Das Bild des bedenkenlosen Genießers weckt in Verdi die unweigerliche Erinnerung an den dämonischen „Don Giovanni", den ihm sein Maestro Lavigna so beharrlich unter die Nase gerückt hatte. Die Ouvertüre, das Leitmotiv der „Maledizione" mit Trompete, Posaune, Pauke sind ganz unter diesem Eindruck entstanden. Und wir werden im ersten Akt auch seinen heiteren Nachklang im „Menuett" wiederfinden. Aber die Reiche des göttlichen Mozart und des irdischen Verdi sind so weit voneinander entfernt wie der Tenor vom Bariton. Der Tenor bleibt Tenor, der Duca di Mantova weiß nichts zu sagen, was nicht der nette Kerl, der bel giovane in Italien durchschnittlich sagt. Er hält sich vom Auftritt an im Stil der „leggiadria", der liebenswürdigen Beschwingtheit eines ungerührten Genießers. Alles Leben strömt dem Narren zu, und ein wenig auch der Gilda. Aber diesem Tenor wird doch mit einer kleinen canzone ein Trumpf vorbehalten. „La donna è mobile" ist der geborene Schlager; so leicht, so anspruchslos, so einprägsam. Verdi wußte es und wahrte bekanntlich das Geheimnis dieser Nummer bis zum Morgen der Generalprobe. Wehe dem Tenor, wenn er sie bis zum Abend ausgeplaudert hätte! Sie hätte das Schicksal

VERDI (1873)
Photographie von Pilotti & Toysel in Mailand

VERDI (etwa 1880)

Ill.mo Sig.r Sindaco

La dolorosa notizia della perdita di Manzoni mi spinge a scrivere una messa da requiem, quale slancio del cuore, tributo di riverente affetto ed espressione del mio cordoglio.

Mi è ora di moltissima soddisfazione il sapere da Lei, Sig. Sindaco, che tale mio atto torna gradito alla S. V. ed alla Cittadinanza ch'Ella degnamente rappresenta.

Ringrazio per le cortesi espressioni ch'Ella m'invia, e le ripeto i sensi della mia stima.

Milano 25 Maggio 1874

G. Verdi

EIN BRIEF VERDIS (1874)

gehabt, populär zu werden, bevor sie zum ersten Male gesungen wurde. So aber hatte sie vom ersten Tage an das Glück einer Dacaponummer; einer, deren h damals so leicht, „qual pium' al vento", dem Tenor Mirate gelang, wie im zwanzigsten Jahrhundert nur Caruso: der genialste Gassenhauer im Munde der Tenöre vom genialsten unter ihnen in ein Haus gesungen, das diesen Augenblick während des ganzen Abends erwartete.

Der Herzog ist zwar bewegende Kraft, aber das Genie hat seinen Blick so auf den Narren gerichtet, daß es selbst seine hinkende Bewegung auffängt, die nun wieder von der Musik in das Tragische eines Widerspruches zwischen dem Körperlichen und Seelischen umgedeutet wird. Die punktierten Rhythmen Verdis erhalten einen neuen dramatischen Sinn; der Zusammenfall von Musik und Geste tritt ein. In diesem „Rigoletto" wird das Häßliche, seine Leidenschaft, seine Tragik dem Zuhörer auch durch manche bis dahin ungewohnte Gegenklänge ins Ohr geschrien. Wir sind heute gegen derartiges abgehärtet. Aber stark hob sich für den Menschen von damals, was er als Häßlichkeit erduldete, von dem ab, was ihn als Schönheit ohne weiteres überredete. Man muß nur die strafenden Bemerkungen lesen, die der gewissenhafte Beurteiler Basevi als Musikmoralist solchen klanglichen Härten widmet. Der Narr, durch das zuckende Streicherunisono gekennzeichnet, mit dem leitmotivischen Fluch in Herz und Sinn, zeigt von Anfang an seine seelische Gespaltenheit. Heute noch bleibt dem Duett zwischen Rigoletto und Sparafucile der ganze Reiz der Neuheit gewahrt: Rache wird angesponnen, der Gesang ist vom bedeutungsvollen Parlando abgelöst, ein Cello und ein Kontrabaß singen. Man fühlt: hier will Verdi dem fürchtenden Rigoletto sein Mitgefühl beweisen und zugleich Schreckliches ankündigen. Das „Pari siamo" nach dem Angebot Sparafuciles ist der Beginn eines Selbstgespräches von gärendem Ausdruck; das „O rabbia esser buffone" wirkt als erschütternde Anklage des Schicksals. Der Übergang nach E-dur bei dem Wort „dannazione" erhellt Abgründe. Um so peinlicher das C-dur Allegro vivo, das schonungslos nachstürzt. In dem, was sich zwischen Rigoletto und Gilda ereignet, ist gewiß nur selten die herkömmliche Form der Arie angetastet. Aber je weiter wir im Drama fortschreiten, desto mehr wird der Ausdruck mit dem heißen Gefühl des Vaters für seine

Tochter gesättigt, das Rezitativ redet in einer ungewöhnlichen Sprache, die Angst durchschneidet den Gesang so, daß der Puls rasch und wechselnd geht. Die Frage Gildas nach der Mutter hat flehenden Klang. Amore spinnt ihre Fäden, ein „Addio" klingt und klingt und senkt sich um so tiefer in die Herzen, als es ja in die Tragödie des Vaters eingebettet ist. Das Idyll verhaucht in der Koloratur. Die Entführung wird von dem drängenden Stakkato-Flüstern des Chores gekennzeichnet, in dem das Typische Verdis auf einen besonderen Fall angewandt, gemildert, wenn auch noch immer rhythmisch gewöhnlich scheint. Der zornig sich aufreckende, der weinende und flehende Rigoletto drängt urplötzlich alles, was an Gemeinplätzlichem vorangeht, zurück. Das „Lara" dieses Narren wider Willen ist Schmerz und Geste zugleich; sein C-moll mit den Streichersextolen, seine Bitte um Verzeihung mit den jammernden Celli fließen aus seelischen Tiefen. Die Saite des Schmerzes, einmal berührt, erzittert durchdringend, der Farbwert der Tonarten wird instinktiv erschaut, das Cello in seinem Ausdruckswert verknüpft sich mit der Kantilene. Die Oboe empfindet mit der Tochter, die bekennt. Das Weinen, das innere Weinen führt auch das Duett zwischen Rigoletto und Gilda auf eine neue Höhe des Ausdrucks, wenn der Widerstreit der Empfindungen in der entehrten Tochter zwar rhythmische Kraft, aber nicht den vollen, überzeugenden Klang hat. Noch ist der „effetto" zu stark.

Je näher die Katastrophe, desto größer Verdi. Immer da, wo es gilt, die Menschen in ihrer Gegensätzlichkeit aufeinanderstoßen zu lassen, besinnt er sich auf die Macht des Ensembles. Und hier wird sie, an einigen Beispielen erprobt, zur stärksten Macht innerhalb des bisher vollendeten Werkes. Aus der Szene wächst das Quartett empor. Scharf entgegengesetzte Grundempfindungen sollen vereinigt werden. Die Musik soll binden, was getrennt ist, das höchste Maß an Ausdruck geben, wo höchster Ausdruck zugleich höchste Unvernunft scheint: Leichtsinn hier, Schmerz, Liebe, Eifersucht, Rachegefühl: das alles soll ineinanderfließen und sich doch abheben; soll nebeneinander herlaufen und sich doch in voller Selbständigkeit entwickeln. Das vollzieht sich nun mit einer erstaunlichen Einfachheit der Mittel. Aus dem „Bella figlia dell' amore", aus der sorglosen Sinnlichkeit des bel giovane steigt es in Ruhe empor; aber das Lachen der Maddalena, die schweratmende Empfindung der Gilda und das gärende, treibende Wort Rigolettos fügen sich harmonisch zusammen. Noch einmal steigt die Linie des Gesanges, es steigert sich das Lyrische in Gilda und Rigoletto. Die Angst benimmt Gilda den Atem. Wie diese Angst und Atemlosigkeit in einem zwar kontrastreichen, doch wohlgebauten Auf und Ab ihres Gesanges sich entladet, während nebenan das Duett der Zufallsliebe weiter geht: das ist bis dahin unerhört.

Doch die Katastrophe bezieht auch die Natur als handelnde Person ein. Und für das Unwetter, mit dem sie das Tragische begleitet, benutzt sie auch die Menschen als Instrumente. Das Heulen des durch die Gegenstände jagenden Sturmes soll ein mit geschlossenem Mund und chromatischen Gängen markierender Chor kennzeichnen; und noch später erzählte der alte Verdi lachend, wie ein gewesener, gescheiterter Primotenore, nun dem Chor angehörig, sich mit erhabener Geste auch zu dieser Selbsterniedrigung, nicht einmal den Mund beim Singen öffnen zu dürfen, als Märtyrer verstand. Das Unwetter selbst mit seinem Leitmotiv von Sechzehntelgängen, mit seinen zerlegten verminderten Septakkorden, den Flöten, Piccoloflöten und dem geringen Zuwachs an Lärm, ist auch durch die viel lärmenderen Orchesterstürme des Musikdramas, selbst durch Walkürenstürme nicht ganz übertäubt worden. Mit ihm hat Verdi wiederum früher Versuchtes im Schmelztiegel der schöpferischen Leidenschaft zur Vollendung umgeschmiedet; mit der Tragik des Stückes sind ihm auch Können und Unternehmungsgeist gewachsen. Die Bässe beginnen sich von dem Zwang der Gewohnheit zu befreien; und das Rezitativ, Sprecher der Handlung, fließt leichter in die Arie über.

Der tragische Narr, für den der Bariton Felice Varesi die Erscheinung mitbrachte, ist eine Paraderolle. Man hat Möglichkeiten theatralischer Dramatik entdeckt, und es reizt, Verzerrungen in Schönheit aufzulösen. Es lockt freilich auch die Karikatur an sich. Hier hat Verdi zum ersten Male seine Schärfe des musikalischen Akzents auf die Möglichkeiten erprobt, die sich in den letzten Höhen seiner Werke ganz erfüllen. Aber hier, in dem heißen Blut frühen Schaffens, in den Höhen und Tiefen des Ausdrucks, wirkt die Schärfe der Kennzeichnung noch schneidender; nur sei nicht vergessen, daß zuletzt doch wiederum die klingende Baritonstimme ihre Siege feiern will.

Glücklich zu preisen jene Leute von Venedig, die an dem Märzabend von 1851 dem Maestro Verdi zujubelten. Ihnen hatte die italienische Oper ein neues Leben enthüllt.

* *
*

„Ich habe Ihren Entwurf gelesen, und Sie, Mann von Talent und von so überlegenem Charakter, werden es mir nicht übelnehmen, wenn ich, in meiner ganzen Wenigkeit, mir die Freiheit nehme, Ihnen zu sagen, daß es besser ist, auf diesen Stoff zu verzichten, wenn man ihn nicht mit der ganzen Neuheit und Seltsamkeit des spanischen Schauspiels behandeln kann." So schreibt Verdi April 1851 an Cammarano. Es handelt sich um das (1908 wieder erschienene) Drama von A. G. Gutiérrez „El trovador". 1850, noch vor Victor Hugos Stück, hatte er es Piave zugedacht. Und Verdi weist vor allem auf Azucena hin, deren zwei große Leidenschaften, K i n d e s l i e b e und M u t t e r l i e b e, im Entwurf nicht ihre ganze Kraft haben.

Man sieht nun wieder als Grundmotive zwei heiße Leidenschaften wirksam. Eben ging es um die Liebe eines seltsamen Vaters zu seiner Tochter; hier um die einer seltsamen Frau zum Sohn und zur Mutter. Diese beiden sollen sich in einem merkwürdigen Charakter und in merkwürdigen Situationen auswirken. Daneben natürlich Liebe und Eifersucht. Das Neue und Bizarre werden aufgesucht. Die dunkle Farbe, das Tragische unter den eigentümlichsten Umständen sollen dem Stoff gewahrt bleiben.

Und nun läßt Verdi seine eigenen Besserungen des „Trovatore"-Entwurfes folgen. Bei Cammarano wird Manrico im Duell verwundet; die Zigeunerin zum Schluß wahnsinnig. Und vor allem war bei Cammarano Leonore nicht an der Totenklage und an dem Gesang Manricos beteiligt ... „Das aber scheint mir eine der besten Situationen für eine Arie." Man sieht: das Miserere in seiner ganzen ergreifenden Gewalt wird von ihm vorgeschaut. Wo Tod und Liebe zusammenklingen, da soll sich auch seine Macht auf Sinne und Seelen bewähren. —

Indes stirbt Verdis Mutter, Juni 1851; sein Vater ist kränklich; er kommt noch gerade davon. Das lenkt ihn einige Zeit vom „Trovatore" ab, aber vielleicht von neuem auf das Düstere hin. Lange gärt der Stoff in ihm. Auch hier liegt alles an der Grundfarbe. Diese ist ihm durch Azucena und ihre großen, heißen Leidenschaften gegeben. Man spürt, wie das seltsame, von unwahrscheinlichster Romantik emporgehobene Weib ihm, dem Naiven, eine durchaus wahre Tragik verkörpert, und wie, gleichlaufend mit dem „Rigoletto", die musikalische Grundfarbe auch für den „Trovatore" heranreift; trotz kleineren Nachbesserungen im Text, die nicht mehr von dem allzu früh verstorbenen Cammarano ausgeführt werden. Kommt es zur Niederschrift, so vollzieht sie sich doppelt rasch als Endergebnis dämonischer Phantasiearbeit.

Besonders schwer wird die Wahl des Theaters für die Taufe dieses Werkes. Venedig möchte wiederum einen Verdi. Aber welche Stadt möchte das nicht? Zweierlei braucht er hier: eine Azucena, „auf die ich soviel Wert lege", mit einer Kontraaltstimme, die der tatkräftigen Leidenschaftlichkeit der düsteren, braunen Frau den eigenen Klang gibt; und einen Tenor von ungewöhnlicher, unerreichbarer Kraft; „un tenore senza eccezione". Diesen hat Venedig nicht; und Rom, das übrigens eine für den „Trovatore" geeignete Truppe vorweisen kann, muß erst eine Azucena schaffen. Dieses Rom liegt Verdi jetzt am Herzen, obwohl es seinen „Rigoletto" und seinen „Stiffelio" schwer verstümmelt hat. Ja, der „Trovatore" hat lange Zeit zum Reifen. Und es wird der 19. Januar 1853, bis er in Roms Teatro Apollo erscheint.

So wurde der heute abgegriffene „Trovatore" als Edelmünze geprägt. Der lange Weg der Vorbereitung hat nicht einen Augenblick Verdi in der Wertung des Stoffes unsicher gemacht. Es ging ihm um tiefste seelische Werte, die nirgends inmitten einer so wilden Theatralik erblühten wie hier. Die Charaktere sind um so schärfer herausgemeißelt, je weniger die Situationen seelisch verbunden scheinen. Man wird sich immer nur schwer und nur lächelnd der Situationen erinnern können — sie sind stark und wechselnd bis zur Nebelhaftigkeit, obwohl auch Verdi auf eine äußerliche Begründung nicht verzichtete: die Verwechslung der Kinder durch die Zigeunerin, die aus Rache den Sohn des Grafen Luna, Manrico, hatte verbrennen wollen und sich selbst des Kindes beraubt, ist die erste Unwahrscheinlichkeit, das psychologische Grundübel. Dann der Kampf zweier Brüder, zwischen denen Leonore steht. Und der in den wildesten Farben schillernde Tod. Aber es bleibt alles Seelische, so unbegründet es scheint. Es bleiben die heißen Grundgefühle dieser Frau. Der Dämon Verdis handelt in ihr. So nur kann alles Abenteuerliche Manricos werden, dieses zufällig Lebengebliebenen, der ein Todgeweihter ist: er fällt durch die Eifersucht, die er hervorruft. Wirklich? Nun, es geschieht hier vielleicht das erste und das einzige Mal, daß die bebende Dramatik und bewegte Farbigkeit der Musik nicht nur die Grundgefühle, sondern manches andere: Scheiterhaufen, Zigeunerleben, Zweikampf, Kloster, Gift bis zur Handgreiflichkeit spiegelt, selbst das Unwahrscheinlichste wahrscheinlich macht. Daneben freilich gibt es auch Trauer und Feierlichkeit, die in der musikalischen Fassung heute komisch wirkt. Wie weit der Abstand von dieser, sagen wir es nur, Schauerromantik bis zu der deutschen, die eben um diese Zeit ihre herrlichste Nachblüte im „Fliegenden Holländer", „Tannhäuser", „Lohengrin" erlebte!

Und so muß ja auch notwendig im „Trovatore" die Überspitzung des Theatralischen häufig die des Musikalischen herbeiführen. Aber wo ist die Schönheitsgrenze zu ziehen, wenn soviel Urgewalt hervorbricht! Die Virtuosität wird hier gesucht und übertrieben, die rhythmische Trivialität lebt sich aus. Der „Trovatore" ist eine Verherrlichung des Dreiachteltaktes. Aber selbst wo der Rhythmus allzu beharrlich bleibt, weiß das Genie ihm Eigentümliches, Überraschendes zu gebieten. Das Bizarre wird dann wieder durch rhythmische Plötzlichkeiten ausgesprochen. Wie der Ton dem Wort oft vorausgeeilt ist, wie er oft gegen das Wort, gegen die Deklamation geht, das zeigt wohl keine Oper Verdis wie der „Trovatore". Auch scheint ja der bevorzugte Mollton den veränderten Situationen hinderlich. Doch nein: Die einheitliche Grundfarbe ist der fruchtbare Boden für die wildeste Schauerromantik, da die Musik nur so ihre Größe inmitten alles Wechsels erhält. Schwertträger- und Zigeunerchöre mit ihren scharfen Vorschlägen verknüpfen mit der Vergangenheit des „Nabucco". Das Unisono unterstreicht den kriegerischen Charakter, daneben gedeihen Zartheiten, die nicht nur aus dem Zuwachs an Lebenserfahrung zu begreifen sind: das Orchester hat eine

Fähigkeit des erregten Pianissimo gewonnen, es stöhnt, zittert und macht sich wiederum fluchend zum Dolmetsch des Volksaberglaubens gegen die Hexen. Da sind Momente, wo der ungläubige Verdi im Klang der Glocken, die er dem Orchester beimischt, sich selbst vergißt. So dröhnt der Fluch in der Erzählung Fernandos. Aber in der Erzählung der Hexen spürt ihr, daß Verdi ganz auf der Seite der Unglücklichen ist. Wie redet schon vorher das Unisono „Mesta è la tua canzone!" Es flüstern die Streicher, da gibt es Echowirkungen des Klagens und des Weinens, die Oboe und die ersten Geigen haben die Seele Verdis. Nicht alle Gunst wird der Azucena zuteil. Leonore, von deren Grenzüberschreitungen noch zu sprechen ist, darf in ihrer As-moll-Cavatine „Tacea la notte placida" den Faden einer schier unerschöpflichen Erfindung spinnen. Es ist, als wohnten wir nach der Wendung zur Dominante dem Suchen und dem Entdecken neuer Wege der Phantasie in ein unbekanntes Land bei. Hier rankt sich das Motiv eines unentwegten Melodikers, durch die Fermate unterstützt, an der Modulation weiter und belichtet zugleich eine Naturstimmung.

Manricos Schlußkabaletta des vierten Aktes, so heldisch draufgängerisch und doch mit der plötzlichen Mollwendung etwas ungewöhnlich, treibt das Heldentum des falschen Zigeunersohns auf die Spitze. Und doch kann man den Jubel nachempfinden, der dem Tenor Boucardé am ersten Abend nach solchem Gewaltstück entgegenklang.

Es ist ohnehin alle Kraft für den letzten Akt gesammelt, dessen „Miserere" die heißen Grundgefühle dieses „Trovatore" zu einer gemeinsamen Tat, zu einem höchsten Erleben vereinigt. Hier wiederum ist der „effetto" durch innere Beseelung geadelt, die Gegensätzlichkeit der Mittel durch die Einfachheit ihrer Verwendung ergreifend geworden, also gerade der Effekt aus tiefstem Empfinden heraus umgangen. Es ist ja alles Voraufgehende schon im Bann des Kommenden. Wie zu Beginn des Aktes Es-Klarinetten und Fagotte allein sprechen, wie Leonores Adagio leise, leise in Sexten mit der Flöte schreitet, wie überhaupt die Holzbläser zwar bescheiden, aber doch menschlich reden: das hören wir, indem wir anderes überhören. Dann ergreift ein Zittern das ganze Orchester; ein Körper erschauert, während der Chor, noch im zweiten Finale nicht gegen die Theatralik überzeugend, hier mit seinen Psalmodien des Todes segnender Begleiter ist, die Totenglocke hineintönt, zwei Menschen den Schmerz der Liebe singen: Leonore, nun ganz geheiligt, schwer atmend, in sprechenden Pausen, mit ihren sinkenden re—spi—ro, pal — pi — ti al cor; Manrico in einem wehen Dur, das sich dem Moll entgegenstellt und doch darin eingeht. Und nun wiederum Dreiachteltakt: eine zusammengebrochene Azucena, mit Manrico gefangen, findet jenes ergreifende: „Ai nostri monti", das bald wie ein Leitmotiv von den Stimmen Leonores und Manricos begleitet wird. Mit dem „Pria che d'altri vivere" wird nochmals unser Innerstes berührt.

Dieser „Trovatore", vulkanisch, mit feurigen Zungen für den Instinkt und gegen den Geschmack redend, hat sich in der Katastrophe von den Schlacken gereinigt. Dem Bizarren des Stoffes entspricht die Fülle strömender Einfälle; darüber hinaus aber ist ihm Größe in der Aussprache des Schmerzes gegeben. Wüsteste Theatralik durch höchste Leidenschaft geadelt, Unsinn durch Musik Sinn geworden. Und an diesem Sinn nehmen nicht nur Arien teil, sondern Rezitative, Vorspiele haben ihr zuckendes Leben. Nur sind die Motive zu stark, zu drängend, um über einen Anlauf von Entwicklung hinauszugelangen.

Der „Trovatore" bleibt ein Einzelfall der Oper.

*   *
*

Hier waren Liebe zur Mutter und zum Kind zeugende Grundkräfte gewesen, die andere, die sinnliche Liebe aber nur nebenher, wenn auch stark beleuchtet. Diese in der Beseelung durch den Schmerz und im Schicksal des Todes zu zeigen: Ziel der „Traviata".

Es ist aber nun Zeit, von etwas zu reden, das den Ausdruck der Wahrheit am stärksten zu behindern schien: die Koloratur. Man trifft sie bei Gilda, Leonore in einem Überfluß, daß sie eine Lücke in das Drama reißen will. Die Gilda, die im „Rigoletto" ein passagenreiches Selbstgespräch hält, bleibt immerhin in den bisher der Singstimme gezogenen Grenzen. Leonore dagegen drängt über sie hinaus zu instrumentalen Gängen hin. Sie und Manrico wurden der Mißhandlung der Stimmen am schwersten angeklagt. Aber es ist ja die gespannte Atmosphäre des „Trovatore", die alles Maß haßt. Die

Sinne sollten durch pfeilschnell emporfliegende, heftig herausgestoßene Töne unterjocht und von der physischen Wirkung aus die seelische erreicht werden; Leidenschaft, auch der veredelten Art, bleibt ja an den Körper gebunden. Doch waren die Widersprüche zwischen der effektvollen Koloratur und dem wirkungsvollen Seelendrama nicht zu leugnen. Erst die Violetta der „Traviata" bringt Sinn in die Koloratur. Sie ist mondäne Genießerin, darum durchaus mit dem Schmuck der Tonperlen zu behängen; und das Wort „gioir" selbst, dieses Leitwort ihres Lebens, soll sich in ihrem Munde wie jubelnde Vogelstimme in vielfach ausschwingende Ausdruckskoloratur wandeln. Das ist der Charakter der Weltdame Traviata, die freilich, zum Leiden bestimmt, durch die Echtheit ihres Schmerzes verklärt werden soll.

„Rigoletto", „Trovatore", „Traviata": diese drei Stoffe mögen noch so verschieden scheinen, sie stammen nachweisbar aus einer Wurzel. Sie sind in französischer Luft gezeugt und mit Überraschendem geschwängert. Denn auch „El trovador" ist Nachfolge Victor Hugos. „La dame aux Camélias" von Dumas endlich will die Freiheit von gesellschaftlichen Vorurteilen verkünden. Immer wieder weist Verdi darauf hin, daß der Nachahmungstrieb der Textdichter ihn vor die größten Schwierigkeiten stellen. Bedenkt man allerdings, daß der Bellinilibrettist Felice Romani etwa 160 Texte geschrieben hat, so begreift man ihre auffallende Familienähnlichkeit. „Es ist unmöglich", schreibt Verdi, „oder fast unmöglich, daß ein anderer ahnt, was ich ersehne. Ich ersehne n e u e, g r o ß e, s c h ö n e, w e c h s e l v o l l e, k ü h n e S t o f f e ... und zwar kühn bis zum äußersten, mit n e u e n F o r m e n usw. usw., die zugleich musizierbar sind." ... „In Venedig mache ich die Cameliendame, die vielleicht den Titel „La Traviata" führen wird. Es ist ein Stoff der Epoche. Ein anderer hätte es vielleicht nicht gemacht wegen der Kostüme, wegen der Zeiten und aus vielen anderen törichten Bedenken; ich mache es mit dem größten Vergnügen. Alle schrien, als ich mich vermaß, einen Buckligen auf die Bühne zu bringen. Nun, ich war glücklich, den „Rigoletto" schreiben zu können. Ebenso den Macbeth usw. usw." Unter allen Wagnissen war das des gesellschaftlichen Zeitkostüms nicht das geringste für die Opernbühne.

Und nicht etwa der kühne Stoff brachte das Fiasko der „Traviata" im Fenicetheater Venedigs, über das Verdi die oft zitierten Worte an seinen Emanuele Muzio schrieb: „Die Traviata, gestern, Fiasko. Ist die Schuld auf meiner Seite oder auf der der Sänger? ... Die Zeit wird urteilen." Damals war es die Schuld des unwilligen Varesi und der übergesunden, rundlichen Violetta, die alle Bühnenillusion zerstörte.

Die „Traviata", so schnell niedergeschrieben, war nicht ohne Schmerz geboren. „Meine liebe Clarina (Maffei), ich muß Sie verlassen: ich muß zu meinen Noten zurückkehren, die eine wahre Qual für mich sind." Das Leben bohrt an ihm und greift in sein Schaffen über „... seit einiger Zeit folgen Unglücksfälle und Peinlichkeiten mit entsetzlicher Schnelligkeit aufeinander. Ich, der ich alles darum geben würde, etwas Ruhe zu haben, und der ich alles tue, um sie zu finden, finde sie nicht: ich mag von Ort zu Ort, aus den geräuschvollen Städten in fast unbewohnte Felder ziehen, alles ist unnütz." Er hat gerade in der letzten Zeit zwischen Paris, wo er Verhandlungen führt, und Sant' Agatà wechseln müssen. Aber am Ende ist ja doch Sant' Agatà seine Kraft, und da setzt sich Erlebtes, Empfundenes in Ausdruck um.

Der „Traviata" wurde ein Jahr darauf in demselben Venedig, doch in dem Teatro S. Benedetto, das von seinem Freunde Antonio Gallo übernommen war, die glänzendste Rechtfertigung. Verdi hatte diesmal für die Wiederaufführung eines Werkes von wesentlicher menschlicher und künstlerischer Bedeutung besondere Vorsichtsmaßregeln getroffen und im Verein mit Ricordi von Gallo alles Erdenkliche tun lassen, um den eigenen intimen Charakter dieser Oper zu wahren. Dem Publikum, das die Traviata abgelehnt hatte, war die Buße abgerungen. Es wurde ein gewaltiger Erfolg.

* *
*

Man muß es schon grotesk nennen, wenn Verdi die Wahl des Stoffes angekreidet wurde. Da ist ein Mensch, der jeden Stoff auf seine besondere menschliche Art anschaut; ein Ethiker, der ihn leidenschaftlich durchglüht: es erscheinen Sittenrichter, ihn zu tadeln. Da will einer sehnsüchtig zu immer wechselnden Formen der italienischen Oper weiterschreiten: es kommen die Pedanten und weisen mit dem Finger auf die stoffliche Grundlage seines künstlerischen Baues.

Hier wird ja, wenn irgend je, eine Herzensangelegenheit durchgeführt. Was Verdi als düsteren Hintergrund des Lebens empfindet, will einmal nicht gesammelte, vom Druck verschärfte Kräfte emportreiben, sondern im Gegenteil Zartheiten auslösen, die der italienischen Oper bis dahin fremd sind. Auch die Liebe, gerade die Liebe soll als schmerzliches, obwohl immer wieder dem Sinnlichen entströmendes Grundgefühl, aufklingen. Für die Liebe ist Verdi eben reif geworden. Auch sie hat die eigene Farbe seiner Natur angenommen, er kann sie nicht tristanisch übersinnlichen, aber ihr Sinnliches aufs höchste vermenschlichen. „La Traviata" ist Verdis Bekenntnis der Liebe als Menschenschicksal.

Aber schließlich soll auch innerhalb aller Zartheiten dem „effetto" nicht entsagt werden. Das Gegensätzliche im Feineren wird gesucht; nichts von der Urart aufgegeben, aber ihre Möglichkeiten neu erweitert. Man mag über die Echtheit der Empfindung in Dumas' Gesellschaftsstück streiten; es tritt der Fall ein, wo die Musik auch das Aufdringliche, Rührselige übergoldet und so durchseelt, daß das Wort nicht nur ohne Rest in ihr aufgeht, sondern von ihr aufgesogen wird. Die Tränen reden echt. Sie bilden sich ihre neue und doch uritalienische Melodie. Es ist auch „allegria" in dieser Oper; aber nicht Kokotten- oder mondäne Lustigkeit. Man kennt sie schon an ihrer stampfenden Art, so charakteristisch, so verdisch, daß auch sie mit einer andern nicht zu verwechseln ist.

Alles, was Ausdruck wird, will hier auch technisch vollendet sein. Die „Traviata" ist die bisher stärkste technische Leistung; ermöglicht durch die Ablehnung aller Überspitzung des Theatralischen: dies bedeutet zugleich Gehaltenheit des Musikalischen. So wird erste intime Musik der Oper im Reiche Verdis.

Es reizte ihn, den Schweigsamen, den so gar nicht Anmutvollen, auch die Begleitumstände der großen Liebe Alfredos und Violettas in Ausdruck zu bannen. Das technische Problem, die Rede in Musik aufzulösen, war in diesem Umfange noch nicht versucht. Der Weg zu einem reicheren Parlando war zwar schon beschritten: die „Luisa Miller" hatte ja eben darin Auffallendes gezeigt. Verdi neigte immer mehr dazu, die Trennung der Arie vom Rezitativ in der Empfängnis des Werkes aufzugeben; immer mehr schwebt ihm das organische Verwachsensein beider vor, ohne daß er sie als Gattungen wirklich trennt. Die Arie der Traviata ist hier nicht durchwegs, aber doch meist ohne Cabaletta angelegt. In ihr faßte sich ja das Streben zusammen, nach einem gedehnten, ausschweifenden Largo das Tempo mit plötzlichem Ruck zu retten. Eine unvermittelte Lustigkeit wurde erzwungen, eine Wirkung ohne Ursache lag vor. Verdi suchte ihr gewöhnlich auch einen zureichenden Grund zu geben. Hier wird die Cabaletta, wenn vorhanden, weit stärker gerechtfertigt. Die Arie schwingt aus, aber auch das Parlando, das dem kurzen, scharfen Rezitativ Verdis ein ausführlicheres, nicht minder eigentümliches Wortgefüge gegenüberstellt, vielmehr verknüpft. Und dies, während der Rhythmus als Tanzrhythmus nur zu oft in seiner Gebundenheit, Geschlossenheit, Begrenztheit weiterläuft. Die Gesellschaftsszenen der „Traviata" sind richtunggebend. Es ist merkwürdig, wie über einem Rhythmus die Rede zwanglos, hier harmonisch, da auch melodisch gestützt, auf- und absteigt. Aber wenn der mondäne Ton noch zeitweilig durch Verdische Rauheit gestört wird, so ist die Spielszene an Ausdrucksfähigkeit nicht zu übertreffen. Der pp-Sechsachteltakt mit den wiederkehrenden Vorschlägen der Geigen und Celli wirkt als eine quälende Idee fixe von etwas Drohendem. Man flüstert. Der Baron wird eifersüchtig. Violetta singt in wenigen Noten, in acht Takten, Bedauern, Liebe, Schmerz, Zusammensinken. Die Begleitfigur ist nach Des-dur, dann über As-dur nach f-moll zurückgewandert, es kommt zu chromatischen Rückungen. Wie einfach ist das alles, und wie ausdrucksschwer! Wieviel Spannung erreicht! Das Spiel wird Duell. Die Celli laufen in Sechzehntelstakkati, die Bratschen treten hinzu: ruhig hat sich aus dem Motiv die Form entwickelt, sie wird wiederholt. Die Schlußachtel ersterben als wehmütiger Gesang. Indes ist die Luft so mit Spannung geladen, daß ein Ausbruch eintreten muß. Sechzehntelfiguren der Geigen rasen zum Aufschrei hin. Wie nun in der Aussprache zwischen Violetta und Alfred erregte und abgebrochene Sechzehntel drängen und so den Weg zu dem Höhepunkt bahnen, da Violetta als bezahlte Dirne öffentlich gebrandmarkt wird; wie daraus das große Velocissimo-Ensemble der Entrüsteten und, von Germont senior eingeleitet, über atemlosen, abgebrochenen Triolenfiguren Reue Alfredos, Ehrenrettung Violettas, ihr trauriges Bekenntnis zu Alfredo, das große Ensemble sich ergibt — das ist ein meisterhaft gebautes Finale. Und das Parlando, dem es entwächst, nicht nur für Verdi kennzeichnend; man wird später einmal in dem viel salonfähigeren Puccini der „Bohéme" seinen beweglichen, nervösen Nachklang erleben.

Aber was ist Gesellschaft? Da, wo das Drama sich zwischen zwei, drei Menschen abspielt, erneut sich die Form und die Innenmusik der Oper trotz dem Dreiklang, zu dem sie ganz unsinfonisch, oft im Tremolo am Ende zurückkehrt. Zwischen Violetta und Germont, dem Kavalier nicht ohne leise komischen Anstrich, führen Worte, die verletzen, beunruhigen, aufwühlen, zu Kantilenen, die aus der Herzensangst stammen, in ihren Noten, in ihren Pausen redend werden: das herausgejagte „Non, sapete", in dessen Chromatik auch die Schwankungen einer von Krankheit brüchigen Stimme Wirklichkeit werden; und doch wird in einem schmerzlichen C-dur der melodische Faden bis zur Atemlosigkeit ausgesponnen. Nie hatte einfache Weiblichkeit ihren Jammer ähnlich ausgesprochen. Wie aber, wenn des wetterwendischen Mannes ... Liebe erkaltet ist? Es zuckt von raschen chromatischen Streicherfiguren. Flöten und Klarinetten bestätigen, was Germont senior arienhaft dafür anzuführen hat; auch er allmählich immer dringender, immer wärmer, überzeugender. Violetta fällt ihm ins Wort, wendet sein Des-dur in des-moll. Vorher sprach nur die Angst zu verlieren, jetzt redet die Gewißheit: leise, doch in langgezogenen absteigenden Noten, das Streichorchester in den Geigen mitsingend, sonst im Pizzicato erzitternd. Violetta, entschlossen, auch den Rest ihres Lebens zu opfern, Germont, der ihr das „Piangi, piangi" als Trost, als Rettung entgegenhält: es ist ein Duett von tiefer menschlicher Schönheit. Azucena und Leonore haben Violetta befruchtet; der „Trovatore" schenkt einen kurzen Nachhall seiner Ausbrüche auch diesem Orchester. Aber es sänftigt sich alles: hier wird auch der Tod als Schicksal hingenommen. „Fin l'ultimo sospiro" und „Addio" klingen, klingen, klingen. Die Steigerungen und Wiederholungen der Rede machen die Musik schöpferisch. Violetta kann Alfred gegenüber noch unter Tränen lächeln. Bratschen und Celli wissen es anders: ein Hauch von „Carmen". Das „Amami Alfredo" der Violetta, das mit dem „Amor, amor è palpito" Alfredos in den ersten Noten übereinstimmt, bricht mit zusammengeraffter Kraft hervor. Man wird das „Di Provenza il mar" des Germont senior immer als schwache Eingebung Verdis zu betrachten haben; wie gefährlich es unter Umständen werden kann, zeigte schon das Übelwollen Varesis am Abend der Erstaufführung.

Das Sterben der Violetta, von den geteilten Geigen gesungen, ist bisher der ergreifendste Liebestod im Bereiche der italienischen Oper. Wie jetzt das Liebeslied Alfredos vorüberschwebt, wird einmal der viel parfümierteren Mimi Puccinis die Rückerinnerung an die erste Begegnung mit Rodolphe in zartester Färbung auftauchen. Das „Addio" Violettas, das die Oboe mitfühlt, kann, so einfach bewegend es ist, nicht tiefer greifen als die früheren Bekenntnisse Violettas. Wie der Pariser Karneval hineinklingt und nochmals das Leben gegrüßt wird: auch das hat seine Nachfolge gefunden. Der eben das „Miserere" geschrieben, läßt es auch hier in weniger glanzvoller Umgebung erscheinen.

Einzig unter Verdis Werken, das menschlichste unter denen dieser Zeit, bringt der „Traviata" die Aussprache der leidenschaftlichen Grundgefühle in gewandelter Art zum Abschluß. Ein Stück Leben ist hier Kunst geworden. Ein Mensch, der von seinen Gefühlen kaum sprach, hat sie rückhaltlos in seiner Einfachheit musiziert. Auch hier fehlt das Stereotype im Rhythmus und im Klang nicht; aber die Seele hat sich neue Wege gebahnt, und der Wahrheitsdrang hat den „effetto" in ungeahnter Weise geadelt. Schmerz und Tod reinigen den Instinkt. Die Koloratur wird in dieser menschlichen Sprache menschlich: eine Prevosti, eine Bellicioni haben das offenbart. Man muß naiv sein, um an Violetta glauben zu können. Man kann es nicht immer. Aber sie sagt, mehr als Tristan, die volle Wahrheit. Aus dem Gesellschaftsstück, aus dem Rührstück hat sich ein Bleibendes gerettet.

DER VERWALTER

Der Hochspannung folgt eine Pause. Sie soll der Betrachtung des Mannes gewidmet sein, der seine Geschäfte führt. Auch dieser ist außerordentlich.

Man hat sich umzuschalten, um das Genie abseits des Schaffens bei der nüchternen Arbeit des Rechnens zu beobachten. Diese ist ja auch dem romantischen, verträumten Musiker so fremd, daß jede Ausnahme von der Regel sogleich ein Mißtrauen gegen die Echtheit des Musikers einflößt. Und man hat, zumal in dem romantischen Deutschland, den großen Schaffenden nur als naiven Hungerleider gekannt, den die Anwartschaft auf die Unsterblichkeit entlohnt. Die Lebenstragik als Helferin des künstlerischen Schaffens schien auch mit der Armut notwendig verknüpft zu sein.

Goethe freilich, Beethovens Zeitgenosse, widerlegte den Satz von der Bedürfnislosigkeit des Künstlers. Sein Faustisches war durch Wohlhabenheit nicht beeinflußt. Beethoven dagegen blieb bedürfnislos. Wagner, der Nervenkünstler, hatte höchste Bedürfnisse.

Aber richtig ist schon, daß zwischen metaphysisch gerichteter Künstlerschaft und der Arbeit des Rechnens ein Widerspruch besteht. Wahr bleibt, daß der fortgesetzte Verbrauch an Kraft für die Mehrung des Reichtums gerade dem Künstler doppelt fühlbar wird. Unbestreitbar, daß diese Ablenkung seelisch auf ihn einwirken und dem Schaffen verhängnisvoll werden kann. Die Inspiration, die Werte schafft, wird leicht durch den Gedanken an ihre Verwertung getrübt.

Diesem Idealismus handelte von jeher der italienische Virtuose entgegen, der Reinkultur des dem Leben verhafteten Italieners überhaupt ist. Dem Akrobaten von Hause aus verwandt, setzte er sich mit Leidenschaft in Szene, war aber geldgierig im höchsten Maße: ein Beispiel Paganini, der zugleich die äußerste Bedürfnislosigkeit zeigte. Selbst wo der italienische Virtuose seine Herkunft vom Akrobatentum vergessen machte und nicht nur sich, sondern die Musik ausspielte, verlor er das Leben nicht aus den Augen: so Viotti, Geiger von höchster Bedeutung und schließlich Weinhändler. Der Virtuose, immer wieder vom Zuschauer abhängig, hat auch stets das Sonderrecht auf irdische Güter besessen.

Der italienische Maestro, der Opernschreiber, dem der Virtuose scheinbar diente, um sich gegen ihn auszupielen, blieb durchaus im Rahmen der Gattung, wenn er den Gewinn suchte. Die Oper, an sich ein Zugeständnis an die anspruchsvollen Sinne des Publikums, kann nur im Ausnahmefall Mozart weltfern werden.

Verdi war unmetaphysisch, Realist; Theatraliker mit dem Ziel zum Drama; dem Leben im tiefsten verbunden, doch bereit, von diesem Boden aus den Gipfel der erdgebundenen Oper zu erreichen.

Der Mensch, der Ackerbauer war und doch dämonisch zum Theater hindrängte, hatte die Geschlossenheit einer wahren Natur, er brauchte sich nicht umzuschalten, wenn er wirtschaftlich sein wollte. Das Leben durchlebte er nach zwei Seiten: Hochspannung und Entspannung wechselten ab; doch auch seine Entspannung war tätig. Die Gebrochenheit des Willens, die Erbteil des Nervenmusikers ist, kannte er nicht. Auch in den kleineren Dingen des Lebens blieb er entschlossen. Der Ackerbauer, der zugleich auch Baumeister war, hatte Pünktlichkeit und Genauigkeit im Blut. Er übertrug sie notwendig auf sein Werk, auf das Theater. Mag bei dem Musiker sonst die Art seiner Geschäftsführung gleichgültig sein oder mag sie, wie bei Beethoven, auf das Bild des Meisters einen Schatten werfen; für Verdi ist sie kennzeichnend, weil sie Ergänzung seiner Menschlichkeit ist, die wiederum sein Künstlertum bildete.

* *
*

Verdi sieht sich vom Beginn seiner Laufbahn ab verknüpft: dem Mittler, dem Impresario, dem Verleger. Mit allen hat er sich zu vertragen. Und er verträgt sich mit ihnen als Mann von unerbittlicher Folgerichtigkeit. Ganz ohne Schranken. Mit klarem Blick in sachliche Notwendigkeiten und seelische Eigenart. Rücksichtslos, wenn er es vor sich verantworten konnte; nicht ohne Empfinden, ja mit Hingabe für jene, die ihm nahestanden. Der Stolz des Künstlers bricht oft genug hervor; aber er hat nur Gefühl für persönliche Würde, für eigenen Wert und ist frei von jeder Eitelkeit. Anders redet er mit Künstlern als mit Geschäftsleuten.

Der Mann, der zuerst als Förderer in Verdis Leben trat, war Antonio Barezzi. Die Bande der Verwandtschaft lösten sich durch den Tod Margheritas. Es blieb ein Gefühl der Dankbarkeit für seinen Wohltäter. Aber Verdi wollte nicht seines einstigen Schwiegervaters Schuldner bleiben: er zahlte ihm alles, was in bar gegeben war, in bar zurück. Patti chiari, amici cari, sagte er. Oder Freundschaft bis zur Tasche, wie wir sagen.

Auch mit seinem Vater Carlo Verdi, an dem er mit zärtlicher Liebe hing, mußte das Verhältnis geregelt werden. Der Begründer von Sant' Agatà hatte darum selbst als hart zu erscheinen; er war aber nur genau und klar. Kein Wunder, daß die Familie an seinem Besitz möglichst viel Anteil haben wollte. Verdi sorgte rasch dafür, daß dies nicht geschah. Er wollte grundsätzlich mit Verwandten und Freunden keine Geschäfte machen. Sein Vater, dem zunächst in der Tat eine Wohnung und auch geschäftliche Tätigkeit innerhalb des Landgutes angewiesen war, hatte ausstreuen lassen, daß er Verwalter oder gar Pächter der Güter sein würde. Da wird dem Notar von Busseto kundgetan: „Ich beabsichtige von meinem Vater in Haus und Geschäften getrennt zu sein. ... Für die Welt müssen Carlo Verdi und Giuseppe Verdi zwei voneinander durchaus verschiedene Dinge sein." Aber er ließ Carlo Verdi nicht darben. Und als er 1867 in Vidalenzo starb, war es für Giuseppe ein harter Schlag.

Er wünschte ja überhaupt in seinem weiten Besitz nur Ackerbauer als Mieter zu sehen. Das Verhältnis zu ihnen regelte sich leicht, weil er sie für seine Ideen gewinnen konnte, mindestens zu gewinnen hoffte. Bauern sind Starrköpfe, und Verdi, der sich für die vernünftigste Bodenkultur, so für eine neue Methode des Düngens einsetzte, stieß in manchen Dingen auf Widerstand. Aber das Beispiel seiner Musterwirtschaft, dachte er, mußte zur Nachfolge anregen. Die Genauigkeit des Landwirts Verdi, der einen Widerspruch der bei ihm Bediensteten nicht duldete, erstreckte sich auf Kleinigkeiten: alles hatte sich im Bereich von Sant' Agatà zu halten; der Kutscher sollte zwar den Pferden außerhalb der Tore einige Bewegung gönnen, doch nicht nach Busseto fahren. Wie aber war das in Verdis häufiger Abwesenheit durchzuführen? Da hatte sein Faktor Paolo Marenghi für jede Einzelheit zu sorgen; das wurde ihm in dem Befehlston eines Mannes übermittelt, der gewohnt war, sich selbst zu befehlen und zu gehorchen. Auf Empfehlung der großen Schauspielerin Adelaide Ristori, die Verdi verehrte, war überdies

Mauro Corticelli, ein früherer Impresario, als geschäftlicher Vermittler in sein Haus gekommen. Er hatte nicht die Schärfe Verdis, er war zu biegsam. Wer konnte sich mit dem Maestro auch hierin messen! Endlich wurden Käufe und Verträge durch den Notar Dott. Ercolano Balestra in Busseto abgeschlossen, der sein Vertrauensmann war. Das Rechnen spielt auch hier seine große Rolle. Das Vertrauen hörte auf, wenn in Verdis Abwesenheit, anstatt der angemessenen, Liebhaberpreise bezahlt wurden.

Kurz: für den geordneten Gang des Hauses Verdi war gesorgt.

Impresario und Förderer zugleich war ihm mit dem ersten Schritt auf die Opernbühne Bartolomeo Merelli gewesen. Schon vom „Oberto, Conte di Bonifacio" an konnte kein Zweifel darüber sein, daß der aufsehenerregende Neuling auch dem Ertrag seiner Opern volle Aufmerksamkeit widmen würde. Wie ein guter Stern war ihm Giuseppina Strepponi schon damals erschienen. Sie bestärkte ihn in seiner Wirtschaftlichkeit. Aber es wäre irrig anzunehmen, daß Verdis Entschlüsse von ihr abhängig waren. Durch jahrelanges Zusammenleben mit ihr war ihm der Blick für wirtschaftliche Notwendigkeiten geschärft. Dann setzte er im wesentlichen seinen eigenen Kopf durch. Wehe dem, der das bezweifeln wollte! Immer wieder weist er ihn dann in seine Schranken zurück und darauf hin, daß er niemandem einen Einfluß auf seine Entschließungen zugestehe.

Seine Forderungen an die Theater, denen er sich verpflichten sollte, waren beträchtlich. Die Verträge wurden mit unbedingter Klarheit abgefaßt: eine Rate wird mir am Tage meiner Ankunft am Platze, die zweite am Tage der ersten Orchesterprobe, die dritte nach der Generalprobe gezahlt. Daß diese, ganz gegen italienische Gewohnheit, im Kostüm stattzufinden hatte, war nun wieder künstlerische Forderung. Der Textdichter blieb gewöhnlich zu des Komponisten Lasten. Sämtliche Impresarios, unter ihnen solche, mit denen er befreundet war, hatten sich seinen Wünschen zu fügen; er kannte nur ein Entweder — Oder. Dem Vincenzio Flauto in Neapel, einem unsicheren Mann, dem schon zuverlässigeren Alessandro Larari, den Jacovacci, Lumley, Benelli diktiert er seinen Willen, indem er natürlich den Ton je nach dem Charakter der einzelnen abschattiert.

Mit der Stunde der Besitzergreifung von Sant Agatà ist das

nächste Ziel, dem die Erträge seiner Opern zu dienen haben, erklärt. Schon die Vorverhandlungen, die er führte, sind durch äußerste Genauigkeit ausgezeichnet. Und nun will er sich möglichst rasch von allen Verpflichtungen, die ihm daraus erwachsen, befreien. Er will so bald als möglich freier Herr von Sant' Agatà sein. Das kann er aber nur durch Beharrlichkeit und Sparsamkeit. Indem er sie betätigt, klärt er zugleich für seine Person das Verhältnis des schöpferischen Menschen zu dem Verwerter, des Künstlers zum Verleger.

Zu Verdi gehört Ricordi. An ihm erstarkt das große Verlagshaus zu einer Macht. An Verdi wird Giovanni Ricordi reich. Der Künstler Verdi, der sich als Begründer des gewaltigen Vermögens des Hauses Ricordi in Mailand fühlt, verliert auch dieses Bewußtsein nie. Er ist mit Giovanni Ricordi befreundet. Aber der Ausdruck der Freundschaft ist weit stärker auf der Seite des Verlegers als auf der Verdis. Immer wieder erhebt sich für den Komponisten des „Trovatore" die Frage, warum der produktive Mensch so viel weniger an seinem Werk verdienen soll als der Verleger, der von dessen Ertrag seine Villa am Comersee baute und dort spazieren ging, während der Künstler schwer arbeitete. Es fallen harte Worte und verschärfen sich noch gegenüber dem Sohne Tito Ricordi. Verdi, der Mann der Klarheit, durchschaut die Fallen und Verklauselierungen des Händlers, der ihn immer wieder seiner herzlichsten Freundschaft und tiefsten Verehrung versichert, um desto gewisser seinen Zweck zu erreichen.

All das wurde brennend in dem ersten Jahrzehnt des Verdischen Schaffens. Der Maestro hatte seine Mitbewerber im Reiche der Oper nicht nur in Italien überflügelt, sondern begann für die ganze Welt, soweit sie die italienische Oper liebte, unentbehrlich zu werden. Aber gerade jetzt mußte Verdi sich gegen die Ausbeutung seiner Opern schützen. In Italien konnte man sie im allgemeinen verhüten. Im Auslande war es schwerer. Nicht nur Frankreich, England und Deutschland, sondern Spanien, Amerika, ja, Havana wollten seine Werke aufführen. Aber nicht überall war man bereit, sie rechtmäßig zur Aufführung zu erwerben. So vergriff man sich gern an ihnen, ließ sie von einem gefälligen Maestro instrumentieren, verstümmelte sie, brachte sie in unwürdigem Zustande heraus. Und doch war es Verdi wesentlicher, unbekannt als schlecht gekannt zu sein. Die

Urheberrechte waren schon in England zum Beispiel so wenig gewahrt, daß man die Werke der Ausländer im ganzen als vogelfrei ansah. Verdi also tat sein Möglichstes, diesen Zustand nicht nur für sich, sondern für alle zu beseitigen. Er will zur Erneuerung des italienischen Theaters überhaupt beitragen. Zunächst handelte es sich darum, den Schutz der Werke durch internationale Verträge durchzusetzen.

Verdis Hauptanstrengungen gelten Paris, das nun einmal Staffel zum Weltruhm und zu höchster Ertragfähigkeit seiner Werke sein sollte. Gerade hier aber, wo man zuerst die Rechte der Autoren gesetzgeberisch schützt, hat er immer wieder den Mißbrauch zu bekämpfen, der dem Übelwollen der Neider und Mißkenner einen Schein von Berechtigung gibt. Die Brüder Marie und Léon Escudier, seine Freunde, Verleger und Herausgeber der Zeitschrift „La France musicale" sind Geschäftsleute, die nur die Aufführung Verdis in Paris betreiben. Das von der Regierung gestützte Théâtre Italien, Treffpunkt der Italiener in Paris, schreitet von Krise zu Krise, von Direktor zu Direktor. In der Not greift es immer nur zu Verdi als Rettungsanker. Mag dieser auch gegen die Ausnützung seiner Werke durch diese Bühne wegen Unzulänglichkeit der darstellenden Kräfte Einspruch erheben oder schon vorher vor ihr abraten: seine Opern erschienen nacheinander hier, mehr oder weniger unvollkommen dargeboten. Man muß freilich sagen, daß die Ausnutzung des Victor Hugoschen „Le roi s'amuse" wie so mancher anderer Stücke auch eine seltsame Anschauung vom Urheberrecht beim Komponisten verrät. Die Streitfälle, die daraus entstanden, wurden beigelegt. Man stürzte sich also in Paris auf Verdis Opern, so sehr sie auch bekämpft wurden. Außer dem Théâtre Italien suchte die Große Oper, gleichfalls von Krisen bedroht, ihre Anziehungskraft zu nützen. Verdi konnte hier nur in französischer Übersetzung geboten werden. Um diese schon gab es öfters Streit. Der Maestro konnte weder hier wie dort die Aufführung verhindern. Schon hatte man, gegen seinen Willen, 1853 „Luisa Miller" in der Großen Oper gehört. Verdi entschloß sich Monate lang nach Paris überzusiedeln, um wenigstens das Schlimmste in der Darbietung seiner Werke zu verhüten. Die Brüder Escudier, das wurde immer klarer, waren Ausbeuter ohne künstlerische oder menschliche Hemmungen. Nun galten seine Opfer und seine Anstrengungen dem „Trovatore" des Théâtre Italien, der also hier 1854 und im Londoner Covent Garden 1855 in Szene ging. Auch für die „Traviata" hatte er zu fürchten. Denn die von ihm beanstandete erste Ausgabe dieses Werkes lief noch um.

Die Furcht vor Mißhandlung seiner Opern war auch durch die erste Bühne Italiens, die Mailänder Scala, begründet. Verdi klagt sehr über das, was an seinen dort aufgeführten Werken trotz guter Sänger gesündigt worden ist, und hatte Ricordi angewiesen, der Scala schon dem „Macbeth" nicht mehr zu überlassen. Es ist ja wohl auch bemerkt worden, daß er für die Stagione dieser Bühne, die seine Anfänge sah, lange schon nicht mehr schreibt.

Der Verwalter Verdi ist kein reiner Geldmensch, sondern ein Mann von leidenschaftlicher Sachlichkeit. Das zeigt sich gerade in den fünfziger Jahren, bei der Verwertung der ersten reichen Ernte. Jede Note ist ihm heilig. Jetzt gerade, fühlt er, muß jede falsche Ausdeutung seines Werkes vermieden werden, denn es geht um sein Lebenswerk; der Mißbrauch, der sich einnistet, kann ihm gefährlich werden.

Das Verhältnis des Komponisten zum Verleger glättet sich nach so schweren Streitfällen. Mit Giulio Ricordi, Giovannis Neffen, verknüpfte Verdi später enge Freundschaft. Aber Giulio war nicht nur Händler, sondern Musiker, als solcher Burgmein genannt.

Verdi sah ein Haus durch seine entscheidende Mithilfe zu einem Welthaus wachsen. Er und Ricordi, beide wurden reich. Er bekämpfte ein Privileg, ein Monopol, ohne es zu erschüttern; im Gegenteil, er stärkte es trotzalledem.

Wie sehr der Künstler dem Verwalter Verdi entgegenstand, erwies ein seltsamer Rechtsstreit, der gerade in den Falstaff-Tagen den greisen Komponisten quälte und lange genug dauerte, um ihm die Ruhe zu rauben. Der Streit drehte sich um den „Trovatore", um die Rechte des französischen Verlegers Bénoit auf dieses Werk. Eine höchst verzwickte Angelegenheit. Es wurde Verdi vorgeworfen, sich unrechtmäßig bereichert zu haben. Aber er hatte nur vergessen, eine Quittung auszustellen. Immer schon, behauptet Verdi, hätte er eine tiefe Abneigung gegen Ziffern gehabt und sich möglichst rasch von ihnen befreit. Darum sei ihm der Händler jedenfalls überlegen.

Deshalb wünschte er jetzt, schon mit Rücksicht auf seine Jahre, einen mageren Vergleich, und es lag ihm auch wenig daran, den Prozeß zu verlieren. Dieses Fiasko würde mit dem des „Falstaff" zusammenfallen. Der Meister des „Falstaff" siegte. Der Verwalter Verdi unterlag. Unter schweren Bedingungen mußte er sich mit dem Kläger vergleichen. Der achtundsiebzigjährige Künstler war von dem Händler ins Unrecht gesetzt.

DURCHGÄNGE

DIE SIZILIANISCHE VESPER — SIMON BOCCANEGRA — MASKENBALL — FORZA DEL DESTINO — DON CARLOS

Aus dem Maestro, der für die Stagione schreibt, wird allmählich der Meister, der mit vollem Bewußtsein Dauerwerte schafft: dies der Weg Verdis. Man sah ihn von Bühne zu Bühne reisen als ein Glied, wenn auch das wichtigste, der „compagnia", deren Ziel Belustigung des Publikums für die Dauer einiger Monate ist. In ihm selbst gärte ja anderes. Er selbst fühlte sich keineswegs zur Unterhaltung des Publikums, sondern zur Aussprache seelischer Erregungen geboren. Immerhin trägt er als Theatraliker, der starke Situationen sucht, zum Genusse bei und sieht mit Freude echte Entladungen lauter Begeisterung eben dieses Publikums.

Verdi gehört durch Geburt einer Zeit des Überganges, die er nun aus eigener Kraft in eine neue ernstere Zeit umbildet. Von außen, von Frankreich, zumal von Deutschland her weht eine andere Luft. Er selbst will aus Instinkt und Verantwortungsgefühl das Drama in der effektsichersten Oper, deren Schwerpunkt in der menschlichen Stimme liegt. Jene fremden Einflüsse aber wollen in einer erweiterten Form und mit bereicherten Mitteln des Orchesters das Drama in der Oper durchsetzen. Verdi stellt sich nun die Frage: wie kann ich die Strömungen der Zeit in meine Werke fließen lassen, ohne meine Wesensart aufzugeben? Wie kann ich diese verfeinern, ohne sie zu fälschen?

So muß notwendig auf ein vulkanisches Schaffen, das die blitzhafte Auswirkung des lang Bedachten war, bedächtigere Arbeit folgen. Auch ein Verdi, gerade ein Verdi muß viel versuchen, ehe ihm der große Wurf gelingt. Man erlebt hier an einem Italiener das Merkwürdige, daß erstens an mißglückte Jugendwerke, wenn sie ihm nur irgendwie heilbar scheinen, nochmals die bessernde Hand angelegt und die reifere Erkenntnis gewandt wird; es soll, soweit als möglich, nichts von dem bisher Geschaffenen verloren gehen; damit wird die Anschauung, daß Opern nur den vorübergehenden, den Stagionewert haben, stärker erschüttert, als es je im Bereich der italienischen Oper der Fall war; also auch hier zeigt sich der dämonische Antrieb des Entwicklungsgedankens. Weiter werden neue Werke geschaffen, in denen sich der Kampf zwischen dem Herkömmlichen und einem immer bewußter auftretenden Neuen durch einen inneren Zwiespalt der Ausdrucksart kundgibt. Während der Maestro sonst der Routine verfiel, meidet sie Verdi. Es geschieht darum wohl, daß dem oberflächlichen Beschauer in diesen Werken des Überganges wiederum Zweifel an dem Genie Verdis aufsteigen. Denn das Mehr an Ausdruck mag einzelnen Punkten zugute kommen, die Umgebung aber blaß erscheinen lassen. Die Melodie, deren Wesen eben noch eine ganz neue Spannweite des Bogens schien, wird farblos. Der Maestro ist naiv und suchend zugleich. Naiv: denn er kann den Versuch vor Zuschauern nicht unterdrücken. Ihm glückt ja nur, was unmittelbarer Einfall als Folge der Erkenntnis starker Situationen und Charaktere ist. Selbst Versuch und Besserung sind von einem naiven Menschen unternommen. Und diese Naivität wird auch sichtbar in der Wahl der Texte, die, nach den glücklichen Griffen der letzten Jahre, öfters seltsame Mißgriffe scheinen. Verdi scheut von jeher in dem Drang, Neues und Kühnes zu geben, auch vor den peinlichsten, grellsten Situationen nicht zurück; im Gegenteil, er sucht sie. Noch immer ist er vor Geschmacklosigkeiten nicht geschützt. Das Unwahrscheinlichste hat ja, etwa im „Trovatore", die stärksten Phantasieleistungen begünstigt. Aber nicht immer kommt er, der große, der herrliche Augenblick der Empfängnis.

Doch es kann geschehen, daß auch in dieser Reihe der Übergangswerke etwas Starkes sich ergibt.

* *
*

Der erste Schritt auf diesem Wege ist „Die sizilianische Vesper". Zugleich das erste Mal, daß die mancherlei Verhandlungen wegen eines für die Große Oper zu schreibenden Originalwerkes zu einem tatsächlichen Endergebnis führen. Immerhin ist auch der Weg hierzu mit Dornen besät.

Als das Entscheidende der französischen „Großen Oper" war ihm die „mise en scène" erschienen. Er sah, daß die Art der Einrichtung, der Rahmen hier den Wert des Werkes bestimmte; daß die Hauptarbeit für dieses auf der Bühne selbst, und zwar während sechs- bis siebenmonatlicher Proben, geleistet werde. Damit war die Einwirkung des Äußeren auf das Innere gegeben: die Handlung war jedenfalls in fünf Akten zu dehnen, innerhalb deren der Prunk der Ausstattung und der Glanz des Balletts sich ausbreiteten. Pathos und Rhetorik erblühten auf diesem Boden.

Schon August 1850 hatten sich die Herren Alphonse Roger und Gustav Vaëz, Textdichter des „Jerusalem", im Auftrage des Direktors der Großen Oper, Nestor Roqueplan, an Verdi gewandt: einer von ihnen wollte, mit dem Vertrag in der Tasche, bei ihm in Busseto vorsprechen. Als Stoff wird vorgeschlagen: „Don Carlos". Da ist, sagen sie, ein weiter, poetischer Rahmen; Leidenschaft, die in bekannten historischen Persönlichkeiten lebt. Verdi soll die kleinen Infamien vergessen, die man ihm in Paris angetan hat. Man bietet ihm Gelegenheit zur Rache durch ein Meisterwerk, für das ihm Künstler wie der Tenor Roger, Madame Viardot und andere zu Diensten sein sollen. Verdi dankt für die Einladung, die er, ohne an Früheres zu denken, annehmen will, wenn Roqueplan selbst ihn auffordert. Aber es wird 1852, bis der Vertrag zwischen dem Direktor und dem indes nach Paris, rue Fontaine St. George Nr. 24, übergesiedelten Verdi abgeschlossen wird. Der Text von vier oder fünf Akten soll von Scribe allein oder unter Mithilfe eines anderen geschrieben werden. Die Saison 1854 ist für die Aufführung vorgesehen. 40 Aufführungen sind gesichert.

Nach vielem Hin und Her war im Dezember 1853 der Text Scribes und Duveyriers fertig: Nicht „Don Carlos", sondern „Les Vêpres Siciliennes" in fünf Akten. „Frapper un grand coup, un coup décisif." ... war Verdis Leitwort. Das wurde ihm schwer gemacht. Die Primadonna Mademoiselle Cruvelli, eine geborene Deutsche Crüwell, verwöhnter Liebling des Publikums, Hoffnung auch seines Werkes, war eines Abends verschwunden, hatte die „Hugenotten" und zugleich die Proben zu den „Vespern" im Stich gelassen. Sie fand sich wohl nach einiger Zeit von ihrer Vergnügungsreise nach Straßburg wieder in Paris ein, aber Roqueplan trat vom Schauplatz zurück und wurde von Croisnier ersetzt. An ihn wenden sich die schweren Klagen, die Verdi über Scribe und das Personal der Oper erhebt. Der Dichter hat sich nicht dazu verstanden, den durchaus blaß und kalt geratenen fünften Akt seines Textes für die bessere Wirkung abzuändern. Verdi braucht einen leidenschaftlichen, rührenden Schluß. Aber nicht nur hier, sondern überall herrschen Kühle, Schablone; stört Widerhaarigkeit der Worte. Weiter: seine Forderung an Scribe, alle der Ehre Italiens abträglichen Stellen abzuändern, besonders Giovanni da Procida nicht zu einem reinen Verschwörer mit dem Dolch zu machen, ist nicht erfüllt worden. Verdi fühlt sich vor allem als Italiener. Aber auch als Maestro Verdi ist er verletzt. Ihm fliegen während der Proben Worte Unwilliger zu, er ist der Übereinstimmung mit den Ausführenden nicht sicher; hält darum den Erfolg für sehr schwierig; bittet also um Auflösung des Vertrages, der ihm schon jetzt große Verluste gebracht habe, weil er ihn seinem Wirken in Italien fernhalte.

Dies das Vorspiel der Oper, das seinen Widerhall in den Zeitungen fand.

Verdi setzte seine Forderungen durch; doch indes war es Frühjahr 1855 geworden, und am 13. Juni wurden die „Vêpres" als Begleitmusik zur Weltausstellung an der Pariser Großen Oper aufgeführt. Mit Glanz, mit rauschendem Beifall, aber nicht mit dauerndem Erfolg. Denn die Cruvelli, die hinreißende Vertreterin der weiblichen Hauptrolle Elena, trat bald von der Bühne ab.

Man begreift dies auch nach allem Vorangegangenen. Was Verdi an Beschwerden gegen die Dichtung Scribes und Duveyriers vorbringt, deutet auf den unversöhnlichen Gegensatz zwischen einer französischen Vorlage überhaupt und der Musik eines Künstlers von der ausgeprägten Eigenart Verdis hin. Dieses Typische mit dem Charakteristischen zu vereinigen, war außerordentlich schwer. Und die menschliche Offenheit, ja Rauheit, die der Glätte der Franzosen widerstrebte, ist der natürliche Mitklang dieses sachlichen Widerspruches.

Das Libretto, das den bekannten Stoff der sizilianischen Vesper, einer italienischen Bartholomäusnacht, behandelt, hätte an sich, trotz allen Milderungen, die Möglichkeit starker Wirkungen in sich; aber diese können nur Teilwirkungen bleiben. Denn ist gewiß, daß der Rhythmus Verdis vom Rhythmus und Akzent der Verse beeinflußt, mitgebildet, inspiriert wird, dann muß hier notwendig eine Quelle der

Inspiration nur spärlich fließen. Nur selten, nur wo die schlagwortartige Zuspitzung der Situation, eine Annäherung im Akzent der beiden Sprachen eintritt, wird auch der Musiker emporgehoben. Aber er vermag nichts gegen die Breite der Anlage, gegen die Vielheit von Worten, die seiner natürlichen Kürze, seinem Tempo widerspricht. Und dieser Zwiespalt wurde besonders fühlbar, als die „Vêpres" in italienischer Übersetzung nach Italien wanderten.

Verdi, der nur Italiener sein wollte und konnte, blieb es also auch hier; nur daß eben der Rahmen der großen, der Meyerbeer- und Halévy-Oper seine dekorative Begabung herausforderte. Das stärkste Zugeständnis an das Haus und seine Gattung ist das „Ballett der vier Jahreszeiten" im dritten Akt: eine der schwächsten Eingebungen des Maestro. Dann bemerkt man rhetorische Dehnungen der Nummern; aber dabei auch, wie Verdi alles Übermaß meidet. Die italienische Arie entfaltet sich in ihrer Fülle: die Baßarie des Procida, das Duett zwischen Henri und Hélène bezeugen es. Wenn „Courons! Frappons! Allons! Courage!" treiben, hat der Chor die volle Energie Verdischer Ensemblemusik. Das „Accablés — et de honte — et de rage" wird zu einer Kundgebung drängender Wut, die verschworenen Sizilianer jagen hastig Akzente hervor; rufen sie wütend in das Idyll hinein, das von der hübschen Barkarole gekennzeichnet ist. Diesem friedlichen Stück entspricht der Bolero des fünften Aktes.

Aber für den Dramatiker wesentlich ist das Verschwörungsmotiv. Dieses Grundmotiv Verdis mit seinen Möglichkeiten der Überraschung tritt hier noch einmal auf, bevor es seine vollendete Durchführung im „Maskenball" erlebt: ist es ja doch dem Herzen des Italieners nahe, der sich gegen den Druck der Fremdherrschaft auflehnt. Die Situation des „Maskenball" mit dem Schauplatz des Festes ist hier gegeben.

Kein Wunder daher, daß die „Vêpres" in Italien umgetauft wurden. Zuerst als Giovanna di Gusman; mit einem Text, in dem aus Franzosen Spanier, aus Italienern Portugiesen wurden und die Namen geändert waren, wird diese Oper in ihrer angeborenen Halbheit von den Landsleuten Verdis nur mit Achtung empfangen.

Für den Betrachter des Verdiwerkes aber ist sie, mit Sorgfalt geschrieben, entwicklungsgeschichtlich fesselnd: die große Oper wird zunächst als beengender Rahmen erprobt, bevor in „Don Carlos" eine neue Zwischenform, in „Aida" ihre höhere, zwingende Form entsteht. Zugleich aber öffnet sich ein Durchblick auf „Il ballo in Maschera".

*   *
*

Immer gekrümmter werden Verdis Wege. Die Probleme bedrängen ihn so sehr, daß er sich ganz zu verlieren scheint. Der „Simon Boccanegra" des Jahres 1857 ist vielleicht das merkwürdigste aller Werke Verdis: der Text Piaves schwach, weil er zwar ein paar starke Situationen, aber ohne jeden sinnvollen Aufbau, ohne jede irgendwie begründete Steigerung, enthält. Man hat oft genug Schillers „Fiesco" als die Quelle des Librettos bezeichnet. Fiesco und Genua sind zwar hier zu finden, aber die Handlung, wenn man sie so nennen kann, hat mit der Schillerschen nichts gemein. Sie ist, wie Verdi selbst später berichtigt hat, einem Drama desselben Guttierez entnommen, der schon einmal zum „Trovatore" angeregt hatte. Nur schade, daß der Dichter, spanischer Konsul in Genua, nichts auch nur entfernt so Sonderbares in die Welt gesetzt hatte wie damals. Mag auch sein, daß Verdi ein so abenteuerliches Libretto in dieser Zeit nicht braucht; vielleicht auch, daß Piave, nicht lange vor dem Ende seiner Laufbahn, zur Verwertung des Stoffes im Sinne Verdis nicht mehr die Kraft hatte. Verdi, seinem Piave in herzlicher Liebe zugetan, schützte ihn gegen die, wie er meinte, ungerechten Vorwürfe und rühmte den Reimer. Gewiß nur ist, daß hier alles sich vereinigte, um einen Erfolg fragwürdig zu machen; und daß der Musiker, innerlich zwiespältig, ihm auf diesem Wege folgte. Wenn Venedig mit seinem doch Verdi geneigten Publikum diesen „Simon Boccanegro" ablehnte, konnte der Maestro nicht mehr siegesgewiß der Zeit das Endurteil überlassen. Auch in ihm tauchen Zweifel an diesem Werk auf. Man nahm es warm in Neapel auf, spielte ihm aber an der Scala übel mit. Verdi hatte Grund, über schlechte Aufführung seiner Oper zu klagen. Schließlich wollte er doch in diesem „Boccanegra", der sich mit „gebrochenen Beinen" fortschleppen mußte, mindestens seine guten Absichten anerkannt wissen. Aber schließlich: die Natur Verdis siegt über den Kummer, der vielleicht größer war, als er selbst zugestehen mochte. Denn mit diesem „Boccanegra" hatte er etwas gewollt.

Was hier in einem Prolog und drei Akten vor sich geht, ist, soweit es als fortlaufend verstanden wird, von düsterer Farbe. Und man erinnert sich unwillkürlich der traurigen Geschichte eines anderen Dogen, die in den „Zwei Foscari" spielte und auch damals schon an unentschiedene Charaktere geknüpft war. Der neuernannte Doge Simon Boccanegra, bisher Korsar der Republik, soll eine tragische Gestalt sein. Er hatte von des früheren Dogen Jacopo Fiesco Tochter, mit der er einen ungetrauten Liebesbund unterhielt, ein Kind, mit dem Decknamen Amelia. Es dauert lange genug, bis die Tochter dem Vater sich zu erkennen gibt. Die Mißverständnisse haben Muße, sich zu entwickeln. Die Feinde des Dogen sind am Werk. Es geht um Amelia, die einem Paolo vereinigt wird, einem Gabriele von Herzen gehört; aber darüber muß der Doge, trotz allen Hymnen, die man ihm singt, an Gift sterben. Er hat gerade noch Zeit, den Bund zwischen Amelia und Gabriele zu segnen, der zum Dogen ausgerufen wird.

Es ist nun allerdings fesselnd zu sehen, daß dem düsteren Grundton ein Mischstil entwächst, wie man ihn noch nicht kennengelernt hatte. Irrig wäre zu behaupten, daß der echte Verdi daraus nicht hervorschimmert. Er ist da, nur verschleiert, abgeblaßt, in der Wirksamkeit gehemmt durch die „guten Absichten", die Verdi sich hinterher selbst zuschreibt.

Man hat ihn hier einer starken Annäherung an das deutsche Musikdrama geziehen, das eben in seinen Anfängen die Welt beunruhigte. Es ist klar, daß irgend etwas von den neuen Gedanken auch ihm zufliegen mußte. Nur war ihm ja selbst, mit einem Seitenblick auf Meyerbeer, die Notwendigkeit einer motivierenden Dramatik längst aufgestiegen. Hatte Verdi einen brauchbaren Text gefunden, dann hatten sich ihm bisher die Absichten dank der Zündkraft der Charaktere und Situationen verwirklicht; er war, nach langer Vorbereitungsarbeit, über alles Nachdenken, über alle Grenzen hinaus zu gipfelhaften Zusammenfassungen getrieben worden. Fehlten aber buntbewegte Farbigkeit, zugespitzte Gegensätze, dann traten Schwächeanfälle ein. Heute wurden sie schon krisenhafter und fruchtbarer, weil der Mensch durch sein Werk gewachsen war. Wer

Kühnes und Neues in der Handlung suchte, mußte auch in der Musik Kühnes und Neues schaffen. Hier, in dieser unfolgerichtigen Folge von Szenen, war Überraschendes, Unerhörtes im Text nicht gegeben; aber inmitten des Grau der Handlung sprach ihm tiefere Empfindung zu; die Rede erhielt tieferen Sinn. Das Zusammenfließen von Rezitativ und Arie mußte neue Fortschritte machen. Die Nähte zwischen beiden sollten noch weniger erkennbar sein als bisher. Die motivische Kennzeichnung sollte noch anders entwickelt sein als in den vergangenen Werken. Seelische Zwischentöne wollten ihre harmonischen Zwischenwerte haben; die Stimmungen ihre feinere orchestrale Ausarbeitung. Das konnte freilich nur geschehen, wo das Ungestüm schon gedämpft war.

Diese Absichten Verdis sind fühlbar, das größere Maßhalten im dramatischen Ausdruck als Symptom der Entwicklung bemerkbar. Aber zweierlei offenbart sich unzweideutig: daß Verdi nie von einem System zu fangen und nur dann groß war, wenn sein Instinkt alles vorher Gedachte aufsaugen konnte; daß dieser Glücksfall aber nur eintrat, wenn höhere seelische Werte durch starke Situationen und Charaktere gehalten wurden. So vollzieht sich in ihm Entwicklung, ohne ihn abzuschleifen. Und der Mißerfolg des „Boccanegra" beleuchtet eigentümlich, wie wenig sich Verdi in eine Richtung einspannen konnte.

Dies also ist das Gesicht des „Boccanegra": keine Verdische Oper weiß bisher so wenig von „schönen Nummern" wie diese, ohne daß das Motiv sich wesentlich entwickelte. Das Chromatische fällt stärker auf. Ein sanfter, oft pastoraler Ton wird angeschlagen. Auch die französische komische Oper klingt zuweilen nach. Aber die Wirkung stellt sich, so will es die Natur Verdis, erst ein, als die tragisch gewollte Gestalt des Dogen wirklich tragisch durchgefühlt wird. Wiederum sind die Tränen für den Musiker fruchtbar. Im Schlußquartett faßt sich der Wert des Werkes zusammen.

*   *
*

In dieser Zeit folgte Verdi dem Ruf seines künstlerischen Gewissens auch noch in anderer Sache: er wollte die Rettung seines früheren „Stiffelio" versuchen.

Man erinnert sich, daß dieses Werk kurz vor die reiche Ernte der beginnenden fünfziger Jahre fällt. Mit dem „Rigoletto" hatte es die Anfechtungen durch die Zensur, aber nicht das Glück des Erfolges gemein. Auch dieser Stoff kam von Frankreich: Piave hatte ihn einem Drama von G. Souvestre und E. Bourgeois entnommen, in dem ein guter Gedanke durch eine hintertreppenhafte Friedhofs-, Mondschein-, Zweikampfromantik in Grund und Boden gedichtet wird. Die Theatralik der Oper tut ein übriges, um diesen Grundfehler des Stoffes noch peinlicher zu machen. Der Gedanke ist ein Traviata-Gedanke: die Ehrenrettung der Ehebrecherin. Daß gerade diese Frau mit einem Geistlichen verheiratet ist, mag, zumal in dem katholischen Lande Italien, seltsam scheinen, rechtfertigt aber gerade die verzeihende Milde des Mannes, der sich auf die Worte des Christus im Evangelium beruft. Diese Lösung ist freilich lange genug hinausgeschoben, und was sich bis dahin ereignet, derart, daß der Feuilletonist Eduard Hanslick mit ihm die Unterhaltung seiner Leser bestreiten kann; die Lösung selbst aber wiederum derart, daß die Zensur sich gegen diese Anrufung Christus' wendet. Schon das führte zu Verstümmelungen des Werkes.

Unleugbar ist aber auch nicht nur ein Mangel an Geschmack in der Gestaltung des Textbuches, die ja bei Verdi nicht notwendig zu einem Fiasko zu führen brauchte, sondern, wie schon Basevi zeigte, auch der Widerspruch zwischen dem Charakter und dem Stimmcharakter, der ihm sonst nicht vorzuwerfen ist. Stiffelio ist Tenor, singt also mit dem schmelzenden Timbre eines Liebhabers, anstatt mit dem Brustton der Überzeugung eines Predigers, während der Liebhaber ein zweiter Bariton ist. Nur kurze Zeit täuschte sich auch Verdi über die Mängel des Textbuches. Bald dachte er daran, sie zu bessern, und widersetzte sich bis dahin jeder Anregung, „Stiffelio" in der Urform wieder aufzuführen. Der Pastor Stiffelio, eigentlich Müller, wurde zum Krieger „Aroldo", der der neuen Bearbeitung den Namen gab; der Unsinn aber wuchs, anstatt zu verschwinden. „Stiffelio", dachte Verdi, eröffnete nicht nur als Libretto, sondern auch als Musik Erfolgsmöglichkeiten. Auch dies erwies sich als Irrtum. Ein Sichvorwärtstasten zu neuen Ausdrucksformen war zwar zu spüren, aber in den hinreißenden Werken der nächsten Nachbarschaft ganz anders wirksam geworden; und „Aroldo", in dem der Maestro nun ändert, hinzufügt und die höheren Anforderungen an sich, zumal durch einen neuen vierten Akt mit Sturmmusik, zu erfüllen sucht, ist ein Bastard ohne Dauerwert. Begreiflich, daß er die Eröffnung des neuen Theaters in Rimini, im August 1857, nicht eigentlich überlebte.

* * *

Aber wie ein Ringer, der seine Kraft gesammelt hat, ist Verdi indes für einen neuen großen Wurf reif geworden. „Un ballo in maschera" springt als das stärkste Werk der Mitte hervor. Etwas Typisches, Unverlierbares ist damit gewonnen. Es bedurfte eben nur der Anregung durch einen geeigneten Stoff, um alle Keime der Entwicklung dieser Übergangszeit plötzlich aufgehen zu lassen.

Aber der Weg dazu war ein weiter Umweg. Je fesselnder der Stoff Verdi schien, desto gefährlicher der Zensur. Und seit dem „Rigoletto" hat sie nicht wie hier als Verhängnis gewaltet. Verdi ist ja als aufreizende Macht von der Obrigkeit längst gefürchtet, und wenn auch seine Entwicklung im letzten Jahrzehnt ihn aus dem „maestro della rivoluzione italiana" zu einem von der Welt anerkannten Meister hat werden lassen, ist doch durch die wiederholte Aufführung seiner früheren Werke die zündende Gewalt seines Schlagwortes immer wieder neu belebt. Führt er nun nach der Vorlage des Scribeschen Textes „Gustave, ou le bal masqué" das Motiv der Verschwörung und des Mordes bei einem Fest an dem Fall des schwedischen Königs Gustav III. durch, so ist die Zensurbehörde in Neapel, da überdies das Attentat Orsinis auf Napoleon den Gegenwartsreiz des Stoffes erhöht, sehr aufgeregt. Denn sie fühlt vulkanischen Boden unter sich und meint, was vor mehr als zwanzig Jahren an der Pariser Oper mit der Musik von Auber nur als anmutiges Konversationsstück gewirkt hat, müsse mit Verdis Musik einen neuen, schärferen Sinn erhalten. Schon gab es ja, nach gleicher Vorlage, Mercadantes „Il Reggente"; er war unwirksam geblieben. Verdi aber traute sich zu, den dankbaren Stoff, den man unberührt ließ, voll zu verwerten.

Die Vorgeschichte bis zur endlichen Aufführung des neuen Werkes, nicht in Neapel, sondern in Rom, zugleich eine Geschichte menschlicher Dummheit, ist öfter erzählt worden. Hier das Wesentliche mit neuen Einzelheiten: Wieder wollte man eine Schwächung des Stoffes an Haupt und Gliedern: die Oper, ursprünglich „Vendetta in domino" genannt, sollte den nichtssagenden Titel „Adelia degli Adimari" führen, die Charaktere aber bis zur Unkenntlichkeit verwaschen, jeder leidenschaftliche Ton vermieden, die Handlung aus dem eleganten und ritterlichen 17. in das 14. Jahrhundert verlegt, dann die stärkste, eigentümlichste, gipfelhafte „Situation" der Auslosung des Mörders, von der Verdi sich die eindrucksvollste Musik erhoffte, und endlich der Maskenball, dieser Anlaß tragischer Überraschungen innerhalb der Komödie, geopfert werden. So hatten Zensurbehörde und Impresa vereint den Text Antonio Sommas gegen Verdi entseelt und entgeistigt. Dieser aber setzte alledem das Recht eines charaktervollen und charakteristisch schaffenden Musikers entgegen und ließ sich auch durch die Schadensersatzforderungen der Impresa nicht erweichen. Als endlich am 17. Februar 1859 „Un ballo in Maschera", dank dem Impresario Jacovacci, nicht ohne Hindernisse und keineswegs mustergültig, doch mit stürmischem Beifall am römischen Teatro Apollo in Szene gegangen war, hatte Verdi die stolze Genugtuung, seine Sache hart vor den Toren Neapels durchgefochten zu haben. Denn das kleine Zugeständnis, daß aus dem schwedischen König ein „Graf Warwick, Gouverneur von Boston", aus seinem Mörder Ankerström „Renato, Sekretär des Gouverneurs" wurde, berührt Wesen und Gestaltung des Librettos nicht.

So viel vorangegangener Lärm muß doppelt unsinnig scheinen, wenn man das Werk in seinem Wert für das Wachstum des Künstlers betrachtet. Denn künstlerisch will er hier fortschreiten, sein Eigenes mit einem Maß aussprechen, das eine Ausgleichung des Allzugegensätzlichen in einem doch italienischen Stil erreicht. Auch Verdi redet von einem musikalischen Drama. Aber er scheidet mit unveränderlichem Bewußtsein Sinfonie von Drama. Hier im Maskenball treten aber zum erstenmal Ansätze zur durchgeführteren Polyphonie auf. Nichts hat sich in dem Maestro gewandelt; im Gegenteil, auch diesmal wird die Situation für den Ausdrucksstil fruchtbar. Es handelt sich um Verschworene. Wie sie am engsten verknüpfen? Da bietet sich ihm blitzhaft das Mittel des Fugato dar. Immer wieder weist Verdi darauf hin, wie sehr ihm alles Schulmäßige zuwider sei.

In der Tat ist ja auch sein Kontrapunkt nicht bis zu Ende entwickelt, er gehorcht den Forderungen der Situation, die sich gegen alle Ausbreitung auflehnt, und denen des Klanges, der durchsichtig bleiben will.

Weiter: die Wahrsagerin gibt, wie einst die Azucena des „Trovatore", zwar nicht die Grundfarbe für das ganze Werk, aber für eine Szene her, die Verdi als entscheidend empfindet. Das Dunkle, Düstere, Geheimnisvolle soll eben Quelle des Tragischen werden: ein Mord wird prophezeit, der Mörder wird ausgelost. Das Schicksal ist die im Hintergrunde tätige Macht. Zu ihm aber tritt das andere Schicksal der Liebe, die das durch das Gesetz Verbundene trennt und neue Verbindungen schafft. Amelia, die ein Mittel gegen ihre Liebe sucht; Riccardo, der hier mit ihr zusammengeführt wird; endlich Renato, der den Grafen gegen die Verschworenen schützen will, seine Begleiterin in Sicherheit bringt, in ihr die eigene Frau entdeckt und so Mitverschwörer, ja Mörder des Grafen wird. Dieses Schicksalspiel der Liebe ist schon in der Vorlage hinzuersonnen: die Oper lebt davon.

Ein Neues, scharf Gegensätzliches ist dem Werden der Katastrophe verknüpft: die Heiterkeit der Komödie, das Spiel des Festes. Gewiß hat Verdi auch vorher Katastrophen in Gesellschaftsszenen eingebettet, so zuletzt in der „Traviata"; doch hatte sich dies nicht ohne die Gewaltsamkeit der Kabaletta vollzogen, die, wenn auch gemildert, doch als Theaterunwetter hereinbrach. Hier ist Verdi weiter gekommen. Er hat das innere Maß, alles Akzentscharfe seiner Art in ein Spiel einzubeziehen; und es reizt ihn, sich das Parkett ganz zu erobern, der komischen Oper nahezurücken und sie doch nur zu streifen. Nicht nur in der Situation, auch im Charakter will Musik ganz Ausdruck werden. So wird der tragischen, wenn auch nicht gleich stark beleuchteten Dreiheit Renato, Riccardo, Amelia die eigentümliche Figur des Pagen entgegengestellt. Dieser Page, „bartlos, von lebhaftem Charakter, sorglos, gestattet sich als Knabe zu scherzen und allen Spottworte zuzuwerfen, ohne daß irgendeiner dadurch gekränkt wäre." Hier ist ein erster Fingerzeig auf den viel späteren „Falstaff" hin und die Rache für die unter tragischen Umständen mißglückte erste komische Oper.

Schon in der Ouvertüre weht eine andere Luft als sonst. Sie

ist mit dem Verantwortungsgefühl eines Musikers geschrieben, der eine Summe seines gewachsenen Könnens schon in den ersten Partiturseiten ziehen möchte; gibt schwellende melodische Engführungen und deutet im nachahmenden Schluß auf den künftigen Bizet hin. Aber was Verdi als wesentlich erscheint, ist auch wirklich schon durch die Orchesterfarbe auf einen Gipfel gehoben: Beim Schein des Feuers, beim Rauch des Zauberkessels auf dem Dreifuß im geheimnisvollen Dunkel der Wahrsagerinszene werden tiefe C-Klarinetten mit pp-Streichern beredt, die im „Trovatore" erprobte Grundfarbe hat sich noch vertieft, aus dem kurzen Motiv steigt der düstere Gesang der Ulrica auf, und die pizzikato-Cellonoten sind ihre drängende Begleitung. Aber der geheimnisvolle Ton dieses Gesanges erfüllt sich ganz erst da, wo die oberen Bläser im großen Legato, die Streicher in einer kurz aufstrebenden Figur, dazwischen aber gestoßene Hörner und kurze Füllnoten sich pianissimo zusammenfügen: hier wird das Partiturbild so charakteristisch, daß man es auch in den Werken weit von Verdi abstehender Nachfahren noch als richtunggebend erkennt. Dabei sind die verwandten Mittel einfach, nur Anschauung und Ohr, nie das Auge haben das Partiturbild geschaffen. Das Orchester Verdis im „Maskenball" bleibt im wesentlichen der Gewohnheit treu, die Geigen durch die Holzbläser melodisch stützen zu lassen; der Klangsinn des Maestro fordert das und wehrt sich gegen die völlige Freiheit der Stimmführung. Immer will die Menschenstimme auch hier durch den Klangkörper nur gehoben, in ihrer Ausdrucksgewalt nur vor die Sinne gerückt, die Situation in ihren Möglichkeiten ausgeschöpft werden.

Wie in dem ersten Maskenballakt von dem dunklen Grundton aus die Entwicklung weiter läuft, das ist wiederum in dieser Art ganz ohne Beispiel: der Eintritt der tieferregten, ruhesuchenden Amelia mit einem Motiv, das wir als Schicksalsmotiv in der „Forza del Destino" wiedersehen werden, das Hinzutreten Riccardos; dieses Terzett in seinem Helldunkel, während immer noch das Motiv behend modulierend weiter- und davoneilt, di Canzone Riccardos, mit schnellfüßigen Stakkatogängen, und nach solchem Vorwärtstreiben des Drei- und Sechsachteltaktes, das hinreißende „Scherzo und Follia" eben des Tenors: es ist ein Drängen zum Finale hin, wie wir es wohl ähnlich schon erlebt haben; und doch so ganz anders, so viel feiner in der

Durchführung. Die Holzbläser feiern ihr Fest. Von ihnen wird die breite Kantilene gesungen, die den grandiosen Schlußgesang des ersten Aktes beherrscht. Die Flöten im D-dur-Teil des zweiten Vorspiels sollen sphärenhaft wirken; das Englischhorn sucht mit Amelia Vergessenheit, begleitet sie über den keuchenden Geigentriolen in das Gespenstische der Mitternacht, wo die typischen gestoßenen Figuren Verdis in Alfresco malen. Der leichtherzige Riccardo läßt sich wohl von seinem Sechsachteltakt zu einem allzu handgreiflichen F-dur verführen. Aber Amelias Leidenschaft adelt das Zusammenklingen der beiden Stimmen; nur auf gekrümmten Wegen mündet ihr Gesang in das F-dur Riccardos ein. Beide vereinen sich in einem C-dur, das seinen besonderen Klang hat; denn in ihm erzittern ihre Herzen, und die gestoßenen Streicher künden die Schauer, die sie erleben. Die Worte zu den Arien sind von einem klingenden Unsinn, den man selbst in Italien von jeher belächelt; aber die Musik, die sie veranlassen, hat die ganze innere Wahrheit und Echtheit Verdis, sie singt in einer scharf gegensätzlichen Dynamik. und überzeugt. Überzeugt selbst in dem Presto assai, das Amelia in höchster Aufregung Riccardo als Todesverkündigung zuflüstert und zum stürmischen Terzett wachsen läßt. Das gewittert später noch immer in den Streichern nach. Doch das Schlußwort dieses Aktes bleibt der neuen Note des Hohnes, die Verdi im Finale anschlägt und so wirksam durchführt, daß es wie helles Lachen durch das ganze kleine Orchester geht und verklingt: dieser Spottchor über den genasführten Renato, ein noch nicht dagewesenes Meisterstück, mit seinen Vorschlägen, mit seinen melodischen Pizzicati, die wie feine Nadeln stechen, mit seiner Flötenkantilene, zugleich Amelias tränenvoller Kantilene, unter der Fagotte und Celli mit Renato mitsingen und mitflüstern. Das unheimliche Maskenspiel spinnt sich an, aber noch immer setzt sich das Hohnlachen als die Eroberung des Dramatikers fort. Die Komödie wird lange Zeit herrschen.

Dieser Vorwurf, den man gegen den dritten Akt erhoben hat, mag berechtigt sein: Renato, der über Amelia als vermeintliche Ehebrecherin den Tod verhängt, diese selbst, finden den Ausdruck des Schmerzes, der im Munde der Holzbläser wie leises Weinen tönt; und er hat jene große Arie „Eri tu che macchiavi", die Anklage gegen Riccardo, mit der männlich dräuenden Hörnerfigur, mit dem redenden Fagott, und so getränkt von melodiegewordener Empfindung, daß sie von jeher den Triumph der Renatos machte; auch das Terzett der Verschworenen mag stark genug an den tragischen Ausgang mahnen: der Rest ist nur gesteigerte Künstlerschaft im feinen Lustspielton.

* * *

Die Freude an dem Schritt vorwärts, an den Eroberungen des Könnens ist so groß, daß die Ergebnisse sich typisieren. Hinter dem „Ballo in Maschera" steht „La Forza del Destino", das die Verwandtschaft mit diesem bezeugt: Verwandtschaft des Stiles, nicht des Blutes. Denn wiederum ist Verdi im Bann einer düsteren Hintertreppenromantik, die Piave aus einem spanischen Drama herausgelesen und in seine gewohnten Verse gebracht hat. Der Zufall oder das Verhängnis spielt hier eine solche Rolle, daß jeder innere Zusammenhang und jede auch nur irgendwie sinnvolle Aneinanderreihung der Vorgänge aufgegeben ist und für eine empfundene Musik wenig Raum zu sein scheint.

In der Tat sperrt sich hier Verdi, der Maestro, der das Kühne, Neue, Bizarre sucht und offenbar in den Regionen des „Trovatore" sein reiferes Können betätigen möchte, den Weg zu einer einheitlich starken Wirkung, wie sie vom „Ballo in Maschera" ausgeht. Die oft der Grenze nicht achtende Brutalität des „Trovatore" kann der Künstler der Übergangszeit nicht mehr finden. Wenn Roheit in den natürlichen Gang der Dinge eingreift und Mord wie eine selbstverständliche Lösung der Geschehnisse erscheint, dann erstarrt auch diesem gewachsenen Verdi die Hand. Aber er kann nicht ganz ohne Leidenschaft sein. Immer bleibt doch das Grundgefühl der Liebe, das seine Musik trägt. Hier, wo sie von einem tierischen Don Carlos durchkreuzt wird, ist sie nicht ohne schmerzlichen Klang. Gerade in der „Forza del Destino" läßt sich beobachten, wie aus der Umgebung des Blassen, Stereotypen die große Nummer plötzlich herauswächst. Da ist das Duett der Leonore und des Padre Guardiano im zweiten Akt, da jenes andere zwischen Don Carlo und Alvares, berühmt durch Caruso und Scotti, die den üppigen Wohllaut dieser von C-moll nach C-dur ausschwingenden Kantilene in eine unvergeßliche Wirklichkeit übertrugen.

In diesem Werk will aber auch alles, was Handlung und Rede ist, seinen musikalischen Gegenwert haben. Der verantwortungsvolle Maestro hat das Mögliche getan, das Sinnlose sinnvoll zu verknüpfen und Charaktere und Situationen mit den verfeinerten Mitteln der Kennzeichnung heraustreten zu lassen. Und in der Gestalt des Frate Melitone, dieses brummigen, schlauen, komischen Eigenbrötlers, ist ihm ein Typ geglückt, der den Blick auf den künftigen Falstaffkomponisten eröffnet.

Der Stil des Maskenball bildet den Rhythmus, das Pizzikato, die Vorschläge; beflügelt das Parlando. Aber mehr noch: jenes Motiv im Dreiachteltakt, das den Eintritt der Amelia bei der Wahrsagerin bezeichnete, ist hier fruchtbar geworden. Es erscheint in allen nur möglichen Abwandlungen eben als das Schicksalsmotiv der „Forza del Destino", doch so melodisch fortschreitend, daß es diesem Werk des blinden Zufalls seltsam zu Gesicht steht. Verdi hat, um die Düsterkeiten der ersten Ausgabe zu mildern, in einer zweiten heitere Episoden eingefügt, die nur den Widersinn unterstreichen. Aber der Stil des „Maskenball" hat hier seine stärkere Rechtfertigung. Und mögen wir auch die neuen Nummern wie das „Rataplan" und die musikalische Kapuzinerpredigt aus dem „Wallenstein" nicht gerade hoch einschätzen: es bleibt als Gewinn die prächtige Ouvertüre, die in der Gegenüberstellung des Motivs und der Arie, im kontrapunktischen Zusammenführen beider und im instrumentalen Glanz ihres Auftretens Verdi als ganzen Künstler zeigt und nur in dem E-dur-Allegro brillante solche Höhe nicht wahrt. Diese Ouvertüre gibt das Wertvolle des Werkes im Brennspiegel.

Mit der „Forza del Destino" hat Verdi sich zwar den heute lächerlich wirkenden Vorwurf erschöpfter Kunst zugezogen, aber seine Reichweite in der Welt neu erprobt. Petersburg, für dessen Kaiserliches Italienisches Theater er sie 1862 schrieb, feierte ihn nach ihrer glänzenden Aufführung mit einer Herzlichkeit, die er zu der „politesse" der Franzosen in Gegensatz stellte. Dieser „orso" wird hier zum Salonlöwen. Freilich bleibt trotzdem das Bühnendasein des neuen Werkes in Petersburg nur flüchtig. Madrid ruft ihn 1863 und läßt ihn durch mangelnde Sorgfalt der Darstellung unbefriedigt.

Dem schwierigen Publikum der Mailänder Scala unterbreitet er es erst 1868, nicht ohne eben jene schon gedachte Änderungen, in der textlichen Bearbeitung durch Ghislanzoni.

„La forza del Destino" lebt im Schatten der großen Werke.

* *
*

Und wieder ist Verdi für Paris reif geworden, das ihn nun schon seit mehr als einem Jahrzehnt an- und abstößt, je nachdem. Hier hat sich ihm ja die „mise en scène" offenbart, und von hier aus ist ihm der stärkste äußere Antrieb zur Entwicklung gekommen. Die Widerstände der Pariser Öffentlichkeit, zumal der hier ansässigen italienischen Kritiker, aber auch der eingeborenen französischen, haben sich keineswegs abgeschwächt. Das hindert nicht die immer wachsende Anziehungskraft Verdis für alle Pariser Operntheater. Den „Trovatore" hatte 1857 die Große Oper mit einer Verdischen Balletteinlage nach dem Chor der Schwertträger in französischer Übertragung aufgeführt; nun bewarb sich das Théâtre lyrique um den „Macbeth". Und es dauert nicht lange, da ist Verdi der Großen Oper zu einem neuen Werk verpflichtet.

Wie Verdi in allen diesen Jahren als ein Künstler von unbeugsamem Willen in Paris aus- und eingeht, wie sein Dämon, sein Ethos, sein Blut die „messa in scena" leidenschaftlich für sich nützen, um doch rein und ungeschwächt fortzuschreiten, das fordert immer wieder die Bewunderung des Betrachters heraus. Opéra comique und Große Oper arbeiten in ihm, aber sein Melos weiß sich stark zu erhalten. Ein Verdi sieht alle diese Erscheinungen der Großen Oper, Rossini, Halévy, Meyerbeer vorüberziehen. Er weiß von der Krise, die Richard Wagner in die Welt bringt. Jetzt charaktervoll zu bleiben, jetzt sich als Italiener zu bekennen, ist schwerer als je. Darum hat sich auch das Tempo seines Schaffens verlangsamt. Die Reife eines ausdrucksvollen Melos kann nur durch bedächtigeren Schritt erkauft werden.

Als Léon Carvalho, Direktor des Théâtre lyrique, den „Macbeth" aufführen wollte, hatte Verdi als fleißiger Theaterbesucher seine Einsicht in das Shakespearesche Schauspiel vertieft und suchte nun seine reifere Kenntnis vom Drama mit den Forderungen der französischen Opernbühne zu vereinigen. Auch diese seine Jugendoper, in die er sich mit dämonischem Trieb nach Ausdruck hineingekniet hatte, enthüllte ihm heute ihre Schwächen. Nun ging er mit Lust daran, sie zu beseitigen. Ein Ballett wurde eingefügt, der vierte Akt stark verändert, die Schlacht durch eine Fuge verdeutlicht; diese musikalische Form scheint ihm durch das Aufeinanderprallen der Dissonanzen das Gedränge am besten zu kennzeichnen. Viel fordert Verdi vom Orchester: jenes kleine zumal, in dem zwei Oboen, sechs A-Klarinetten, zwei Fagotte und ein Kontrafagott eine seltsame, geheimnisvolle Klangmischung ergeben, liegt ihm besonders am Herzen.

„Ich sehe, daß die Zeitungen schon von diesem „Macbeth" zu sprechen beginnen. Um Gotteswillen, ne blaguez pas trop."

Verdi hatte recht. Denn die Aufführung des „Macbeth" im Théâtre lyrique vom 21. April 1865 blieb ohne Nachhall. Das Schmerzenskind mit vielfach durchfurchten Zügen, zwiespältig, bezeugt auch hier nur den starken Kunstwillen des Maestro.

Und es winkte von neuem die Große Oper, die nun als eigenes, nur vom Hofe gestütztes Unternehmen von Emile Perrin geleitet wird. Ein Faden von einst wurde weitergesponnen mit dem „Don Carlos", dessen Stoff schon im Jahre 1850 vorgeschlagen worden war, aber dem der „Vêpres Siciliennes" hatte weichen müssen. Man sieht also, daß dieser Schillersche „Don Carlos" für den besonderen Fall der Großen Oper einen eigentümlichen Reiz hatte. Denn mit seinem historischen Hintergrund entsprach er dem Rahmen dieser Bühne, während er zugleich durch seine Leidenschaft Verdi zum Schaffen anregte. Hier also konnte die Durchdringung der französischen „mise en scène" mit dem Vollblut Verdis von neuem versucht werden.

Der Künstler, der den Text der Herren Méry und du Locle in Musik setzt, ist aber nun doch ein anderer als der Komponist der „Vêpres Siciliennes". Damals war er starrköpfiger Italiener, diesmal blieb er Italiener, doch weniger Starrkopf. Er nahm das Libretto ohne Widerspruch hin, musizierte es Wort für Wort durch, während er früher noch durch den Widerstand, den er überall witterte, zu besonderer Festigkeit auch in der Behauptung der eigenen Ansicht veranlaßt worden war.

So ganz glatt verläuft die Straße bis zur Aufführung trotzdem nicht. Die politischen Ereignisse des Jahres 1866 verletzen seinen Stolz, und er will als Italiener den Franzosen nicht zu Diensten sein. Er versucht sich vom Vertrag mit der Großen Oper zu lösen: umsonst. Und dann setzt sich das Triebwerk des Hauses mit bekannter Schwerfälligkeit in Bewegung. Verdi ist wiederum persönlich an den Einzel- und Gesamtproben beteiligt. Der Prozeß eines Sängers mit der Direktion unterbricht den Gang der Vorbereitungen. Der Maestro selbst sucht für sein chronisches Halsübel in Couterets Linderung. Am 15. März stirbt Verdis Vater. Und erst am 11. März 1867 kann „Don Carlos" in Szene gehen.

Dieses Werk hat als fesselndste Vorstufe zu „Aida" zu gelten. Ganz anders als bei den „Vêpres Siciliennes" dringt das äußere Bild in die Poren der Musik. Es ist ein Übermaß an Worten hier, die schlagwortartige Zuspitzung der Situation, die den Charakter sonst aus sich heraustreibt, ist nicht erreicht. Doch fehlt es nicht an starken Situationen selbst. Der Zwiespalt ist gegeben: reifere Künstlerschaft, gewachsene Erkenntnis reizt es, an den Worten entlang zu komponieren, sich im Rezitativ auszubreiten; den Melodiker wiederum reizt die Leidenschaftlichkeit der von der Situation genährten Empfindungen. Aber es bleibt gewiß, daß dieser französische Text, den er nicht selbst mitbilden durfte, sondern erdulden mußte, durch seine mangelnde Gedrängtheit auch den Impuls hemmte. Der Zwang der fünf Akte machte sich fühlbar.

Rahmen, Gestalten, Triebe hätten ja sonst seinen Schaffenswillen anregen müssen. Der Hintergrund der Inquisition mit aller Prachtentfaltung, der Glaubensfanatismus, der hier wirkt, mußten die Rückerinnerung an Meyerbeer und an Halévy beschwören. Dieser Philipp, in dem bereits ein gebrochener Wille gegen harte Notwendigkeiten anzukämpfen hat, ein im tiefsten bemitleidenswerter, von Verdi bemitleideter Mann; der unerschütterliche Großinquisitor, ganz erstarrte Tradition der Unbeugsamkeit; Don Carlos, freilich schon Zwittermensch, voll menschlicher und politischer Unruhe, des Königs Feind und Nebenbuhler; unter den Frauen die Eboli charmant und gewiß im Umriß schärfer gekennzeichnet als die Königin. Und es blieb noch als unverdaulicher Rest der Posa. Ob Verdi schon damals diese Gestalt als so störend, so unwahrscheinlich empfand wie später, wo er den Posa als lebendigen Anachronismus verwarf?

Der Rahmen des „Don Carlos", die „mise en scène" der Großen Oper gestaltet die Autodafé-Szene. Auf dem großen Platz vor der Kirche Unsrer Frau von Atocha ist die Wirkung des Plakathaften in der Musik gar nicht mehr zu überbieten. Da sättigte sich das Auge so, daß selbst der durchaus unmusikalische Théophile Gautier von dem Schauspiel benommen war. Volk, Zug, Mönche, Rauchschwaden, dagegen der König als höchste, unbezweifelbare Macht über Leben und Tod: das alles ist Tradition der Großen Oper, aber durch Verdi erneuert. Denn das Pathos, das den Glanz und stärkeres Aufgebot an Mitteln befiehlt, hat durchaus Verdis Rhythmus und Farbe. Wenn der Chor anhebt, ist es ein Vorklang von „Aida"-Noten. Das Sterben Radames' kündigt sich an. Der Marschrhythmus, Verdis Grundrhythmus, wird zum Trauermarsch, wenn die Verurteilten herbeigeführt werden. Der Tod hat in der Musik Verdis, sottovoce e staccato, seine eigene Farbe. So singen auch die Mönche, wie Verdis Menschen in der Erregung immer singen, atemlos, stockend, obwohl litaneihaft. Der Pomp bleibt auch für die Musik nicht ohne Folgen. Sie wird weitschweifig, sie gibt der Kantilene Raum, die ein wenig Menschlichkeit auch hier ansiedeln möchte. Die sechs Deputierten Flanderns, von Don Carlos geführt, lenken die Sinne vom Tod auf das Leben, das in dem König seine allerhöchste Verkörperung findet. Das große Ensemble, das sich hier anschließt, ist mit großer Mühe aufgebaut: wie es den vielfältigen Ausdruck in sich zusammenfassen und den Rahmen füllen will, verzahnt es sich mehr als gewöhnlich. Don Carlos wird als Empörer gebrandmarkt. Die Musik hat nun den Ehrgeiz, den Rahmen zu schließen. Wenn der Vorhang fällt, ist trotz vielen überflüssigen Noten und mitten in dem Aufwand an Blech, den sie fordern, eine Kraftprobe geleistet und ein Schritt über das Herkömmliche hinaus getan.

Aber gerade jetzt, nach so gehäuften Mitteln und Figuren, drängt es Verdi, Menschliches zu geben. Hat eben der Herrscher sich vor dem Volk zur strengsten Haltung gestrafft, so sitzt nun in nächtlicher Stunde vor zwei niedergebrannten Armleuchtern der gequälte Mensch: Liebesnot, Sorgen, Zweifel nagen an ihm. Hier ist Verdi Zukunftsmusiker: seine Musik sorgt, indem sie zart in die tiefen Register hinabsteigt, und gewinnt die Freiheit der Rede, indem sie motivisch und rezitativisch an den Erinnerungen des Königs teilnimmt, in der Versunkenheit innehält. Aber sie besinnt sich, und aus der Sehnsucht fließt ein B-dur-Gesang eigener Prägung, der dann, bei dieser sicheren Entwicklung der Modulation, in D-dur wiederkehrend seine wirksame Farbe erhält. Der Grundton bleibt gewahrt: Liebesnot ist das Grundgefühl dieser Szene, die von Verdis Kraft zum verfeinerten Ausdruck des Menschlichen getragen wird.

Solche Zielbewußtheit ist die Ausnahme, das Schwanken zwischen dem ausgesponnenen Handlungsrezitativ und der Nummer die Regel. Die Arie hat nur selten zwingende Ursprünglichkeit, aber nirgends stört Gewöhnlichkeit. Die Canzone der Eboli gefiel. Man rühmte immer wieder das Duett der Freundschaft; freut sich mancher Einzelheiten; aber der Erfolg des „Don Carlos" in Paris war halb und blieb auch in Italien flüchtig trotz Angelo Mariani, der durch seine sehr subjektive, aber hinreißende Ausdeutung des Werkes in Bologna sich in ihm vergötterte. Heut ist man gelegentlich auch zu diesem seit 1883 vieraktigen „Don Carlos" zurückgekehrt. Hier zum letzten Male ist Unsicherheit zu erkennen. Doch fruchtbare Unsicherheit. Alles Kommende zeigt die Hand des selbstsicheren Meisters, der die beiden Strömungen, die innere und die äußere, zu einer großartigen Einheit ineinanderfließen läßt.

Es ist wie ein Symbol, daß in diesem Jahre 1867, am 20. Juli, der Faden abreißt, der ihn an den Wohltäter Antonio Barezzi verknüpfte. Der Mann, der ihm den Weg gewiesen hatte, sah sterbend in Busseto den nun großgewordenen Giuseppe Verdi. Hierüber wird berichtet: Das Klavier stand offen. Da berührte wie in einer Erleuchtung Verdi die Tasten: es ertönte der Klagegesang der Hebräer aus „Nabucco". Ein Lächeln ging über die Züge des Sterbenden. „Oh mio Verdi", sagte er.

Mit „Nabucco" hatte der Ruhmesweg begonnen. Nun war die Kraft für „Aida" erstarkt. Da erlosch der Führer der Jugend.

DER POLITIKER

Indes war der Name des „maestro della rivoluzione italiana", der so viele Schlagworte geprägt hatte, selbst zum Schlagwort geworden. V. E. R. D. I. bedeutete: Vittorio Emanuele Re D'Italia; Sinnbild der Einigung. Gerade in der Zeit der stärksten und schwersten Innenentwicklung des Künstlers Verdi hatte dieses Schlagwort die schlagendsten äußeren Ergebnisse, wenn nicht hervorgerufen, doch begleitet. Die Wechselwirkung zwischen dem Menschen und dem Maestro, die beide ihrem Ethos und Freiheitsgefühl folgten, war mehr als je offenbar geworden. Gewachsen war doch dabei die Wirkung in die Weite; und man hatte Verdi in Wien, Petersburg, Madrid selbst für sein Werk einstehen sehen.

Aber das ausländische Hauptquartier des Künstlers, der seinen festen Rückhalt in St. Agatà hatte, war doch in allen diesen Jahren Paris gewesen. Von Frankreich, dessen „mise en scène" er als entscheidend betrachtete, erwartete er auch immer Hilfe für das geknechtete Italien. Diese Hoffnung sollte sich endlich auch erfüllen; freilich nicht ganz so, wie Verdi gewünscht hätte.

Leitwort für den Italiener Verdi blieb „Männlichkeit und Rechtlichkeit". Die Schleichwege der Diplomaten kannte er nicht. Jedes Wort hatte für ihn tatsächlichen Hintergrund. Er wußte, daß Politik seine Aufgabe nicht sei, und er suchte sie nicht auf. Für ihn gab es nur eine Politik der Tat, die der Zusammenfassung der Kräfte im Geiste der Freiheit diente. Der Rhythmus seiner Musik, Abbild gerader Männlichkeit, massenbewegende Kraft, ist der Ausdruck seines tätigen Wesens; und sein Freiheitsgefühl erfüllte sich in der unbegrenzten Entwicklung eben von diesem grundlegenden Rhythmus aus. Er durfte nicht in der Schablone erstarren, sondern mußte, in immer weiter gespanntem Bogen, von seinem reiferen, ausdrucksfähigeren Melos durchglüht werden. Das war ein Ziel, so groß, daß es ihn notwendig von der Politik der Tat abführte. Aber er ersehnte sie; sie ging, wenn sie zugleich eine Politik der Freiheit war, seinem Künstlertum parallel.

Der Mann, der für Verdi Geradheit und den Freiheitsgedanken als Politiker verkörperte, war Camillo Cavour. Und wie er in Alessandro Manzoni den Schriftsteller verehrte, der die italienische Volksseele belauscht und zur Aussprache gebracht hatte, so trieb es ihn zu diesem Begründer der italienischen Einheit hin. Eitelkeit des *Künstlers hatte er nicht. Vor einem ganzen Mann, vor der Erfüllung seines italienischen Ideals, war er demütig, ohne sein eigenes Werk zu unterschätzen.*

Aber was die Waffen geleistet hatten, verdarben die Verträge. Die Franzosen hatten Hilfe gebracht, die Schlacht bei Solferino schien die Österreicher endgültig aus Italien verjagt zu haben, aber der Vertrag von Villafranca sprach ihnen Venedig zu. Die Doppelzüngigkeit war siegreich. Cavour zog sich vom politischen Leben zurück. Verdi, hilfsbereit für die Wunden des Krieges, war für den 7. September 1859 von den Bussetanern als Vertreter zu der Versammlung abgeordnet worden, die in Parma für die Vereinigung mit dem Königreich Oberitalien unter Victor Emanuel zu stimmen hatte; gehörte der Abordnung an, die in Turin dem König das Votum Emiliens überbrachte; und durfte bei diesem Anlaß seinen politischen Meister und Mann Cavour von Angesicht kennen lernen. Dieser im tiefsten unmusikalische, darum eben ganz politische Staatsmann war doch von dem Rhythmus Verdis hingerissen, fühlte den ungeheuren Wert des Maestro und des Ehrenmannes für die Geltung Italiens und beeilte sich, ihn auf seinem Gut Leri bei Livorno mit allen Ehren zu empfangen. Herzliche Worte wurden zwischen ihnen gewechselt. Das blieb nicht ohne Folgen. Der Abgeordnete Verdi, der den Willen seiner Mitbürger für die Einigung Italiens kundgegeben, der selbst durch einen Vorschuß zur Bewaffnung seines Gemeinwesens beigetragen hatte, wurde von Borgo S. Donnino auf die Kandidatenliste gesetzt, als es galt, die Gemeinde im ersten nationalen Parlament zu vertreten. Vor dieser Folgerung schreckt Verdi zurück. Deputierter will er nicht werden. An Sitzungen, in denen viel geredet wird, will er nicht teilnehmen. Da ist der viel ehrgeizigere, für die politische Laufbahn geschaffene Minghelli-Vaini, der so gern Deputierter sein möchte. Warum denn auch nicht? Verdi sträubt sich mit aller Macht gegen diese Wahl, doch Cavour mag nicht auf seinen Mann im Parlament verzichten. Der Maestro eilt nach Turin, wird an einem eisigen Dezembertage um sechs Uhr morgens von Cavour empfangen, legt ihm alle seine Bedenken gegen die Annahme der Wahl dar, glaubt ihn überzeugt zu haben; aber Cavour, statt aller Antwort, bricht nach den so angstvoll vorgebrachten Gegengründen in ein helles Gelächter aus, widerlegt alles von Verdi Gesagte mit dem Hauptargument, daß Verdi als Leuchte Italiens in diesem Parlament auch höchsten politischen Wert habe. Verdi ist besiegt, bedingt sich aber aus, daß er nach ein paar Monaten verzichten dürfe. Cavour will auch von dieser Absicht künftighin erst benachrichtigt sein. Minghelli-Vaini, Gegenkandidat, ist in peinlicher Lage. Der Briefwechsel zwischen dem Politiker und dem Muß-Politiker ist reizvoll. Verdi: „Ich habe gesagt und wiederhole zum hundertsten Male: ich werde annehmen, gegen meinen Willen, wenn ich ernannt werde; aber ich werde niemals das geringste weder in Wort noch in Tat unternehmen, um Deputierter zu werden." Verdi also wird Deputierter, nimmt an den Sitzungen der Kammer teil, auch an jener, in der Rom als Hauptstadt Italiens ausgerufen wurde. Nun wollte er sich selbst verabschieden. Cavour hielt ihn noch: bis Rom. Verdi blieb, zog sich aber aufs Land zurück. Sein politischer Leitstern Cavour stirbt plötzlich; für Verdi schwerster Schlag. Bei der Trauerfeier, die er in Busseto halten läßt, weint er wie ein Kind. Doch er bleibt Deputierter bis 1865. In diesem Parlament gab es ja einen Sella, der „ein Kopf und ein Charakter" war; und einen Piroli, rechtschaffen und klug. Der folgte ihm im Collegio von Borgo S. Donnino.

Aber die Teilnahme Verdis, der Freund Mazzinis, Garibaldis war, am politischen Leben in so erregten Zeiten schwächt sich nicht ab. Die Franzosen enttäuschen ihn 1866, er kennt ihre Eitelkeit und Überheblichkeit, aber er fühlt sich ihnen doch am Ende verbunden; und viel mehr schreckt ihn das Preußentum. Es kommt 1870. Verdi erleichtert sein Herz. An Arivabene: „... Ach, der Norden sind Land und Leute, die mir Schrecken einjagen. Was mich betrifft, hätte ich von unserer Regierung gern eine edelmütigere Politik gesehen und gewünscht, daß man eine Pflicht der Dankbarkeit abtrüge. Ich weiß wohl, daß man mir sagen wird: und der europäische Krieg? ... aber den europäischen Krieg wird man nicht vermeiden, und wenn Frankreich gerettet wäre, würden auch wir es sein." An Clarina Maffei: „Dieses Unglück Frankreichs macht mich, wie auch Sie, ganz trostlos! ... Es ist wahr, daß die „blague", die Unverschämtheit, die Überheblichkeit in den Franzosen, trotz all ihren trüben Erfahrungen, unerträglich war und ist: aber schließlich hat

Frankreich der modernen Welt Freiheit und Zivilisation gegeben. Und wenn es fällt, täuschen wir uns nicht, werden auch alle unsere Freiheiten fallen, wird auch unsere Zivilisation fallen. Mögen unsere Literaten und unsere Politiker auch das Wissen, die Wissenschaften und sogar (Gott verzeihe es ihnen) die Künste dieser Sieger rühmen; aber wenn sie ein wenig tiefer blickten, würden sie sehen, daß in ihren Adern immer noch das alte gotische Blut fließt, daß sie von ungemessenem Stolz sind, hart, unduldsam, Verächter alles dessen, was nicht germanisch ist, und von einer Habgier, die keine Grenzen kennt. Menschen von Kopf, aber ohne Herz; eine starke, aber unzivilisierte Rasse." ... Verdi fürchtet für das Schicksal, das Paris droht, diesem Paris, „das er im verflossenen April noch so heiter, so schön, so glänzend gesehen hat". Man hätte Frankreich mit 100 000 Soldaten retten können. Und nochmals: „Den europäischen Krieg werden wir nicht vermeiden, und wir werden verschlungen werden. Es wird nicht morgen sein, aber es wird sein. Ein Vorwand ist sogleich gefunden. Vielleicht Rom ... das Mittelmeer ... Und dann: gibt es nicht ein Adriatisches Meer, das sie schon als germanisches Meer ausgerufen haben?"

So spricht in höchster Erregung der Mensch, Politiker, Künstler Verdi. Ihm haben „diese verfluchten Goten" auch die Aufführung der „Aida" durchkreuzt, da Kostüme und Szenarium in Paris eingeschlossen sind.

Man darf dies alles nicht zu schwer nehmen. Gewiß ist es echtester Ausdruck der Gesinnung Verdis, nicht zum wenigsten der künstlerischen, die von dem überhandnehmenden Wagnertum gekränkt wird. Für Verdi hatte das allerdings phantasielose Preußentum, das er nur fürchtete, aber nicht kannte, damals die Schrecken einer unüberwindlichen Macht. Später, als er es aus der Nähe sah, stellte sich ihm das Deutschtum als Ganzes in viel freundlicherem Lichte dar. Und was er über Italien im Ausland, zumal in Frankreich hören konnte, mußte ihn auch zu einer gerechteren Beurteilung gerade Deutschlands führen. Vielen mögen seine Worte über den europäischen Krieg als Prophezeiung eines hellsichtigen Künstlers erscheinen; nur das Ergebnis ist ein anderes.

Die Wogen des politischen Lebens glätteten sich. Italien schwenkte, nach erreichtem Ziel, zu Deutschland ab. Aber die Politik, zumal die Innenpolitik, züchtete Anschauungen, die denen Verdis durchaus widersprachen. Die Rechtlichkeit und Männlichkeit, die das einige Italien aufgebaut hatten, waren verschwunden.

Verdi beklagte diesen Verfall der öffentlichen Moral. Er las und hörte von politischem Geschäft als fleißiger Zeitungsleser. Mit der Regierung und mit der Geistlichkeit wollte er aus Gründen der Ehrenhaftigkeit nichts zu schaffen haben.

Der Politiker Verdi ist durchaus an den Künstler gebunden. Dieser schuf, während man im Parlament redete. Und noch bewahrt man ein bewegtes Stück auf, in dem der Lärm und das Durcheinander der Abstimmung dramatische Musik geworden waren. Verdi schenkte es Piroli.

So arbeitet immer wieder der Schaffensdämon in dem gefesselten Künstler.

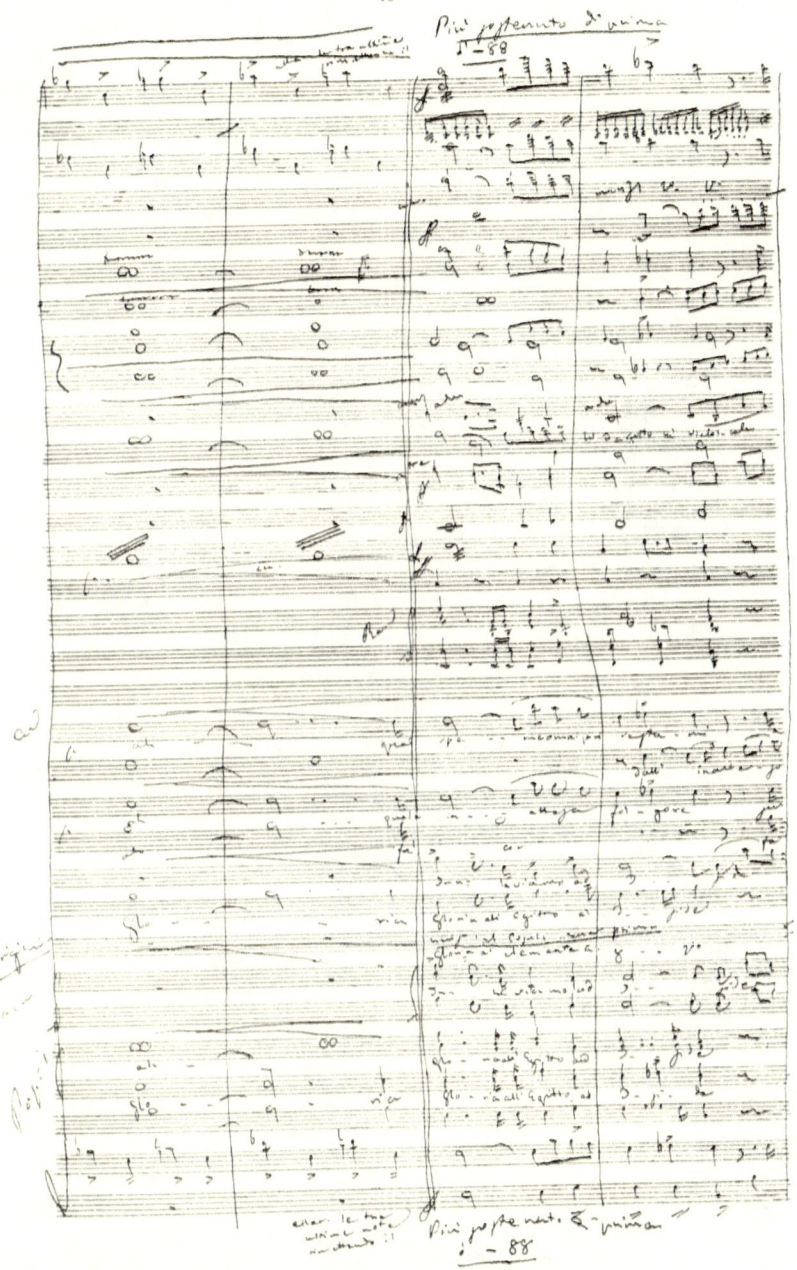

EINE SEITE AUS DER ORIGINALPARTITUR DER AIDA
(Finale des Zweiten Aktes)

DIE ERSTE PARTITURSEITE DES FALSTAFF

DIE REIFE: AIDA

Verdi ist 57 Jahre alt geworden. Seine Sinnlichkeit und Kraft sind durch das Leben aufgespart, ungebrochen, durch die künstlerische Entwicklung verfeinert. Und doch möchte er keine Oper mehr schreiben: „... Aber sprechen wir einmal ganz im Ernst darüber: aus welchem Grunde sollte ich schreiben? Welches wäre das Ergebnis?... Und was würde ich dabei gewinnen?... Das Resultat wäre recht dürftig. Ich würde mir von neuem sagen lassen müssen, daß ich nicht zu schreiben verstände", oder daß ich „Anhänger Wagners" geworden sei. Schöner Ruhm! Nach vierzigjähriger Laufbahn als „Nachahmer" zu enden!"

So war der Vorschlag des Khediven von Ägypten, für das zum Anlaß der feierlichen Eröffnung des Suezkanals erbaute neue Theater in Kairo eine Oper zu komponieren, im Jahre 1869 abgelehnt worden. Man wurde drängender, sein ihm befreundeter Textschreiber du Locle suchte ihn umzustimmen. Umsonst. Aber kaum hatte er den ersten Entwurf des Aida-Stoffes gesehen, wurde er von diesem angeregt, sein Feuer entzündet. Ein mächtiger Unbekannter hatte die Skizze geschrieben. Nun, dieser Umriß wirkte: die Leidenschaft der Aida, die Gegenleidenschaft der Amneris, der vaterländische, kriegerische, glänzende Hintergrund, aus dem die Gestalt des Radamès aufragt, und zuletzt sein Sterben in der Liebe. Wie einfach war das alles! Aber ein starkes Gerüst, um eine echte Verdioper darauf zu bauen. Die geschäftlichen Verhandlungen sind bald abgeschlossen: die Summe von 150 000 Franken soll vom Pariser Bankhaus Rothschild bei Überreichung der Partitur gezahlt werden. Du Locle kommt nach Sant' Agatà, man spricht noch darüber, einige Änderungen sollen dem mächtigen Unbekannten vorgeschlagen werden.

Geschrieben hatte den Entwurf der bekannte Ägyptologe Mariette-bey. Aber diesmal soll Verdi nicht, durch einen französischen Text gebunden, marschieren. Obwohl alles Einleitende von Frankreich kommt, wird doch der Geist dieser Oper italienisch sein; trotz der „mise en scène", die schon in der Anlage des Textes als bedeutend hervortritt. Die Grundgefühle sind dem Italiener Verdi vertraut, und italienische Verse werden komponiert werden. Zu dieser Leistung erklärt sich nach Rücksprache mit Giulio Ricordi, Antonio

Ghislanzoni aus Lecco bereit; ein Akt der Selbstlosigkeit, weil er hier auf jede Eigenleistung zu verzichten hat. In der Tat ist der Verskünstler Ghislanzoni dem Meister von dem Augenblick an hörig, da er Ende Juni 1870 die Villa von Sant' Agatà betritt.

Denn auch Verdi selbst hat nie vorher mit ähnlicher Sorgfalt und Gewissenhaftigkeit sich den Weg zu leidenschaftlichem Ausdruck gebahnt. Ihm ging es zunächst um das Lokalkolorit. Er stellt vorbereitende Fragen über den Isiskult, über die Geographie und Geschichte Äthiopiens. Er forscht nach besonderen Mitteln der Darstellung, so nach der ägyptischen Flöte, die, behauptete der Musikgelehrte Fétis, in einem Florentiner Museum zu finden sei. Diese erwies sich freilich als eine recht simple Hausflöte mit fünf Löchern, wie Verdi ironisch bemerkte. Aber die langen ägyptischen Trompeten sind doch unlöslich mit der „Aida" verknüpft. Und im übrigen wissen Phantasie, Ohr, Hand des Künstlers ohne Sonderbarkeit, nur durch besonderes Hinhorchen auf den Timbre der Instrumente die exotische Farbe zu treffen.

Dieses Exotische muß Verdi stark reizen, muß ihm den günstigsten Luftkreis des Schaffens bieten. „Aida" ist in gewisser Art Rückerinnerung an „Nabucco", den ersten Triumph Verdis. Dort Babylonien, hier Äthiopien. Hier wie dort Heldentum, Volksleidenschaft, Feierlichkeit. Aber indes hat Verdi das Exotische des Zigeunertums als geheimnisvolle, phantastische Macht zwiefach vor die Sinne gerückt, indem er sein wachsendes Können und Feingefühl an ihm erprobte. Hinter dem Exotischen also liegt, durch die dunkle Grundfarbe geweckt, ein Zusammenklang dunkler Empfindungen, liegt die Grund- und Lebensanschauung Verdis: „Aida", mit seinem einfachen Handlungsgerüst, ist dem Maestro als Farbe des Menschen günstig, und der Tod der beiden, des Helden und der Sklavin, wird trotz seiner „Traviata" ein unerhörter Liebestod werden. Die Zweiteilung der Bühne in ein oberes und ein unteres Stockwerk rührt von Verdi selbst her. Schon schwebt ihm ein Ensemble als ergreifender Ausklang vor; und das Gericht über Radamès soll so hinreißend sein, wie, er glaubt sich nicht zu täuschen, das Miserere des „Trovatore". So will dieses Gelegenheitswerk für ihn Gelegenheit werden, alle Kraft und Empfindung im Querschnitt reifster Künstlerschaft zu zeigen. Die „mise en scène", der Glanz, soll durchaus

Verdis Glanz werden. Und innerhalb dieses Rahmens soll sein Bestes, sein Menschlichstes sich aussprechen. Alles Gewonnene soll hier verwertet sein, nichts vom Eigenwesen aufgegeben werden. „Aida" ist ein Akt stärkster Selbstbehauptung.

Diese Oper will aber zwar den Ruhm Verdis und der italienischen Oper selbst nach dem europäischen Afrika tragen, doch auch, kurz danach, in der Mailänder Scala für den Meister zeugen; und zwar unter den glänzendsten Bedingungen. Sie soll ein Antrieb der Erneuerung auch für das italienische Theater werden.

* * *

Man kann in den Anweisungen, die Verdi Ghislanzoni gibt, in den unaufhörlichen Änderungsvorschlägen, die diesen Briefwechsel kennzeichnen, wiederum die unbedingte Zielsicherheit des Meisters, seinen dämonischen Trieb zur Wirkung mit künstlerischen Mitteln erkennen, und seinen Willen, ein Allerletztes zu erreichen. Er empfindet das Tragische des Stoffes. So werden ganz selbstverständlich alle die typischen Merkmale des Spöttischen der Maskenballart fehlen; es wird der Nachhall der opéra comique schwinden. Immer und immer wieder wird die Zielrichtung zum „effetto" hin betont. In den französischen Texten war ihm das überflüssige Wort zur Fußangel geworden. Hier ist er entschlossen, es nicht mehr zu dulden. Die Szenen sollen auf die kürzeste Formel gebracht werden. Ghislanzoni hat also Verse zu opfern, so gut sie auch klingen. Verdi hämmert ihm den Kern der Szene in schlagwortartig zugespitzter Prosa hin: daraus sind die Verse zu bilden, aber frei von der Versschablone. Das Grundübel ist der Settenario. Wechsel vor allem! „... Wo die Handlung es fordert, würde ich sofort Rhythmus, Reim, Strophe aufgeben. Womöglich abgebrochene Verse! Verso tronco, verso sciolto! Und wo es die Größe des Moments will, Dantes Terzinen!" So soll das theatralische Schlagwort „la parola scenica" klar und wirksam heraustreten; „das Wort, das die Situation klar und unmißverständlich herausmeißelt und wiedergibt." Während also dem Wort scheinbar die vollkommenste Freiheit eingeräumt wird, soll es zugleich Erweckerin uritalienischer Musik werden. ⋆ Die Verschmelzung von Rezitativ und Gesang war ja schon vorbereitet; sie sollte immer nur die Verknüpfung von freier melodischer Rede und einem freieren Kantabile werden; nichts wollte nur aus dem Gefüge der Worte geschöpft sein, sondern die Musik, meist schon vor der endgültigen Versgestaltung entstanden, wollte noch immer Herrin der Situation bleiben und sie in ihren Grenzpunkten ausdrücken. In diesem Sinne gibt es nichts Vollendeteres als „Aida". Denn die Einheit von melodischem Rezitativ und Kantabile ist nie erreicht wie hier. Früher hatte die Nummer als Nummer geherrscht, auch wo das Rezitativ schon entwickelt war. Oder es war gar geschehen, daß der Wille zu freier Deklamation Zwitterhaftes hervorrief; oder es hatte die Vielheit der Worte die freie Entfaltung beider gehindert. In „Aida" ist fortlaufender Gesang auch da, wo der Strom der breiten Melodie durch den Gang des Dramas unterbrochen scheint: „Expansive, doch nicht geschriene Melodie und deklamierten Gesang", das wollte er. Adligste Nummernoper.

Eines also liegt Verdi, der den rechtmäßigen „effetto" sucht, am Herzen: daß nichts Gewöhnliches in dieser Partitur zu finden sei. Der Hauptvorwurf aller Gegner der italienischen Oper richtete sich gegen die Cabaletta. Mit dieser hatte sich Verdi in seinen Werken auseinandergesetzt, er hatte sie in sich durchgedacht. Sie entsprach seinem inneren Tempo; seinem theatralischen Blut. Aber: „diese verdammten Cabaletten," fand er auch jetzt, „ähneln sich alle!" Er hatte immerhin das italienische Erbteil in seiner Art genützt. Ganz wollte er die Cabaletta, die der stärkste Ausdruck seines Allegro war, nicht aufgeben. Nur mußte es durch die Situation gerechtfertigt sein. Der Geist der Cabaletta hat in der „Aida" seine idealste Ausprägung in jenem e-moll-Allabreve (Allegro Agitato e Presto), das im hastig flüsternden Stakkato gleich zwischen Radamès und Amneris auftaucht und als charakteristisches Grundmotiv in vielfacher Verwandlung erscheint. Es läßt die erregten Sinne zu dem Chor der Leviten in „Nabucco" zurückschweifen, auch in e-moll, auch hastig gestoßen: Das Blut ist das gleiche, aber die Hand ist feiner geworden. Die Cabaletta ist italienisch geblieben, aber bereit, sich in andere Formen aufzulösen.

Verdi mag in „Aida" zuweilen einen Schritt zurück tun; er fühlt, daß hier, in dem Verhältnis zwischen Rezitativ und Kantabile, Leben und Tod der italienischen Oper beschlossen ist; aber diese seine Musik, frei in der Entwicklung von der Tradition aus, entspricht der umrißstarken Einfachheit der Situationen und der Empfindungen, und ist, so wie sie dasteht, Blüte einer Kunst, die den „effetto" mit geläuterter Kraft und mit unerschütterlichem Verantwortungsgefühl erreicht. Wenn Verdi sagt: „Leider ist es für das Theater nötig, daß manchmal Dichter und Komponisten das Talent haben, weder Poesie noch Musik zu machen", so erinnern wir uns, daß der Komponist des „Macbeth" schon nach freier, vom Schön-Gesang losgelöster Deklamation strebte; sehen voraus, daß der Mann im Begriff ist, den Grenzpunkt zu überschreiten, wenn der Dichter ihm den Weg dazu weist; preisen uns aber glücklich, daß er in der „Aida" diese wundervolle Mitte zwischen höchster Wahrheit, wirksamstem Theater und herrlichstem Gesang gefunden hat.

* * *

Der Wille zur Wahrheit und Wirksamkeit wird um so leidenschaftlicher verfochten, je mehr „Aida" sich der Katastrophe nähert. Verdi beginnt zwar schon beim Finale des zweiten Aktes die Wiedererkennung Amonasros durch Aida als dramatischen Höhepunkt zu empfinden und ihren szenischen Ausdruck so klar und wirksam wie nur möglich herauszumeißeln; er sagt seinem Textdichter Ghislanzoni, den er zuweilen mit nachdrücklich wiederholten Worten belobt, daß ihm im dritten Akt das Duett zwischen Amonasro und Aida weit gelungener scheine als das zwischen Aida und Radamès, und ruht nicht eher, als bis das szenische Wort auch für dieses den wirksamsten Empfindungsausdruck vorbereitet; aber Verdis ganze Leidenschaft gilt dem vierten Akt: dem Duett zwischen Amneris und Radamès; der Gerichtsszene und dem Sterben des Radamès und der Aida. Hier soll der Aufruhr der Empfindungen und zugleich alle Zartheit sich verwirklichen. Der Widerstreit der Gefühle in der Seele der liebenden, fürchtenden, eifersüchtigen, hassenden Amneris, die Radamès retten möchte und den Unerschütterlichen doch nicht retten kann, ihr Schlußwort „morire": wie läßt sich das zwischen Rezitativ und

Kantabile aussprechen, während ihr Radamès einen erhabenen Gesang „sui generis" entgegengesetzt? Amneris soll stark handelnde Person bleiben: sie soll in ihrer ganzen Verzweiflung rasen, wenn die Priester Radamès auf sein Schweigen hin als Verräter verurteilen, soll sich wie eine Tigerin gegen sie stürzen, wenn sie hart, unbeugsam, buchstabentreu vom Gericht auf die Bühne zurückkehren. Und nun das Schlußbild! Die Fähigkeit der Musik, zwei Dinge zu gleicher Zeit zu sagen, „die von den Kritikern schlecht beachtet und von den maestri schlecht bewahrt wird," soll hier Besonderes leisten. „Nur ja keine Eintönigkeit! Mit einem etwas seltsamen Kantabile des Radamès, einem anderen „a mezz' aria" der Aida, der Nänie der Priester, dem Tanz der Priesterinnen, dem „Lebewohl an das Leben" der Liebenden, dem „in pace" der Amneris würde sich ein abwechslungsreiches, gut entwickeltes Gesamtbild gestalten; und wenn es mir gelingt, das Ganze musikalisch wohl zu verknüpfen, werden wir etwas Gutes gemacht haben, oder wenigstens etwas Ungewöhnliches." Der Tod, dieser seltsame Tod soll allem Hergebrachten entrückt sein. „Schließlich möchte ich den üblichen Todeskampf beseitigen und die Worte vermeiden: „Ich vergehe; ich gehe dir voran; erwarte mich!; tot!; ich lebe noch, usw. usw." Ich möchte etwas Zartes, Duftiges, ein ganz kurzes Duett, ein Addio an das Leben."

Verdi hat so das szenische Wort für den wirksamen und persönlichen Ausdruck mitgeschaffen. Er mied das bereits Sprichwörtliche in jedem Libretto, so sehr er Schlagworte prägen half.

* * *

Dies alles zeigt, daß nun doch auch hier noch die Menschenstimme siegreich bleiben, von sich aus das Gefüge des Werkes lenken soll. Aber nicht minder, daß hier das Orchester an der Handlung ohne Unterlaß teilzunehmen hat. Aida, ein Gipfel, wird auch für die Instrumentation eine Höhe bedeuten. Denn dem schöpferischen Verdi ergibt sich der Ausgleich der Faktoren da von selbst, wo sein Blut, seine Sinnlichkeit das Werk durchströmen.

Der Maestro, mit dem Ziel, diese seine Leidenschaft in ungewöhnlicher und doch italienischer Art auszusprechen, fühlt sich an diesem

Punkte völlig reif, die Grundfarbe, das eigene durch den Hintergrund gebotene Kolorit im Orchester zu halten, den Takt nach seinem Ausdruckswillen, wenn nicht zu formen, doch in seinen einfachen Grundverhältnissen auszuwerten, und im Wechsel der Tonart, in der Modulation sehr viel freier, aber auch immer noch nach seiner einfachen Grundanschauung zu verfahren. Noch im „Don Carlos" waren die Stilschwankungen sichtbar gewesen; „Aida" weiß nichts mehr davon. Das Wunderbare geschieht: bei einfachstem Handlungsgerüst, fern von der Hintertreppenromantik etwa der zeitlich nahen „Forza del Destino", werden Stimme und Orchester so mit- und gegeneinandergeführt, daß nie bisher in der italienischen Oper ähnlich Neues, Charakteristisches und doch aufeinander Abgestimmtes geschrieben worden ist.

Auch hier noch wird nichts von dem Charakter Verdischer Instrumentation aufgegeben; nur ist sie eben in ihrer Ausdrucksfähigkeit gesteigert. Und so auch Harmonie und Rhythmus, die beide durch den seelischen Zuwachs weitergebildet werden, ohne ihr Wesentliches, ihre Einfachheit einzubüßen; dabei kann die Arie in ihrem Ausdrucksbedürfnis harmonisch sehr weit abschweifen. Dann aber bleibt der Atem des Erfinders zu bewundern, der nach kühnem Bogen am Ausgangspunkt anlangt. Es ist eben der alte, nur organisch hochentwickelte Verdi, der schon im „Trovatore" ausnahmsweise die Quadratur der Arie aufgab, sich von der Stimmung weitertragen ließ; dessen Orchester damals wie heute zugleich mit der Stimme zu betrachten ist.

Denn immer noch will das Orchester Verdis sich scharf von einem sinfonischen unterscheiden. Seine polyphone Haltung versteht sich mehr und mehr. Aber nur in dem Vorspiel scheint die Mehrstimmigkeit, die schon die „Maskenball"-Ouvertüre kennzeichnete, wirklich durchgeführt: doch ist das Vorspiel ein später hinzukomponiertes Stück, ein Stimmungsniederschlag unter Verwertung zweier Themen der Oper. Die geteilten Geigen und gewisse Vorhalterscheinungen haben denn auch gerade dieses zarte Stück zum Kronzeugen für Verdis Wagnertum gemacht und die Gedankenverbindung mit „Lohengrin" hervorgerufen. Dieser Klang mag den feinhörig lauschenden Verdi als Sphärenklang überrascht haben. Aber schon das Traviatavorspiel, ganz gewiß nicht unter solchem Eindruck entstanden, weist ja in seiner Zartheit auf das zur „Aida" hin; auch hier die Geigen als Sprecher der Liebe; und gewisse Vorhaltspannungen ergeben sich von selbst aus dem Charakter der Themen, die sich verfeinern, indem sie gelegentlich Halbschritte tun; und die Halbschritte des ersten Themas sind bei der Wiederkehr wirklich für Verdi ungewöhnlich. Es sei zugegeben, daß der Übergang von D-dur nach Fis-dur, der Klang des weitergeführten Liebesthemas und des durch die Celli verkündeten, dann kanonisch eingeleiteten Priesterthemas, ihre kunstvolle Verknüpfung die Gemeinschaft mit dem ersten Wagner nahelegen. Das aber bedeutet wenig oder nichts gegenüber dem klaren Verdicharakter, der sich in dem Aidaorchester ausprägt. Ja, klar und einfach bleibt dieses Orchester, wie sehr es auch in gebrochenen Farben zu schillern beginnt. Wieder und mehr noch als sonst zwingt sich die Bescheidenheit der Mittel auf, mit denen das Kolorit des Ganzen wie einzelner Szenen erreicht ist; und noch einmal wird klar, wie unweigerlich sich Verdis Ohr dem dämonischen, die Situation unzweideutig erraffenden Phantasiemenschen verbündet. Die Instrumente singen mit den Menschen mit, während sie sie weitertreiben. Die Rollen sind noch genauer verteilt als bisher, aber die Zeichnung ist nur verzweigter, nicht polyphon, und die Macht des Dreiklangs behauptet sich sehr klar in den Tremoli, in akkordischen Triolen, die selbst heute noch nicht geschwunden sind, wenn sie auch nie aufdringlich, immer Diener des Ausdrucks sind. Und es fehlen nicht die melodischen Verstärkungen. Bei alledem welche Entwicklung des Motivischen! Das schon hervorgehobene, drängende e-moll-Motiv, Rückerinnerung an „Nabucco" und durch die aufstrebenden Bässe noch sicherer gekennzeichnet, begleitet als Charaktermotiv Amneris in mehreren rhythmischen und klanglichen Verwandlungen, es sagt die Kraft der Instinkte in dieser Königstochter aus, ihre Wildheit, Unbeherrschtheit, Haßfähigkeit; aber sie ist auch von ihrer milderen Seite gefaßt: ihr wird zwar in einer gekrümmten Geigenmelodie Hinterhältigkeit vorgeworfen, aber doch auch das erste königliche Liebesthema als Gesang der Klarinette vorausgeschickt.

Die beiden Frauen vor allem sollen als Charaktere umrissen sein; durch Leidenschaft werden sie getragen, getrennt, gegeneinander geführt. Radamès bleibt der Kriegsheld, durch die Trompeten in C angekündigt, durch die große B-dur-Romanze gleich zu

Beginn ausgezeichnet; er lenkt in der Weiheszene mit feierlicher, einfallender, antwortender Melodie priesterliche Starrheit ins Menschliche; wird im zweiten Akt-Finale zu einem Gott erhöht, im dritten in den schweren Kampf mit sich selbst, auch zu dem großen, schwunghaften Unisono mit Aida getrieben; und wächst im vierten zum Märtyrer. Sein wahres Leben erhält er durch die Frau: durch Aida, die ihm gehört, durch Amneris, die ihn begehrt.

Die tiefgreifende Menschlichkeit dieser beiden, Aida und Amneris, findet in den Stimmen wie im Orchester ihren bewegenden Mitklang, Das Leben aller liebenden Frauen pulsiert in ihnen. Das Forschen der Amneris nach der Wahrheit, das Ausweichen der Sklavin: nun, der Verstand des Zuschauers mag sich gegen diese Seelenforschung wehren, das naive Gefühl des Zuhörers sagt ja. Soweit als möglich wird auf dem Wege von e-moll über E-dur nach e-moll zurück Charakter gegen Charakter, ein Seelenzustand gegen den andern gestellt. Aber ganz offenbart sich das innere Leben der Aida erst in dem großen musikalischen Selbstgespräch des ersten Aktes: der Zwiespalt einer liebenden Frau hat sich nie rührender ausgesprochen. Das erregte Rezitativ, das auflodernde „struggete", dann die Mahnung der B-dur-Klarinette an Radamès, die zugleich eine Abwendung von der Pflicht zum Instinkt ist; die Zerrissenheit in as-moll: „vorrei morir"; endlich die himmlische Ergebung und Erhebung „Numi, pietà" in dem romantischen As-dur, das zum ersten Male also gesättigt bei Verdi, obwohl in der Hülle der Geigentremoli, auftaucht; und das Verhauchen dieser menschlichen Klage: dies ist aus dem Leben der Seele, dem Akzent wirksamer, schlagwortartig zugespitzter Rede geschöpft und doch so ganz Melodie geworden. Es ist, als ob die Worte „morir" und „soffrir" alles ringsum mit Ausdruck und Schönheit durchströmt hätten.

Das Zusammentreffen, Zusammenprallen der beiden Frauen, im zweiten Akt das Spiel der Amneris, die, den Widerhall des Wortes „amore" in Aida beobachtend, den Fall des Radamès vorschützt, um das offenste Liebesbekenntnis der Sklavin hervorzurufen; ihr „Trema", das dem „Vive" ihrer Feindin entgegentönt; dieser Zusammenprall, das Herrschergefühl der Amneris, die Gebrochenheit Aidas und die unmittelbar darauf folgende glänzende Bestätigung des Verhältnisses der Herrin zur Slavin durch das Finale: Vorklang der

dramatischen Ausdrucksfähigkeit, die im dritten Akt erreicht wird.
   Wieder tritt Aida auf: aus einem theatralischen Abwechslungsbedürfnis heraus, als das von Heimweh erfüllte Kind ihres Landes: melancholische Umrahmung durch Oboen- und Klarinettentriolen „Patria mia, mai ti rivedrò". Wir sind im Bereich des „Trovatore". Das „Rivedrai le foreste imbalsamate" in Des-dur des Amonasro, eine jener Kantilenen, die ein italienisches Publikum aufjubeln machen, hebt das Idyllische zum Dionysischen empor. Um so stärker wirkt die Aussprache Amonasros mit Aida, die Raserei des Vaters gegen die Tochter, die Beschwörung aller Mittel, um die selbstlos Leidende in eine selbstsüchtig Handelnde zu verwandeln. Der Übergang von der Arie zum erregtesten dramatischen Rezitativ kann nicht plötzlicher sein. Die rasende Chromatik, die Amonasro begleitet, die stockende Atemlosigkeit Aidas, das wie ihr Herz pochende pppp, das monomanisch durch die Szene geht: ein Ergebnis fiebernden Schaffens, das einen Willen zu logischer Verknüpfung hinreißend ausspricht. Auch wie Radamès, mit leisen Paukenschlägen des Orchesters, herannaht, sein sieghaftes Thema entfaltet, das Mißtrauen Aidas zu beschwichtigen sucht, das ist ungewöhnliche Kunst des dramatischen Rezitativs. Wie es, um die vielfachen Einwirkungen der Amneris, von der Zärtlichkeit bis zum Zornesausbruch zu bezeichnen, chromatisch in die Höhe schnellt: von stärkster Eindruckskraft. Hörner in C. Radamès will sich dem König zu Füßen werfen. Doch nein: es muß das „Fuggiam" auch dem Helden abgerungen werden. Die Frau, die eben noch sich nach dem äthiopischen Idyll zurückgesehnt hatte, will diese Erfüllung in der Liebe. Geflüstert, sotto voce, soll dieses „Fuggiam" doppelt überreden. Die Begleitmusik des Heimwehs gibt die Oboe. Verzückungen der Liebe sollen gefunden werden. Aber dem Unisono folgt urplötzlich der Schrecken über den ungewollten Verrat des Weges. Die wirre Verlorenheit des Radamès: Numi che dissi — non è vero — non è vero — no, no — non è ver: alle Anregungen Verdis, diese Szene so wirksam wie die vorhergehende zu gestalten, sind fruchtbar geworden, haben auch ihn befruchtet.
   Von nun an wächst Amneris, der reifere Nachklang Azucenas und Ulricas. Diese Rasende, die das Unheil über den Verräter Radamès heraufbeschwört und ihn dem Tod ausliefert, verklärt sich in einer

milden Beleuchtung durch die schwermütige Baßklarinette, die neue Eroberung des sparsamen Verdi, der sie also, wie einst schon das Englischhorn, für den ganz besonderen Anlaß sich vorbehält; und ihr aus den Tiefen strömendes es-moll, das sich, mit einem Strahl von Hoffnung, zum Ges-dur aufschwingt, um in ein fis-moll zu münden: Brücke für Radamès, der das „Salvati, discolpati" zurückweist, den Tod auch will, da er Aida schon in der Heimat und für sich verloren wähnt, und selbst heute, scharf gegen scharf, den Verzicht auf sie nicht erklärt — nun, wir wissen, daß Verdi, der Bizet durch Radamès das Des-dur der Kantilene Don Josés vorsingen läßt, sich neue Wirkungen aufgespart hat; und doch setzt sich das auch für den Zuschauer durch das Mittel der Musik in menschlichen Ausdruck um, und die ganz trovatorehafte Cabaletta nimmt, von der Situation gerechtfertigt, an ihm teil. Amneris hat, wenn die Holzbläser chromatisch den Abgang Radamès' begleiten, unser Herz gewonnen.

Das Kriegerische, das Landschaftliche, das Kultische und die Finaleherrlichkeit dieser Aida-Musik sind noch zu betrachten. Die Weisheit in der gegensätzlichen Verteilung ihrer Mittel lebt auch in diesem Orchester. Das Kriegerische hatte Verdi schon vom Beginn seiner langen Laufbahn erprobt; heute ist es mit dem vollen Bewußtsein des Künstlers durchgeführt, der entschlossen ist, das Gewöhnliche auch im Ausdruck der Kraft zu meiden. Von dem Ruf „guerra" an, der Fagotte und Celli punktiert aufsteigen, die Geigen rasen läßt, Flöten, Piccoloflöten, Oboen, Klarinetten mit sich reißt — von diesem ungewitterhaft da und dort aufzuckenden Ruf „guerra" an ist die Situation mit durchdringender Bildhaftigkeit gefaßt. Aller Glanz, der sich in Des-dur auf den zum Führer ausgerufenen Radamès häuft; die Festlichkeit des Marsches, der, vom König beherrscht, die dem Marsch drohenden Fährnisse der Gemeinplätzlichkeit vermeidet, in der Umrahmung wächst und wächst, das Schicksal der Aida einhüllt und wiederum in das Kriegerische mündet: das ist Vorbereitung für das grandiose Es-dur-Finale, in dem das volle Orchester, der Chor mit allem Aufwand den Sieger feiert, während die Priester litaneihaft den Göttern danken, eine Wiedererweckung geschieht, Gnade für Recht erfleht wird, zwischen dem starren Ramphis und dem menschlichen Radamès gegensätzliches Empfinden für das Los der Gefangenen aufeinanderstößt. Dieses Finale im Glanz des Aufputzes, im Gegensatz der Bläsergruppen, im Zusammenklang dreier Themen ist eine Erneuerung der großen Oper aus dem Geiste eines zur Reife gelangten Künstlers.

Dieser hatte auch hier gerade der Feierlichkeit des Isiskultes Raum gelassen. Wie der wiederum seelischer Ausdruck wird und ins Landschaftliche sich auflöst, war ja schon im Ausklang des ersten Aktes, in der Weiheszene und im Beginn des zweiten, in Amneris Wohnung, klar geworden. Immer werden da die zarten Register zum Erklingen gebracht, Harfen und Holzbläser sprechen, das Schlagzeug gibt erst noch seine leise Musik dazu, Chöre und Tänze nehmen zwar die orientalischen Intervalle an, aber es ist Feinheit und Empfindung in ihrer Folge, und das Pathos bewegt sich auf menschlichem Untergrund; nichts von gallischem Spiel mit dem Orient. Tempel, Säulenhallen, Lichtdämpfung, Weihrauchduft haben ihre musikalische Erfüllung in der Sparsamkeit des Orchesters gefunden. Und die bestirnte Landschaft des Nils, mit Palmbäumen und dem Isistempel, wird Klang durch leere Oktavenschritte der Sordinogeigen, durch Quintengänge der Flöten, durch den Wechsel zwischen kleiner und großer Terz: auch hier wieder fühlen wir, wie solche zwingende Sparsamkeit im Ausdruck landschaftlicher Stimmung in dem späteren Stimmungskünstler Puccini anklingt.

Die Weisheit des Künstlers, das Blut des Theatralikers, die Sehnsucht des Menschen haben ihr Ziel im vierten Finale, wo Kult und Menschlichkeit sich auch im Orchesterklang verknüpfen. Verdi hatte recht: seit dem „Trovatore"-Gericht hatte er nichts Ähnliches geschaffen.

*　　*

*

Die Vorbereitungen zu dem Ereignis waren auf allen Seiten lebhaft. Daß Verdi nicht nach Kairo gehen würde, stand von vornherein fest. Er fürchtete die Seekrankheit. Darum mußte für die würdigste Aufführung vorgesorgt werden. Der Intendant des Khediven, Draneth Bey, in Italien auf der Suche, wollte dem Maestro in allem zu Willen sein; doch war mit den Forderungen der Sänger zu rechnen, die der Kasse Starkes zumuteten. Verdi wollte nicht mit sich spaßen lassen. Für die Amneris, wie er sie verstand, brauchte man „eine Künstlerin von hochdramatischer Empfindung und Bühnenerfahrung". Was nur vollendeter Gesang war, konnte ihm nicht genügen. Diese Mezzosopranpartie für die Altistin Grossi zu transponieren, schien ihm unkünstlerisch, da er ja in der Wahl der Tonart mit vollem Bedacht vorgegangen war.

Als Dirigent war der allererste zu gewinnen: also Angelo Mariani. Aber dieser hatte sich nun von Verdi abgewandt und wollte für „Aida" nicht mehr einstehen. Verdis Schüler Muzio konnte solche Verantwortung nicht tragen. Blieb Giovanni Bottesini, von Hause aus Kontrabassist, Verdi freundschaftlich ergeben und bereit, alle nur mögliche Sorgfalt an das Werk zu wenden. Diesem legt er ans Herz, ihm genaueste und fortlaufende Nachricht über die Wirkung der Musik bei den Proben zu geben. Er hat in der Stretta des Duetts zwischen den beiden Frauen im zweiten Akt etwas abgeändert, weil sie ihm zu gewöhnlich schien. Weiter beschäftigt ihn der Gedanke, ob die Wirkung des letzten Duetts der Sterbenden seinen Erwartungen entspreche. Es handelt sich, schärft er ihm ein, nur um den „effetto", nicht um den Wert des Stückes, über den er sich ja klar war. Das war bei den Orchesterproben festzustellen; und der Eindruck nach der ersten Aufführung mitzuteilen.

Diese also fand endlich am 24. Dezember 1871 statt. Die Presse hatte einige Hauptvertreter entsandt; außer dem Pariser Ernest Reyer auch den Dr. Filippo Filippi aus Mailand, den Verdi kannte und schätzte. Gerade darum scheut er sich nicht, ihm zu sagen, daß er für diese Reklame durch Entsendung von Pressevertretern zu der Premiere einer Oper kein Verständnis habe und sich nach der Zeit zurücksehne, wo er, ganz ohne äußerlichen Apparat, nur durch das Werk den Kampf mit dem Publikum aufnahm. Das konnte nun allerdings den Dr. Filippi von der Reise nicht zurückhalten. Es war ja für den Schriftsteller in der Tat nicht ohne Reiz zu beobachten, wie diese in das alte Ägypten zurückgreifende Oper auf dem Schauplatz Ägypten wirkte; und auch Zeuge des Triumphes italienischer Kunst zu sein.

Die Ungeduld, der Zudrang waren groß gewesen. Die Generalprobe dauerte bis spät in die Nacht, denn die „mise en scène" hatte doch Ungewohntes gefordert. Aber der Wille des Vizekönigs war schließlich für die Festsetzung des Datums entscheidend gewesen. Malerisch der Zuschauerraum, malerisch die Bühne. Die langen Trompeten wurden von 4 Arabern geblasen. Die banda war auch aus Eingeborenen zusammengesetzt. Im zweiten Finale drängten sich 300 Menschen auf der zu kleinen Bühne. Daß hier nicht alles in der Partitur Niedergelegte sich erfüllte, versteht sich. Die Aufführung mit der Grossi als Amneris, der Pozzoni als Aida, Mongini als Radamès, Steller als Amonasro, Medini, dem Fürsten der Bassisten, als Ramfis war doch glänzend genug und wurde mit Begeisterung aufgenommen. Verdi sprach Bottesini, der ihm den Erfolg telegraphierte, seinen Dank aus; auch für manche Bemerkung, die er nutzen wollte.

* * *

Aber schon rüstet man sich auch an der Scala zur Darstellung des Werkes. Für die Leitung ist Franco Faccio ausersehen, der auch im Salon der Gräfin Maffei aufgetaucht ist. Aber alle Entscheidungen sollen von Verdi selbst kommen, der nichts Halbes zu dulden braucht und entschlossen ist, gerade jetzt, anders als bei der „Forza del Destino", seine künstlerischen Absichten verwirklicht zu sehen. Alle seine in der Welt des Theaters gesammelten Erfahrungen und die in langer Laufbahn gefundenen Ergebnisse sollen hier genützt werden. So handelt künstlerische Vollreife.

„Wenn ich von guten ausführenden Kräften spreche, meine ich nicht nur die Gesellschaft der Sänger, sondern die Orchester- und Chormassen, die Kostüme, das Szenarium, die Ausstattung, die theatralische Bewegung und die Feinheit des Kolorits." Daher verlangt er für das Orchester 14 erste, 12 zweite Geigen, 12 Bratschen, 12 Celli, 12 Kontrabässe, 1 Piccoloflöte, 2 Flöten, 2 Oboen, 2 Klarinetten, 2 Fagotte, 2 Trompeten, 4 Hörner, 2 Harfen und Schlagzeug; fordert eine andere Aufstellung des Orchesters, zumal heute die Kontrabässe eine Art Mauer darstellen und den Blick auf die Bühne behindern. Auch für den Chor will er eine bestimmte Zusammensetzung. Die neue Aufstellung des Orchesters soll die Verschmelzung des Gesamtklanges fördern, und dieser soll voll, rund und ohne Trompetengeschrei sein. Damit sollen andere zukünftige Neuerungen vorbereitet werden: die Entfernung der Zuschauerlogen von der Bühnenseite, indem man den Vorhang an die Rampe bringt, weiter: das unsichtbare Orchester. „Das ist," sagt er, „nicht meine Idee, sondern die Wagners; sie ist ausgezeichnet. — Es erscheint kaum möglich, daß man heutzutage es noch erträgt, unseren armseligen Frack und die weißen Krawatten zugleich mit ägyptischen, assyrischen, druidischen Kostümen usw. usw. zu sehen; und, außerdem, die Orchestermasse, die ein Teil der eingebildeten Welt ist, sozusagen inmitten des Parketts zwischen der Welt der Pfeifenden und Klatschenden. Es wäre noch hinzuzufügen, wie peinlich ist es, die Köpfe der Harfen, die Stile der Kontrabässe und das Herumfuchteln des Dirigenten zu sehen." Was Verdi will und nach Besichtigung der Scala mit den entscheidenden Herren der Kommission und dem Baumeister in einem Brief an den Bürgermeister von Mailand vorschlägt: Senkung des Parterres und des Orchesters, Höherlegung der Bühne, damit Hörspiel und Schauspiel sich ohne Hemmung vollziehen kann, läßt sich nicht ohne Rest verwirklichen.

Und nun wieder die Amneris! Sie muß „den Teufel im Leibe haben". Wie wär's mit Maria Waldmann? Sie ist noch unerfahren, aber jung, „und wenn Stimme und Empfindung da sind, bin ich immer für die Jungen: man macht immer daraus, was man will". Was aus der Waldmann, einer geborenen Deutschen, zu machen war, erwies die Erstaufführung der „Aida" in der Scala am 8. Februar 1872. Sie muß wirklich den Teufel im Leibe gehabt haben, dazu den Klang, ihm Aussprache zu verschaffen: sie wurde die vollkommenste Amneris, weil sie unter den Augen des Maestro in sie hineingewachsen war, Rezitativ und Kantabile mit abgestuftem Ausdruck erfüllte; groß im vierten Akt. Ihr zur Seite Teresa Stolz: eine Aida, die im dritten Akt durch die Kunst ihres Gesanges hinriß. Dann der stimmgewaltige Nur-Tenor Giuseppe Fancelli und eine Schar von mittleren Kräften: so daß die Frauen den starken Eindruck bestimmten. Das geschah, nachdem der allzu sachliche Verdi wegen seiner Forderungen mit allen Beteiligten im Kampf gelegen hatte. Wie ein wildes Tier wurde der Meister gefürchtet. Er wagte es ja, die Scala nicht für das erste Theater der Welt zu halten.

Nicht nur Mailand, das ganze Oberitalien soll die erneuernden Wirkungen der „Aida" spüren. Der Wiederaufstieg des italienischen Theaters soll von ihr den Ausgang nehmen. Von Neapel, ja von Rom verspricht er sich zunächst wenig. Dort versteht man ja gar nicht, was er will. Dort lebt kein Trieb zur Erneuerung; man kennt nur Stimmen, ahnt nichts von dem zu erfüllenden Bühnenideal. Aber in Brescia, Padua, Parma wird Verdis Wille zur Tat. Nicht immer kann, will er dabei sein. Franco Faccio wird ihm in der Durchsetzung der künstlerischen Absichten Sachwalter. „Die Menschen," sagt Verdi, „auch die schurkischesten, achten am Ende immer ein tatkräftiges Handeln, wenn es gerecht ist." Verdi hat in Mailand und in Parma selbst tätig eingegriffen; hatte nach Padua wenigstens die Choristen von Parma, denselben Bühnenmaler, Maschinisten geschickt, für gleiche Ausstattung und Kostümierung gesorgt und sich über alles von A bis Z auf dem Laufenden erhalten. Man sparte nicht mit Dank. In Brescia und in Mailand ist so auch die „Forza del Destino" auf die Beine gebracht worden. Und nun hat er doch auf Neapel angebissen. Zu seinem großen Ärger: „Welcher Teufel hat mich dazu veranlaßt, mir nochmals mit den Dingen des Theaters den Kopf zu verdrehen. Ich, der ich seit manchen Jahren das glückliche Leben eines Bauern genoß. Nun tanze ich und muß weiter tanzen, und ich versichere Ihnen, daß man hier ganz nett tanzt. Ich wußte von der Unordnung, die in diesem Theater herrscht, aber weder ich noch andere konnten ihre ganze Größe ermessen. Die Unwissenheit, Trägheit, Gleichgültigkeit, Unordnung, Lässigkeit in allem und jedem sind unbeschreiblich. Es ist nicht zu glauben: ich muß fast lachen, wenn ich mit ausgeruhtem Geiste an alle Mühe denke, die ich mir gebe, an alle Aufregungen, die ich durchmache, an meine Hartnäckigkeit, um jeden Preis zu wollen und zu wollen. Es kommt mir vor, als ob alle mich anschauen, lachen und sagen: ist der Kerl verrückt?" Aber das scheinbar Unmögliche wurde möglich: auch Neapel fügte sich Verdis eisernem Willen, und die Aufführung der „Aida" wurde ein begeisterter Erfolg, ganz ohne Wenn und Aber von Zukunftsmusikern oder theaterfremden Romantikern. Dem Bürgermeister wird gedankt und darauf hingewiesen, daß alle Bemühungen nicht ihm selbst und seinem Werk, sondern der Erneuerung des italienischen Theaters dienen sollten.

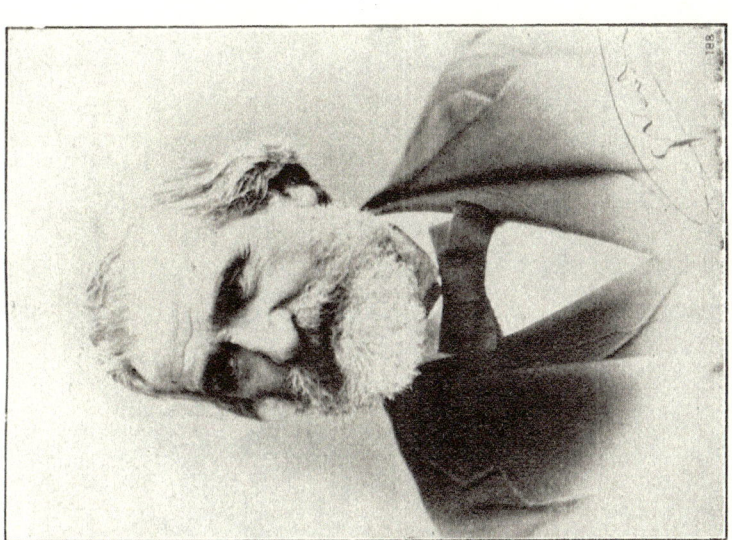
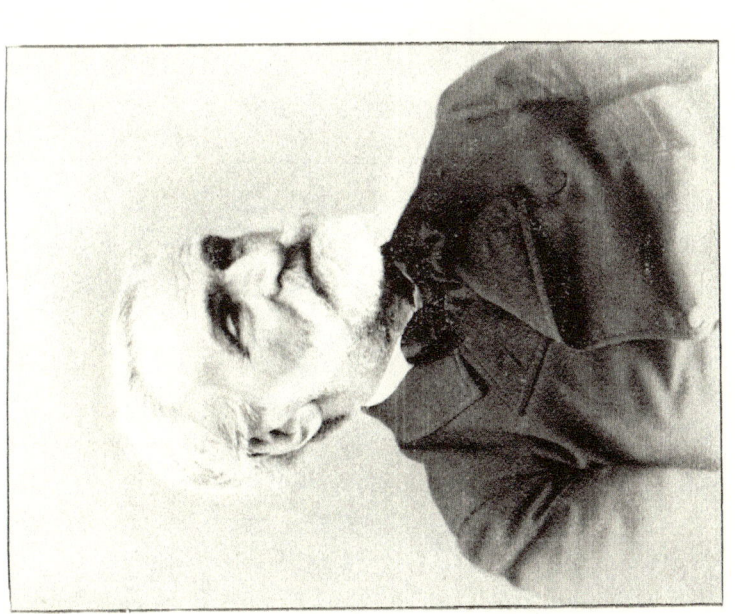

VERDI
Nach Photographien aus den letzten Lebensjahren

Busseto 21 Juin 1895

Monsieur !

Jamais, jamais je n'écrirai mes Mémoires !

C'est bien assez pour le monde musical d'avoir supporté pour si longtemps mes notes !... Jamais je le condamnerai à lire ma prose ! ...

En vous remerciant pour les aimables expressions de votre lettre, et de l'offre que vous me faites, agréez, Monsieur, mes sincères compliments

G Verdi

EIN BRIEF VERDIS (1895)

Noch andere Theater begehrten ihn, aber nun wollte Verdi sich der Neugier des Publikums nicht mehr aussetzen.

Und das Ergebnis von alledem? Öffentlicher Dank blieb aus; ihm wurde, sagte er später bei der Ehrung Massenets in Mailand lächelnd, nicht einmal ein Glas Wasser angeboten. Der Niederschlag bei den Stimmführern der öffentlichen Meinung war derart, daß Verdi ihn als Demütigung empfand. „Sieh," schreibt er 1873 an Tito Ricordi, „wie ich in diesem ganzen Jahre, in dem ich mir soviel Sorge gemacht, soviel Geld und Mühe verausgabt habe, von der Presse behandelt worden bin!... Dumme Kritiken und noch dümmere Lobeserhebungen; nicht eine erhabene künstlerische Idee; nicht einer, der meine künstlerischen Absichten hervorgehoben hätte...; immer Irrtümer und Torheiten; und im Hintergrunde von alledem etwas merkwürdig Verbissenes gegen mich, als wenn ich ein Verbrechen begangen hätte, indem ich „Aida" schrieb und gut aufführen ließ. Keiner, der schließlich die Tatsache einer ungewohnten Aufführung und mise en scène betont hätte! Keiner, der mir gesagt hätte: Hund, ich danke dir." So spricht er von dem unendlichen Ärger und den künstlerischen Enttäuschungen, die ihm die „Aida" gebracht hat. „Oh, hätte ich sie nie geschrieben oder wenigstens nie veröffentlicht! Wenn sie nach den ersten Vorstellungen in meinem Schreibtisch geblieben wäre und ich sie unter meiner Leitung hätte aufführen lassen, wo und wann es mir gefiel, wäre sie nicht ein Weideplatz für die Bosheit der Neugierigen und für die Zersetzungssucht der Schar von Kritikern und Winkelmaestros gewesen, die von der Musik nur die Grammatik und auch diese nur schlecht kennen. Die Spekulation hätte dabei etwas verloren, aber die Kunst unendlich viel gewonnen."

Man sieht den Grad der Verbitterung Verdis, und man begreift ihn. Alles wurde nun unter dem Gesichtswinkel der Zukunftsmusik betrachtet, und auch wo es nicht geschah, ließ die Achtung vor dem Künstler zu wünschen. Eduard Hanslick in Wien, Wagnertöter, hat nichtsdestoweniger die Erscheinung Verdis, deren Ungewöhnlichkeit er nicht verkannte, doch von Anfang an mit rohem Spott begleitet, der dem Unterhaltungsbedürfnis seines großen Leserkreises entsprach; und erst um 1870 herum die Wendung zu ihm genommen.

Dabei ist zu sagen, daß Verdi, selbst ein Fanatiker der Unabhängigkeit, diese auch in der Kritik aufs allerhöchste schätzte, auch die ihm abträgliche Meinung ohne Widerrede ertrug und zum Beispiel alles vermied, um den maßgebenden Dr. Filippi zu seinen Gunsten zu beeinflussen.

Wie immer: des Volkes Stimme hat für „Aida" entschieden. Heut gilt sie ihm als die Krone seiner Schöpfungen. Und sie ist wirklich der allerhöchste Gipfel der italienischen Oper. Die Grenze, hinter der eine Verschiebung des Gleichgewichts der wirkenden Kräfte eintritt. Der Punkt, wo Naivität, Sinnlichkeit, künstlerische Reife sich zur letzten Tat der sincerità verbinden.

Diese unverhüllte, leidenschaftliche Kundgebung des Wahrheitsdranges mußte in die Welt hinausgerufen, konnte nicht als Geheimnis gehütet werden. Die tiefe Menschlichkeit der „Aida", durch wirksamstes Theater ausgesprochen, mußte die Menschen glücklicher machen. Dies ist ihr Werk.

KIRCHEN- UND KAMMERMUSIK

Ein Zwischenfall der „Aida" in Neapel.

Verdi war nun glücklich so weit, daß die Aufführung nach seinen Wünschen von statten gehen konnte. Da erkrankte Signora Teresa Stolz, die Aida. Der Maestro hatte manchen Ärger geschluckt und überwunden; nun langweilte er sich. Aus dieser Langeweile wurde sein einziges Kammermusikwerk, das e-moll-Streichquartett, und Verdi ließ es von einigen dort ansässigen Künstlern vor wenigen Freunden in seinem Hause aufführen. Es war ein Zeitvertreib gewesen. Er vergaß das Stück. Man erinnerte ihn daran; auch die „Società del Quartetto" in Mailand wollte es hervorholen. Verdi wiederum wollte es nicht hergeben. Aber das Quartett eines solchen Künstlers konnte, durfte nicht Privatangelegenheit bleiben. Man führte es auf, und nicht nur in Italien. Von London kam der Vorschlag, die vier auf zwanzig Stimmen zu vermehren. Verdi selbst glaubt, daß es, von 80 Musikern gespielt, gut wirken müßte; denn einzelnes in dem Quartett sei mehr auf einen üppigen Vollklang als auf den dünnen Klang einer Geige berechnet. Nun hatte sich Verdi für diese Frucht der Langeweile so erwärmt, daß er es am liebsten selbst dirigiert hätte.

Das alles ist kennzeichnend. Kennzeichnend, wie er es schrieb, wie es ihm unter den Händen über die Kammermusik hinauswuchs, und wie es ihm selbst näher trat; aber erst dann, als es ihm seine Zugehörigkeit zu einer andern Welt als zu der des Streichquartetts offenbart hatte.

Es ist, als hätte Verdi sein e-moll-Quartett mit solchem Klangbild gegen seinen Willen geschrieben. Er will nicht, daß man es gegen ihn ausnütze. Es scheint ihm wie Verleugnung der eigenen Art, der italienischen und der Verdis.

Verdi ist im Urwesen antigermanisch. Kammermusik aber dünkt ihn etwas Germanisches. Er weiß wohl, daß die Kammermusik der deutschen Klassiker ihre Wurzeln, die der Form, in italienischem Erdreich hatte, fühlt aber auch, wie sie sich bei Beethoven in ihrer metaphysischen Richtung vom Urboden entfernt hat; empfindet, wie dies, in der Sinfonie konzertmäßiger Ausdruck geworden, auch das Wesen der Oper verändert. Nun droht das, in der Gipfelung durch Wagner, übermächtig und auch dem von ihm zur Höhe geführten italienischen Operntyp gefährlich zu werden. Das Streichquartett scheint ihm die Wurzel alles Übels. „Wir alle", schreibt er, „tragen, ohne es zu wollen, zum Untergang dieses unseres Theaters bei. Vielleicht bin ich, bist du usw. usw. gleich schuld daran. Und wenn ich Dinge aussprechen würde, die unsinnig scheinen, würde ich dir sagen, daß die erste Ursache in Italien die Quartettgesellschaften sind." Man wollte ihn einmal zum Präsidenten einer solchen Gesellschaft machen; er lehnte ab. Er will, daß man Vokalquartettgesellschaften gründet. Das wäre italienische Kunst. Ein solches Quartett hätte Palestrina, Marcello wieder lebendig gemacht, damit aber den Gesang, dessen Ausdruck die Oper ist. „Jetzt streben alle danach, zu instrumentieren, zu harmonisieren. Das Alpha und Omega: die neunte Sinfonie von Beethoven (erhaben in den drei ersten Sätzen; ganz schlecht in der Gestaltung des letzten Satzes). Sie werden niemals zur Höhe des ersten Teils gelangen; werden leicht die durchaus schlechte Einrichtung der Gesangspartie im letzten Satz nachahmen, und, auf das Ansehen Beethovens gestützt, wird man rufen: so ist's recht. . . . Die Kunst ist universell, niemand glaubt es mehr als ich; aber es sind doch die Individuen, die sie ausüben; und da die Deutschen andere Ausdrucksmittel als wir haben, steckt auch etwas anderes innen." Die natürliche Sicherheit des Instinkts, die ein sonnenklares, strahlendes Schaffen hervorbringt, zu verleugnen, scheint ihm sinnlos.

Es wird sich zeigen, wie nahe Verdi in seiner Sonnenklarheit doch bis an den deutschen Nachbarn heranrücken soll. Er hätte ja das Wesen Beethovenschen Geistes auch im ersten Satz der „Neunten" ohne eine innere Verwandtschaft mit ihm nicht verspüren können.

Nun in den bescheidenen Wirkungsbereich des e-moll-Streichquartetts zurücktretend, werden wir freilich die unmittelbare Nähe der Oper empfinden: ja schon die ersten Noten stammen aus der Gefühlswelt der „Aida", sie sind menschlichstes Ausdrucksmotiv. Und wirklich wird das Quartett, auch wo es sich in den Stimmen verzweigt, den Möglichkeiten der Menschenstimme nicht ganz untreu. Der sinnliche Klang lenkt diese Musik, und Verdis wunderbares Ohr bleibt Schiedsrichter der Stimmführung und der Schattierung. Und doch ist ja schon die Form dieses Quartetts ganz natürlich aus einem kammermusikalischen Bedürfnis, aus einer Sehnsucht über das Körperliche hinaus erwachsen. So einfach die Verhältnisse sind, so klar gegen das e-moll das G-dur steht; so unproblematisch die Durchführung anmutet, auch aus ihr spricht derselbe Trieb zu einem Höheren; ein Ethos, das die Leidenschaft zur Linie zwingt. Aus kontrastreichem, mehrstimmigem Spiel wird der Weg zum E-dur gewonnen, strahlende Sonne nach den wechselnden Schatten des e-moll, und das drängende Tempo Verdis ist in den imitierenden Gängen zu erkennen. Eine leise Sehnsucht lebt im Andantino, das in der Wendung nach a-moll die Schwermut des Maestro bekennt, in Ges-dur freudig wird, in fis-moll die Tatkraft zu stakkatierten Sechzehnteln findet und nun, leidenschaftlich und anmutig zugleich, zu der sehnsüchtigen Eleganz des Anfangs zurücklenkt: ein Andantino voll innerer Unruhe des Opernmenschen, dem die aufschwingende Arie im Blute gärt. Das Prestissimo des dritten Satzes hat das ganze Brio Verdis; und die Schlußfuge ist sein Meisterstück. Nur wer den polyphonen Stil, Rückerinnerung an die Lehrjahre, so schöpferisch durchlebt, ihn mit veredelter Sinnlichkeit zu eigenem Ausdruck entwickelt, wie er ihn im Sinne der Situation durch seine Opern geführt hat, kann einmal zum Falstaff gelangen. Mit diesem fugierten Scherzo schließt das Nebenwerk: in seiner freien Haltung durchaus ein Bekenntnis des Maestro gegen die Schule; ein lebendiges Stück.

* * *

Der Tod, der Tod, dieses ewige Erlebnis Verdis, rief den Maestro auf, ihn feierlich zu beschwören. Schon einmal, beim Tode Rossinis, 1868, hatte er ja den Gedanken einer Messe angeregt und sich als letzter in der Reihe der italienischen maestri an ihr beteiligt. Der Eigennutz des Impresario Scalaberni, der seinen Chor, sein Orchester und die Sänger hierfür nicht freigeben wollte, um ihre Aufführung in Bologna zu ermöglichen, die Empfindlichkeit des Dirigenten Angelo Mariani, der als Komponist in ihr nicht vertreten war, die Gleichgültigkeit der Behörden hatten diese Huldigung an den großen Toten vereitelt. Denn das Werk hatte ein Monument sein sollen; für den Mangel an Einheitlichkeit sollte die historische Tatsache einer gemeinsamen Verneigung der ersten Musiker vor dem Meister Rossini entschädigen; die Aufführung selbst war als gewaltige Feierlichkeit, ganz ohne den Charakter eines Konzerts, gedacht; die Handschrift sollte darauf versiegelt und nicht mehr oder nur bei ähnlichem Anlaß verwertet werden. Für eine solche Ehrung großen Stils also hatte Verdi in Italien nicht Verständnis gefunden. Eine starke Enttäuschung war bei ihm, dem Italiener, geblieben. Geblieben aber war auch das letzte Stück dieser Messe, das „Libera me" als Erinnerung. Sollte es nur Erinnerung sein? Sollte es ganz vergessen werden? Der Freund und Maestro Mazzucato in Mailand sieht und liest die Messe bei Ricordi, und ist, als er beim letzten Teil anlangt, ganz ergriffen; so schön, so groß, so unerhört poesievoll erscheint ihm diese Eingebung Verdis. Es tut Verdi wohl, dieses „Libera me" bei einem von ihm sehr geschätzten Musiker so anklingen zu hören. . . . „Diese Ihre Worte hätten beinahe in mir den Wunsch entstehen lassen, später einmal, die ganze Messe zu schreiben; um so mehr, als ich, bei einiger ausführlicherer Entwicklung, das Requiem und das Dies irae schon fertig hätte, deren endlicher Nachhall ja in dem bereits komponierten „Libera me" zu finden ist. Bedenken Sie also, und zwar mit Gewissensbissen, welche beklagenswerten Folgen diese Ihre Lobesworte haben könnten! — Aber seien Sie ruhig: das ist eine Versuchung, die wie so viele andere vorübergehen wird."

Sie ging nicht vorüber. Es kam die Stunde, da ein innerer Zwang ihn zur Messe zurückführte: Der Tod des von ihm in tiefster Demut verehrten Manzoni wurde sein erfolgreicher Versucher. 1868 hatte Verdi ihn kennengelernt. „ . . . Was könnte ich Ihnen", schreibt er der Freundin Clara Maffei, „von Manzoni sagen? Wie Ihnen die wohlige, unerklärbare, neue Empfindung erklären, die in mir die Anwesenheit dieses Heiligen, wie Sie ihn nennen, hervorrief? Ich wäre vor ihm niedergekniet, wenn man die Menschen anbeten könnte . . . Wenn Sie ihn sehen, küssen Sie ihm die Hand für mich, und sprechen Sie ihm meine ganze Verehrung aus." Manzoni erwiderte, in gehaltenerem Ton, die Zeichen der Hochachtung. Es kam die hoffnungslose Krankheit des 88jährigen. „Sagen Sie es niemandem, aber diesmal weine ich." Und, am 22. Mai 1873, sein Tod: „Jetzt ist alles zu Ende! Und mit ihm endet der reinste, der heiligste, der höchste unserer Ruhmestitel. Viele Zeitungen habe ich gelesen. Keine spricht von ihm nach Gebühr. Viele Worte, doch keine innerlich empfundenen! Es fehlen sogar die Sticheleien nicht. Selbst gegen ihn! ... Was sind wir doch für ein böses Geschlecht!" Manzonis Begräbnis beizuwohnen, hat er nicht das Herz. Am 3. Juni stand Verdi auf dem Friedhof in Mailand, allein, in tiefer Ergriffenheit, an dem vorläufigen Grade Manzonis. Niemand sollte es wissen. Aber in dieser Stunde, in diesen Tagen reifte sein Entschluß, den großen Italiener in seiner Sprache öffentlich zu ehren, und wurde dem Sindaco von Mailand mitgeteilt: eine Messe sollte zum Jahrestag des Todes werden, und ihre Aufführung des Anlasses würdig sein. Aus dem „Libera me" der gemeinsamen Messe für Rossini wurde durch neuen Impuls das Werk des einen Verdi für Manzoni.

*　*　*

Manzoni war aus einem Atheisten gläubig geworden; es ist anzunehmen, daß auch Verdi, der Meister körperlicher, sinnlicher Musik wachsend innerlich für die Komposition der Messe gereift war. Dogmengläubig war er gewiß nie. Die streng katholische Giuseppina, der in Sant' Agatà eine Kapelle gebaut war, hatte ja oft genug über die Ungläubigkeit ihres Verdi geklagt. Seine Verschlossenheit gestattete ihm nicht die Aussprache über diesen Punkt. So sinnlich seine Kunst auch war, so sehr sie den „effetto" in der Verfeinerung durch menschlichsten Ausdruck wollte, es thronte über ihr die Idee der Vollkommenheit. Sie hatte etwas Religiöses. Verdi, der den beamteten Vertretern der Kirche, den Priestern, fernstand, wohl weil sie seiner Wahrhaftigkeit widersprachen, war doch offenbar, mit fortschreitender künstlerischer Reife, auch für den Ausdruck des Menschlichen innerhalb der kirchlichen Liturgie gewachsen. Gewandelt hatte sich in ihm nichts, nur geklärt. Seine Wildheit war gedämpft, die Leidenschaft noch heiß genug. Die Bildhaftigkeit der katholischen Anschauung, die am Körperlichen, Sinnlichen haftete, war auch die seiner eigenen Kunst. Der Tod hatte ihm überdies an so vielen Beispielen seine Verheerungen gezeigt, und er selbst rückte ihm immer näher. Noch heute war Verdi undogmatisch, aber sein tiefes Ethos hatte sich an dem Geheimnis des Lebens gereinigt, der Künstler war gerüstet, nun auch auf das für ihn Furchtbarste die Erfahrungen des Opernkomponisten anzuwenden, der doch von Palestrina herkam. Die Schrecken des Jüngsten Gerichtes darzustellen reizte ihn. Es hieß ja, sie damit bannen. Und der Maestro, der schon früh in Busseto für die Kirche geschrieben hatte, dieser dem reinsten Vokalsatz ergebene Musiker verband sich dem Aidakomponisten, um geläuterte Kunst an den Messeworten zu bewähren. Noch immer stand er mit beiden Füßen fest auf der Erde. Noch drängte die Leidenschaftlichkeit des Opernmenschen stärker, als es sonst in dieser Gattung geschah. Nichts Bachsches lebt in Verdi, der doch so demütig sein konnte, aber auch nichts Beethovensches, Zerrissenes. Alles Zwiespältige ist ausgeschieden. Aber die Wahrheit der zeugenden Empfindung, die Beschwörung des Todes durch lebendigste Kunst von Verdischer Farbe gibt dieser Messe auch unter den geistlichen Werken italienischer Meister ihren eigenen Charakter.

Limpidezza, Durchsichtigkeit des Satzes ist wie überall bei Verdi wohltuendes Merkmal auch dieses Werkes. Der Mensch, der Einzelmensch beherrscht dieses Klangbild; die vier Solostimmen, in ihrer sinnlichen Schönheit heraustretend, weisen auf den irdischen Urgrund hin. Alles übrige, Chor und Orchester, so sehr es sich auch entwickeln mag, will dieses Sinnliche noch steigern, das Typische Verdischer Instrumentation mit ihren Verdopplungen, mit ihren Licht- und Schattenwirkungen hilft dazu. Fugierter Stil, der schon den letzten Opernwerken eigentümlich ist, hat natürlich hier besonderen Anlaß, sich zu betätigen. Auch der asketische Kirchenton erscheint, doch innerlich erbebend. Aus alledem ergibt sich die wechselnde Farbigkeit dieser Messemusik, die eine reinere Schwester der Aidamusik ist.

Alles bereitet sich im „Requiem", wie im Vorspiel der Messe vor. Das Requiem-Flüstern, das bittende „dona", die unter „et lux" absteigende Kantabilefigur, die stakkatierten Gänge, die das „Kyrie eleison" begleiten: es ist ein nur selten unterbrochenes Pianissimo voll verhaltener Erregung. Um so gewaltiger der Aufschrei des „Dies irae": die vier gestoßenen Viertel, der vereinigte Sturm, der von G herabrast, der Chor, der dazwischen angstvoll sein Dies irae herausstöhnt; das Echo dieses Rufes pflanzt sich fort; das Partiturbild wändelt sich vor den rezitierten Worten „Quantus tremor": Schauer und Atemlosigkeit im Wechsel zwischen abgerissener Sechzehntelfigur und nachhallender Viertelnote, während B-Klarinette und Fagott leise ihr „Dies irae" singen. In vollem Aufgebot der Trompeten mit absteigender Chromatik ganzer Gruppen das „Tuba mirum": Schrei, Chromatik, Dreiklang haben, im Echo wachsend, allmählich eine Welt in Aufruhr gebracht, die Signale haben alles erweckt. Plötzlich Leere und Zusammensinken, „Mors stupebit". Diese vier Noten, darauf weist Verdi hin, bedeuten mehr, als sie scheinen. Das Gericht soll gehalten werden; aber mild senkt sich bei den Worten „Unde mundus judicetur" die Kantilene herab. Ein wie gehauchtes „Dies irae" des Chores mahnt immer wieder an die Stunde. Auch die mild absteigende Kantilene erscheint als kadenzierender Widerspruch gegen die drohenden Worte. „Nil inultum remanebit". Doch der stockende Atem, angstvolle Erwartung haben den in Opern bis zur Vollendung erprobten Klang Verdis: eben noch haben Aida, Amneris, Radames solche Akzente gefunden. Aus monomanischer Dumpfheit mit dem geflüsterten Leitwort des Chores wachsen noch einmal die melodischen Aufschreie hervor, der Chor steigt in die tieferen Register herab. Das drängende Gebet „Salva me" beginnt die Szene zu beherrschen. Schon Luisa Miller wußte es einst ergreifend zu singen; hier vervielfacht es sich. Die Soli heben sich ab: von den beiden Frauenstimmen, vom Tenor kommt, in zarter Umrahmung, das Gebet, im „Confutatis" des Basses entfaltet es seine größere Tatkraft. Das „Oro supplex" wird durch die Wiederholung zwingender. Nochmals der dramatische Aufschrei des „Dies irae". Aber der Weg wird freigemacht für das rührend-schöne „Lacrymosa" der Solostimme, dem Oboe und Klarinette flehend sich vereinen, und das den Chor und Orchester an sich zieht. „Dona eis requiem". Alles sänftigt sich. In diesem Zeichen versinkt, was so wild begann. Im Offertorium, das seinen kirchlicheren Ton im „Hostias und Preces" zur Erhabenheit führt, wird die Bitte durch das „Quam olim Abrahae" dramatisch, die Mahnung an ein Versprechen scharf und schneidend, aber in den As-dur-Klang getaucht, der im Unisono der Soli „Libera animas", in dem vom Sopran geführten Zierschluß überredenden, wenn auch nicht überzeugenden Zauber gewinnt. „Sanctus und Hosianna" steigen mit vielfachem Echo, zweichörig, jubelnd empor, mit ihnen das „Benedictus", ohne Haltepunkt, nur die Noten verlängern sich; um diese Säulen ranken sich chromatische Gänge. Die beiden unisono bittenden Frauenstimmen locken im „Agnus Dei" alles in ihren Dienst: verführerische Priesterinnen der Kirche, die mit einfach-lieblichem Gesang zwischen C-dur und c-moll neue Gefühlsregionen abschreiten. „Lux aeterna" wirkt heiliger. Und das „Libera me": Hier faßt Verdi den Stimmungsgehalt zusammen, wie es nur der Meister der Finales vermag. Aber hier wirkt nicht mehr äußerer Vorgang, sondern die Seele erlebt inbrünstig den Nachhall alles dessen, was von Verdi einst vorgeahnt, vorgeschaut und nun, in ganzen Messesätzen, durchgeführt worden ist. Aus dem frei gesprochenen Wort des Gebetes strömt dem Solosopran der Ausdruck der Furcht. Seine Schauer werden von der „Dies irae"-Dramatik abgelöst. Aber der Solosopran bleibt Führer und wird Tröster: die kantable Figur des „et lux perpetua", die wiederholte Bitte um Ruhe für die Toten lösen sich in das Gebet, das sie vor sich hinspricht: diese eine Frau ist Fürsprecherin. Die Libera me-Fuge des Chores, ein Wunderwerk des Maestro, läßt auch ihr endlich das Wort: ihr „Libera me" überstrahlt alles. Und nach der inbrünstigen Bitte des ganzen Klangkörpers schließt sie wiederum gebetflüsternd, inbrünstig, über Takt und Melos erhaben: eine Seherin.

* * *

Will dieses Werk die Kirche oder das Theater? Verdi selbst hatte die Kirche delle Grazie empfohlen; man wählte die von San Marco. Dort wurde das Requiem am 22. Mai 1874, unter Leitung Verdis, mit den Aida-Sängerinnen Teresa Stolz und Maria Waldmann, mit Capponi und Maini als Solisten, einem Orchester von 100 Mann und einem Chor von 120 Personen gehört. Aber erst in der Scala fand es den rechten Nachhall der Begeisterung. Da wurde es wie eine Oper empfangen, Dacapos wurden gefordert und gewährt. Maria Waldmann, die sich für die Messe auf Wunsch Verdis von anderen Verpflichtungen gelöst hatte, erhielt von dem Meister ein Extrasolo im „Dies irae" auf die Worte „Liber scriptus". Dann wanderte die Messe an die Pariser „Opéra comique" und fand das gleiche Echo. Sie war für die große Rundfahrt durch Europa reif. Verdi selbst führte sie, immer mit denselben Künstlerinnen, doch mit den Sängern Masini und Medini 1875 nach Paris, London, Wien und wurde schließlich 1876 zu ihrer Leitung im Rahmen des Rheinischen Musikfestes von Hiller nach Köln berufen: die herzliche Aufnahme, die er hier fand, rührte ihn. Man bemühte sich, ihm zu Liebe so italienisch wie möglich zu sein.

Die ruhmreiche Laufbahn des Requiems in Italien, unter so stürmischem Jubel begonnen, scheint beendet. So gefeiert Verdi als Meister der Oper, zumal in der mittleren Periode, ist: dieses Werk, eine Huldigung an den großen Italiener, ist heute dort nur von wenigen gekannt. Um so höher ist es in Deutschland gestiegen. Hier, wo der Betrieb alles Verwertbare ergreift, hat die Aufführung des Verdischen Requiems Feierlichkeit. Man spürt den Atem eines Meisters, der nach Bach, Mozart, Beethoven, Cherubini, Brahms noch einmal das Typische im Geiste der Rasse und doch von innen heraus, bildhaft, wirksam und doch voll echter Empfindung ausspricht.

Hier wird er auch für die künftigen, die letzten „Quattro pezzi sacri" ein williges Ohr finden.

VERDI UND WAGNER

Der Augenblick ist gekommen, da sich diese beiden miteinander messen dürfen. Sie mögen schließlich unvergleichbar sein: irgendwo treffen sie sich doch. Die Zeitgenossen pflegten Verdi gegen Wagner auszuspielen mit dem Fanatismus, der dem Wagnerianer eigentümlich war. Man ist heute gerechter geworden. Die Wagschale Wagners ist etwas gesunken, weil die geistige Verfassung, die seine maßlose Erhöhung begünstigte, zu schwinden beginnt; die Verdis ist gestiegen, weil die Oper nun wieder größere Geltung hat.

Beide sind unbestreitbare Gipfel der musikalischen Bühnenkunst ihres Volkes. Und ihre Gegenüberstellung ist fesselnd, weil sie zugleich die Quellen ihres Schaffens, die grundlegende Verschiedenheit der inneren Anlage beleuchtet. Hier wirkt nicht nur ein Gegensatz der Rasse, die im Falle Wagner keineswegs rein bleibt, sondern ein tiefer Abstand zweier Kulturen, zugleich mit einem zweier Menschlichkeiten.

Der Bauer Verdi steht gegen den Bürger Wagner. Richard Wagner, der Städter, hängt an der bürgerlichen Bildung, mit der er sich von Kindheit an vollsaugt, die er in sich selbst schöpferisch steigert. Und er wächst, dank seiner künstlerischen Erbschaft, in das Theater hinein: es bietet sich ihm sofort in großen Beispielen. Das Theater untergründet seine bürgerliche Bildung, die ein künstlerischer Trieb zur Vielseitigkeit veranlagt und hinführt. Sehr früh also gelangt er durch die Anschauung zu einem reineren Begriff vom Drama. Aber er hat mit der bürgerlichen Kultur, die ihm das Wissen gab, auch die nervöse Anlage geerbt, und der Überempfindlichkeit der Nerven verknüpft sich von selbst die Pose. Dies ist die Eigentümlichkeit des Nervenkünstlers: seine unbegrenzte Ichsucht fordert die wirkungsvollste Selbstinszenierung, diese wiederum die Pose, die künstlerische Werte schaffen kann; aber sie zeigt immer wieder den Hintergrund einer inneren Unwahrhaftigkeit, die sich verschleiern möchte und doch nicht kann. Das Ethos des Künstlers Wagner ist über jeden Zweifel erhaben; er steckt sein Ziel nach den höchsten Geistern ab, kann nicht anders als die Kunst der Philosophie verschwistern; und bleibt doch menschlich wie künstlerisch in der Pose befangen. Man hat ja seit Nietzsche den Schauspieler Wagner als wesentlich betrachtet. Aber das Ungeheuerliche dieser Erscheinung bleibt: die Pose hat den echten Kern einer Leidenschaftlichkeit, die gerade durch ihre szenischen Umhüllungen die Umwelt in ihren Bann zieht. Das durch die Pose Erreichte muß man erkennen; in ihre letzten Heimlichkeiten und Möglichkeiten zugleich hineinleuchten.

Verdi, der Bauer, dem Ideal bürgerlicher Bildung fern, hat die unbedingteste innere Wahrhaftigkeit: die sincerità. Der Mensch und der Künstler Verdi sind eine große Einheit. Die Worte Wagners sind, sobald die eigene Empfindlichkeit berührt wird, Verschleierungen der Wahrheit. Zuweilen geht der Täuschung anderer die Selbsttäuschung voran. Die Ichsucht Wagners lenkt seine Worte. Die höchste sachliche Erkenntnis mischt sich menschlicher Kleinheit. Nachdem er einmal sein großes Ziel aufgestellt hat, haben alle Dinge der Welt ihm zu dienen. Sein Ideal kann ohne Pose nicht bestehen. Diese ist der Urgrund seiner Kunst wie seines Menschentums.

Seltsam genug: Verdi, voll der sincerità, sucht mit tiefstem Ernst nur den „effetto" im Theater der Oper durch menschlichen Ausdruck zu veredeln; Wagner, innerlich unwahrhaftig, der Pose und Selbstinszenierung ergeben, will jenseits des „effetto" das Drama in der Musik vollenden. Der größere Mensch steckt sich scheinbar das kleinere Ziel.

* *
*

Grundverschieden ist darum auch die Intuition der beiden Künstler. Verdi, als Instinktmensch, hat die Unmittelbarkeit des Schauens und Schaffens, die eine Situation und mit ihr den Charakter an den Grenzpunkten fassen kann, aber immer solche Gipfel aus dem Flachland hinausragen läßt. Wagner, mit bürgerlicher Bildung und Weltanschauung belastet, überdies einem anderen Begriff vom Drama verpflichtet, kennt diese Unmittelbarkeit der Intuition nicht; vielmehr: Intuition steht bei ihm am Ende eines höchst verwickelten Vorganges, in dem die Grundkräfte seines Schaffens sich wechselseitig beeinflussen. Nicht immer fließen sie so ganz ineinander, daß nicht eine

Absicht, ein Programm, ein System deutlich erkennbar wäre. Denn Wagner hat sich ja das viel Schwerere zum Ziel gesetzt: nicht nur Grenzpunkte der Situation und des Charakters zu fassen, sondern im Gegenteil: die Szene in langsamem Aufbau psychologisch zu entwickeln, ansteigen und abschwellen zu lassen; dies soll sich in Musik auflösen. Die Quellen einer solchen Musik müssen notwendig getrübt sein. Denn sie hat sich nach den Worten des Textdichters Wagner zu richten.

Man hat gesehen, wie Verdi an seinen Werken mitschuf, indem er die Schlagworte für die theatralische Wirkung vorbereitet. Alles mußte für die Musik bereit liegen, damit der Schaffensvorgang sich mit größter Raschheit vollziehen konnte. Mehr und mehr wurde der Wechsel der Verse gefordert, damit die Melodik frei von aller Schablone im Sinne packenden Ausdrucks heraussprang. Wagner dagegen mochte als sein eigener Dichter noch so sehr der Musik vorgebaut haben: diese hatte doch einem Sprachbau zu gehorchen, der seine besonderen Gesetze hatte und sich um hergebrachte musikalische Formen nicht kümmerte. Dieser Wille aber, zwei in der Form gegensätzliche Dinge, Musik und Worte, ineinander übergehen zu lassen, setzte schon einen viel schwächeren musikalischen Instinkt voraus. Die Musik Wagners mußte sich notwendig reich verzweigen, um seinem unbegrenzten Ausdruckswillen zu genügen. Viel langsamer mußte ein Schaffensvorgang sich abspielen, in dem jede Einzelheit bedacht und einer Idee untergeordnet war. Die Berechnung wurde für die dramatische Szene schöpferisch; sie ging auch auf die Wirkung, die durch die Inszenierung betont wurde. Immer wirkte doch eine Pose, die, als zweite Natur, alles Empfundene und Gedachte zurechtrückte und für den Eindruck entscheidend war.

Die Musik Verdis aber, mochte sie auch noch so sehr auf Situation und Charakter gemünzt sein, war doch immer selbstherrliche Urmusik. Der Maestro Verdi kannte nicht Pose, nicht Programm, nicht System. Sein Einfall war primär; unter seinen Sinnen am stärksten das Gehör. Wagner war im „Fliegenden Holländer" der italienischen Oper eng benachbart; aber auch hier schon ist, inmitten aller kapellmeisterlichen Anlehnung an das italienische Vorbild, das Wesen Wagners im Grundmotiv ausgeprägt. Verdi wiederum bekannte sich schon sehr früh zum charakteristischen Motiv. Aber es konnte bei diesem Angehörigen seiner Rasse niemals zum starr machenden Leitmotiv werden.

* * *

Ihren Wesensunterschied begrenzten auch ihre Opernstoffe. Die des städtischen, dem bürgerlichen Bildungsideal ergebenen Richard Wagner scheinen denen des bäuerlichen naiven Giuseppe Verdi so unendlich überlegen. Die Mythologie, die eine tiefe Weisheit aussprechen wollte und in phantastische Formen schweifte, trat den Libretti Verdis, diesen meist kindlichen Zurichtungen theatralisch wirksam erscheinender Stoffe, als ein wahres Wunder gegenüber. Und in der Tat hatten ja Wagners Operntexte diese unwahrscheinliche Romantik völlig hinter sich gelassen, und die ersehnte musikdramatische Einheit war erreicht.

Wie kam es nur, daß das hohe Pathos dieses Wagnerwerkes nach dem Sieg, den es über eine ganze Welt davongetragen hatte, seine Wirkung einzubüßen beginnt? Offenbar stört in diesem so wunderbar gebauten Werk die Pose, die jede Szene in ihrer ganzen Länge und Entwicklung lenkte und den Bau ausgerichtet hatte. Ist man aber für sie hellsichtig geworden, dann empfindet man die ungeheuren Maßverhältnisse des Wagnerschen Musikdramas als unerträglich, und nur wo es menschlich ist, läßt man es auf sich wirken.

Das Menschliche liegt in der Erotik. Die Liebe ist die treibende Kraft des Wagnerwerkes, wie sie auch aus dem Verdiwerk nicht wegzudenken ist. Aber gerade hier, wo Oper und Musikdrama sich zu berühren scheinen, entfernen sie sich wieder voneinander.

Für Verdi, den Italiener, den Bauern voll sincerità, ist Liebe ein Höchstes, das ohne Rückhalt ausgesprochen wird; Liebe wird zur schmerzhaften Empfindung, dem Schmerz und dem Tod verknüpft. Für Wagner, den bürgerlichen Erotiker, ist Eros Sache des nervösen Ichmenschen, der die Liebe vertieft, aber nie ganz von ihr beherrscht wird. Auch hier befreit er sich nicht von der Pose, nein, sie gibt ihm die Kraft, den Ausdruck der Erotik zu einem System zu entwickeln. Die Vorhaltspannungen, die aus einer nervösen Sinnlichkeit und Feinhörigkeit stammen und die Erfüllung der Sehnsucht künstlich hinausschieben, sind die bewundernswerten Mittel einer sich selbst überwachenden, sich niemals vergessenden Erotik; immer reicht die Kraft aus, ein System des erotischen Ausdrucks planvoll zu entwickeln. Darum wird man auch in den Briefen an Mathilde Wesendonck, diesen Tagebüchern eines scheinbar Unbeherrschten, einen letzten Rest von Unaufrichtigkeit finden. Wagner brauchte und benützte das Erlebnis, um den „Tristan" zu schaffen. Die Selbsttäuschung mußte auch durch das Wort erhalten werden.

Liebesbriefe Verdis sind nicht bekannt. Die Sehnsucht des sinnlichen Menschen Verdi, der an seinen Sängerinnen als den Sprecherinnen seiner Empfindung mit tiefer Neigung hing, trieb gradlinig den Ausdruck der Liebe hervor. Das Erlebnis seiner Liebe an der Frau als Gattungswesen war im letzten Grunde echter als das Wagners; aber der Wagnersche Eros ist die stärkste musikalische Macht der Neuzeit geblieben, weil er das Geschlechtliche planvoll ins Übersinnliche umdeutete. Der eine Liebestod Wagners hat eine ganze Welt von Epigonen aus sich herausgeboren.

* * *

Verdi aber, der den Menschen mit menschlichem Maß zum Wortführer der Empfindung macht, überträgt sie der ewig schönen, sinnlichen Menschenstimme; Wagner, der den Menschen ins Übermenschliche steigert, läßt das Unbegrenzte durch das Orchester aussprechen. Die Stimme kann nicht lügen; sie ist das Instrument der sincerità; das Orchester aber kann verschleiern. Seine Art episch-dramatischer Sinfonik ist das wahre Ausdrucksmittel eines Künstlers, dessen Genie die Pose braucht, um sich ganz zu verwirklichen. Dieses Orchester nimmt alle ins Ungemessene schweifende bürgerliche Kultur des Meisters in sich auf; hat den nervösen Klang der Sinnlichkeit, die sich philosophisch rechtfertigt; ist der Meister der formlosen Form, die eine unendliche Melodie schaffen will; ist der Zauberer, der zum Sprechgesang überredet. In diesem Orchester schwingen alle Erregungen eines universell gerichteten Menschen, der romantisch, mystisch, zersetzend, aufbauend zugleich ist.

Verdi, in seiner bäuerlichen Gradheit, will die Klarheit der Menschenstimme nicht gefährden, sondern sie durch den Klangkörper des Orchesters noch stärker hervortreten lassen. Sein leidenschaftlicher Ausdruckswille steigert das Menschliche soweit, daß die hergebrachten Formen der Opernmelodik einen neuen Sinn erhalten, sich dehnen und schließlich bis zu einer freieren melodischen Deklamation gelangen, die aber nie die menschliche Stimme als Instrument des Ausdrucks verleugnet.

Das Orchester Wagners, künstlich und wahr zugleich, weil es ein bis ins letzte berechnetes Selbstbekenntnis ist, hat nicht nur auf das Schaffen entscheidend gewirkt, sondern auch die Darsteller umgewandelt. Wie die Pose des Pathos einen neuen Darstellungsstil auf der Bühne schuf, hat das Orchester Wagners den Dirigenten zum subjektivsten Künstler werden lassen und unter Umständen die Eitelkeit in ihm emporgezüchtet, die mit der nervösen Empfindlichkeit einhergeht.

Man kann an einem Beispiel klar die verschiedenen Grundauffassungen als Ergebnisse verschiedener Naturen Verdis und Wagners klar erkennen. Der Dirigent Angelo Mariani, Erwecker des „Don Carlos", war offenbar ein Orchesterleiter, der in der Hingabe an ein Werk sich selbst inszenierte; der sich schwärmend bekannte, aber auch eitel betonte. Er durfte sich rühmen, damit Verdis „Don Carlos" zur Wirkung gebracht zu haben. Es war ein persönlicher Erfolg, aber mit einschneidenden Veränderungen an dem Werk selbst erkauft. Auch für die „Forza del Destino" setzte er sich ein und gab der Ouvertüre Akzente, die zwar die Wirkung des Stückes erhöhten, aber von Verdi mißbilligt wurden. Marianis nervöse Natur bewirkt seine freie, erregtere und oft willkürliche Temponahme und Dynamik. Es war auch darum kein Zufall, daß dieser ehrgeizige Künstler mit Erfolg zu Wagner überging; er starb leider zu früh, um ganz ausreifen zu können.

Verdi, dieser gewiß leidenschaftliche Meister, haßte alle Willkür und wünschte die Genauigkeit. Er, selbst der genaueste Dirigent, räumte dem Führer des Orchesters keine schöpferische Freiheit ein. „Nein, ich will einen einzigen Schöpfer, und begnüge mich damit, daß das, was geschrieben ist, einfach und genau ausgeführt wird; das Übel ist, daß man das nie tut. Ich lese oft in den Zeitungen von Wirkungen, die der Komponist nicht geahnt hat; aber ich wenigstens habe sie nie gefunden ... Wir alle sind über sein (Marianis) Verdienst einig, aber hier handelt es sich nicht um ein Individuum, so groß es auch sein mag, sondern um Kunst. Ich gestehe weder den Sängern noch den Dirigenten die schöpferische Fähigkeit zu; dieses Schaffenwollen ist, wie ich vorhin sagte, ein Leitsatz, der zum Abgrund führt."

Wagner, der Musikdramatiker, hat den Dirigentenkultus hervorgerufen: Hans von Bülow und Gustav Mahler sind so geworden. Verdi, der Theatraliker, der das Drama wollte, hat, aus dramatischen Gründen, eben dem Dirigentenkultus zu steuern gesucht. Auch darin wirkte seine sincerità. Er erkannte in diesem Anspruch auf das Schöpferische bei den Dirigenten die Pose, die Eitelkeit; er haßte die Geste und wollte auch nichts von den phantastischen Grenzüberschreitungen wissen, zu denen spürsame Nerven im Banne metaphysischen Dranges verführen. Seine Kunst blieb solchen Regionen fern. Arturo Toscanini, dieser männliche, leidenschaftliche, aber genaue Ausdeuter der Partitur, mag sich etwa dem Ideal Verdis nähern, ohne es zu erfüllen. Denn auch in ihm ist Selbstsucht.

*   *

*

Beide aber, Verdi und Wagner, diese so weit voneinander abstehenden Erscheinungen, treibt ein Dämon von Werk zu Werk; in beiden wirkt eine Willenskraft, die alle Hemmungen zum Ziel beiseite räumt.

Wie Verdi, der Theatraliker, der den „effetto" wollte, ganz anders als der Dramatiker Wagner, sich in der Sache selbst vergaß, um seine Wirkung mit menschlichem Ausdruck zu sättigen, also ins Drama hineinzuwachsen, das ist auf dem bisher zurückgelegten Wege klar geworden. Dieser Wille zur Sachlichkit, diese sincerità, die mit dem theatralischen Trieb zum Besonderen, Überraschenden, Unwahrscheinlichen kämpfte, suchte sich Führer. Er rankte sich an Meyerbeer empor und ahnte doch zugleich Shakespeare; den einen suchte er auf, weil hier der „effetto" von einem Kenner und Verwerter der Menschenstimme an einzelnen Stellen, wie dem vierten Hugenottenakt, bis in die Höhe des Dramatischen geführt worden war; auch weil die theatralische Behandlung des Phantastischen in „Roberto il Diavolo" ihn anzog. Aber mehr und mehr reinigte sich seine Anschauung, sein Wille. Die Irrtümer waren nicht ausgeschlossen. Sincerità zeigte sich auch in der Art, wie er sie beging, durchführte, bekannte, zu bessern suchte. Nun horchte er widerwillig auf das, was ihm von Richard Wagner zugeweht wurde. Es stimmte ja zu dem Ethos, das er selbst in sich trug, und war nicht unberührt von dem, was der Meister der „messa in scena", Meyerbeer angeregt hatte. Der Bürger sprach mittelbar zum Bauern. Aber dieser war ja, dank den eingeborenen Kräften des Genies und der Intelligenz, zu einem ausdrucksfähigeren, weiterschweifenden, die Arie mit sich ziehenden Rezitativ gelangt: freilich als der Italiener, der Mystik fern, der Klarheit ergeben.

Und wie er als Künstler, mit offenem Auge für alles, was um ihn herum vorging, nun doch die Umwandlung des Fremden in ein Italienisches und ein Verdisches anstrebte und erreichte, so hat bei alledem die sachliche sincerità des Menschen nicht Schaden gelitten. Während Richard Wagner, dieser Meister von alles ringsum erraffender Aufsaugungskraft, selbst seine künstlerischen Anreger und Nährväter in den Staub zog, um sich maßlos zu erhöhen, und seiner Eitelkeit in noch nie dagewesener Art fröhnte, blieb Verdi ein Mann von stolzer Bescheidenheit. Er verhinderte nach Kräften, daß sein berühmter Name durch die Zeitungen ging, er lehnte jede Widmung an sich ab, und er blieb gerecht und unparteiisch gegen die Künstler seiner Zeit. Auch gegen diesen Wagner, den man ihm ewig als Lehrmeister, als Vorwurf entgegenhielt. Die Nachricht vom Tode Wagners veranlaßte ihn zu folgenden Zeilen an Giulio Ricordi:

„Traurig, traurig, traurig!

Wagner ist tot!

Als ich gestern das Telegramm las, war ich wie betäubt! Keine Erörterungen. — Es ist eine große Persönlichkeit, die vom Schauplatz verschwindet! Ein Name, der eine gewaltige Spur in der Geschichte der Kunst zurückläßt."

Leider ist nicht anzunehmen, daß Richard Wagner im gleichen Falle ebenso gerecht geurteilt hätte.

* * *

Es lohnt kaum, von den Irrtümern der Kritik an Verdi zu sprechen. Daß, in Paris zumal, nicht immer reinliche Motive die Urteilsprägung über den Maestro bestimmten, ist nicht zu bezweifeln. Die Kritiker, die Verdi roh und gemein nannten, waren es ganz gewiß. Aber zugestanden muß werden, daß Verdi es dem Betrachter seines Wirkens nicht ganz leicht machte, ihn zu erkennen, daß man die Entwicklung dieser Urkraft zu immer gebändigterem Künstlertum nicht so ohne weiteres voraussehen konnte. Und es bedurfte schon der sachlichen Unbestechlichkeit eines Abramo Basevi, um in den zwei ersten Jahrzehnten des Verdiwerkes die vox populi zu reinigen und die aufsteigende Linie auch inmitten der Fehlschläge zu spüren: in Italien war damals der Journalismus geschwätzig und käuflich.

Auch Richard Wagner fand Gegnerschaft genug, ehe er mächtig genug wurde, um als Maßstab aller Kritik zu gelten. Aber Wagner war ja der Meister der Selbstinszenierung. Er rückte überempfindlich zurecht, was er für falsch hielt; erteilte „Zensuren"; schmähte, indem er das Sachliche ins Persönliche wandte; veröffentlichte Schrift auf Schrift, um wirksamste Propaganda zu treiben für ein Werk, das den Fanatismus hervorrief und ihn brauchte, um die Welt zu erobern.

Verdi tat von alledem nichts. Er, der Worte von entscheidender Bedeutung zu meißeln wußte, blieb doch der Öffentlichkeit gegenüber stumm. Es widersprach seiner sincerità, seinem Stolz, seinem Unabhängigkeitsgefühl, andere überzeugen zu wollen, wenn sein Werk nicht die Kraft hatte, für ihn zu zeugen.

* * *

Nun ist es aber doch so, daß Wagners Werk, dem Inszenierung und Regie seine ungeheure Wirkungskraft und Reichweite mehrten, zwar das künstlichste, aber zugleich das künstlerischste seiner Epoche wurde. Mag auch die Pose die Haltung des Wagnerschen Schaffens bestimmen, mögen überall die Zeichen einer Unwahrhaftigkeit erkennbar sein, die wahr erscheint, weil sie zweite Natur ist: hier liegen die Keime aller Problematik, die durch das nachfolgende Schaffen geht. Pose ist durch Richard Wagner in die Kunst, nicht nur in die Musik eingeführt, und auch heute noch nicht überwunden. Wagner selbst hat mit seiner Willenskraft die innere Problematik durch die Pose, die er kraftvoll durchführt, verschleiert, alles der Zersetzung Zustrebende durch den Schein einer Synthese zusammengefaßt. Diese Problematik, das Ergebnis einer genial gesteigerten bürgerlichen Kultur des Nervenkünstlers, ist aus der Entwicklung der Kunst nicht wegzudenken. Wir sind von ihr ergriffen, wünschen aber nur, daß die Pose abfällt und so ein neuer Aufstieg erreicht wird.

In dem Bauern Verdi ist nichts Problematisches; vielmehr: alles, was Problem werden könnte, geht in der Geschlossenheit dieser Natur auf.

Treffen wir also jetzt Verdi am Scheidewege, so wissen wir, daß er Sieger und Eigener bleiben muß.

DRAMA IN DER MUSIK

OTHELLO

Die Pause von 16 Jahren, die nach „Aida" im Werk des Opernkomponisten Verdi eintrat, bedeutet die schwerste Krise in der Seele und im Schaffen des Meisters.

Man darf annehmen, daß „Aida" für ihn lange Zeit das letzte Wort sein sollte. Aber der Mann des künstlerischen Gewissens konnte nicht ruhen. Was zwischen 1870 und 1880 auf ihn eindrang, mußte tief auf ihn wirken. Eben in diesem Jahrzehnt vollzog sich der Siegeslauf des Wagnerwerkes. Der „Ring" und Bayreuth wurden zur Tat. Verdi, für den ein solcher Erfolg immerhin einige Beweiskraft hatte, und der überdies die jungen Italiener in der Mehrzahl zur Zukunftsmusik abschwenken sah, erlebte dies im Beginn des Greisenalters. Als Künstler fühlte er sich reif genug, eine Wandlung durchzumachen und durchzuführen, wenn er es seiner Überzeugung nach mußte; würde ihm aber als dem sterblichen, absteigenden Menschen die Kraft der Sinnlichkeit reichen, um dem in diesem Zeichen entstandenen Werk den „effetto", die Wirkung zu sichern? Dies eben ist es: in dem Künstler, der in „Aida" die italienische Oper auf die wirksamste und zugleich edelste Formel gebracht hatte, erwachen Zweifel, ob dieser Gipfel wirklich ein Gipfel sei; ist der Zweifel berechtigt, dann muß entweder ruhige Selbstbescheidung die Folge sein; oder die Feder muß wieder angesetzt werden, damit der neue Geist seinen Mann, seinen Meister auch in Italien findet.

Dem Verdi, der in diesen Jahren mehr als je die Felder durchstreifte, mehr als je der fruchtbare Ackerbauer war, gingen solche Gedanken durch das Hirn, ohne seine Nerven zu beunruhigen. Er wartete. Eine Stagione konnte ihn nicht eigentlich mehr reizen. Er hatte das italienische Theater durch sein Werk erneuern wollen. Diese frohe Aussicht, die ihn in vorgerücktem Alter von Bühne zu Bühne getrieben hatte, verwirklichte sich nicht. Das italienische Theater schien ihm, namentlich ohne Unterstützung der Regierung, dem Verfall entgegenzugehen. Sollte er für diese Bühne schreiben? Paris hatte seine „Aida", zunächst 1876 an der italienischen Oper, dann, nach einem Besuch des neuen Direktors in Sant Agatà, in der französischen Übersetzung du Locles gebracht. Es war schwer, Verdi die mancherlei von der Pariser Nationaloper früher gesponnenen Intrigen vergessen zu machen. Aber er ließ sich umstimmen: und wie am Théâtre italien war er auch am Opernplatz selbst als Dirigent seines Werkes erschienen. Du Locle, Direktor der Komischen Oper, hatte ihm den Gedanken nahegelegt, eine Oper für dieses Theater zu schreiben. Er denkt und sagt: Vielleicht, vielleicht, aber doch schwerlich. Der Erfolg hatte für ihn immer einen bitteren Nachgeschmack. Er war nun Ritter der französischen Ehrenlegion: eine Ehrung, die er nicht ablehnen konnte. „Aida" wurde in Wien und Berlin bejubelt; sie hatte das Publikum auf ihrer Seite. Aber für die Menschen, deren Urteil ihm galt, für die Geschichte der Kunst stand er im Schatten eines Größeren. Nicht nur dies: nein, die italienische Oper galt als entthront, das Musikdrama allein hatte Gegenwart und Zukunft.

Verdis Sinnlichkeit hatte sich abgeschwächt, seine künstlerische Weisheit war gestiegen. Daraus eben folgt eine andere allmähliche Wandlung: der Mann, dem die Eroberung der Menge, des Publikums als Ausschnitt des Volkes, letzte Entscheidung war, konnte es heute nicht mehr als allerersten Schiedsrichter anerkennen. Diese Änderung war durch das Ethos, durch das Gewissen vorbereitet; aber der Instinkt hatte immer wieder für den „effetto" als die Masse niederzwingende Wirkung entschieden. Nun sieht Verdi einen Künstler emporgestiegen, nicht, wie Wagner selbst glaubte, als den Revolutionär, den Mann des Volkes, sondern emporgehoben durch die Wenigen. Das stimmt Verdi bedenklich. Er ist seiner Hand sicher genug, um den Künstler zu überzeugen. Und die schwächere Sinnlichkeit erleichtert ihm den Entschluß, den Instinkt der künstlerischen Weisheit unterzuordnen.

Nun hat es in Verdis Entwicklung gewiß Stunden des Zweifels gegeben, die zu merkwürdigen Zwitterbildungen führten. Mißerfolge hatten seinen ruhmreichen Aufstieg unterbrochen; damit wurden Werte, die sich keimhaft regten, erstickt, weil sie in der Hülle der Unzulänglichkeit irgendeiner Art auftraten und den geraden Weg zur Wirkung verfehlten. Solcher Zwitterbildungen war der zur Vollreife gelangte Künstler nicht mehr fähig, solchen Mißerfolgen wollte er sich nicht mehr aussetzen. Er konnte es auf dieser Höhe nicht mehr.

Sein Gewissen und sein Ehrgeiz, ein durchaus sachlicher Ehrgeiz ohne Eitelkeit, gestatteten dies nicht.

Was jetzt werden sollte, wußte er nicht. Was in ihm vorging, teilte er niemandem mit. Nur aus mancherlei Andeutungen, vor allem aber aus der künstlerischen Tat kommen uns Aufschlüsse über den vorangegangenen inneren Prozeß. Der Verdi dieser Zeit mochte äußerlich noch so sehr der Landwirtschaft, der Pferdezucht ergeben scheinen: er arbeitete, und es arbeitete in ihm. Das Nachdenken in der Kunst hält er nicht mehr für schädlich, sondern nur „la troppa riflessione". Man darf annehmen, daß das unbedingte Vertrauen auf den Instinkt nicht herrschend blieb, die Vermeidung jedes fremden Partiturbildes in diesen Jahren nicht mehr mit gleicher Beharrlichkeit wie einst durchgeführt wurde. Buchlektüre hatte er immer getrieben, freilich mit der Auswahl, die ihm sein allem Überflüssigen, allem Spitzfindigen abgeneigter Geist gebot. Jedenfalls war mit der zunehmenden Kühle des Blutes der dämonische Trieb, der die Unmittelbarkeit des Schauens und Schaffens forderte, zwar nicht mehr in gleichem Maße tätig, aber es vollendete sich der Geschmack, der die organische Durchbildung des Werkes verlangte. Die Phantasie konnte das Gesichtsbild nicht mehr ganz ausscheiden, wenn sie auch noch immer den Klangsinn als Herrn der Musik anerkannte. Aber die Inspiration floß aus getrübterer Quelle, mindestens aus gemischterem Saft. Die Arbeit mußte sich, da sie nicht mehr Gipfel herausheben, sondern alle Teile gleich bedenken wollte, langsamer vollziehen.

* *
*

Das alles hätte in einem minder kraftvollen Künstler als Verdi unheilvoll wirken müssen, wie es denn auch die meisten verhängnisvoll beeinflußt und zu verwaschenen Typen verschlechtert hat. Für Verdi aber wurde es Gärstoff einer Entwicklung, die zwar nicht das im volkstümlichen italienischen Sinn Hinreißende schuf, aber den Künstler für die Künstler zum Großen unter den Großen erhöhte.

Denn in diesem Abschnitt konnte der große Dramatiker Shakespeare, Leitstern seit den Tagen seiner ersten Erfolge, ihm Führer *und Retter zugleich werden.* Hatte einst, in der Macbethzeit, den vollblütigen Theatraliker mit der dunklen Ahnung des Dramatischen der große Brite zur musikalischen Ausmünzung gereizt, so mußte heute den ausgereiften Künstler derselbe Shakespeare von neuem und doch wesentlich anders zum Schaffen auffordern: Mit Verdis Anschauung über Shakespeare, mit seinem ununterbrochenen Verhältnis zu ihm ist auch die ununterbrochene Linie der Entwicklung Verdis gegeben. Shakespeare packte das Leben in allen seinen Erscheinungen. Dieses, in seiner Klarheit und Wahrheit, setzte sich dem nebelhaften deutschen Mythos entgegen. So klar und wahr wollte noch immer auch Verdi sein, so gewiß wie jener wollte er, selbst als Greis noch und dem Lebensziel nahe, seines Weges gehen.

Sollte diese künstlerische Tat sich verwirklichen, dann mußte nun aber das Libretto als Libretto aufgegeben und des Dichters Wort zu einer dichterischen Vorlage für den Musiker umgeschmiedet werden; und zwar von einem, der selbst Musik und Drama in sich trug.

Ein Mann so seltener Art war Arrigo Boito. Auch ihm, dem Künstler mit der Doppelanlage, schien das Glück eines großen Erfolges gegönnt. Der Musiker von starkem dramatischem Willen hatte 1875 seinen 1868 geborenen „Mefistofele" als ein hochstrebendes, der italienischen Durchschnittsoper abgewandtes Werk siegen sehen. Aber die Selbstkritik dieses uneitlen, sachlichen, scharf beobachtenden Idealisten wurde seinem musikalischen Schaffen gefährlich. Ihn traf das Erlebnis Wagner in der Zeit der ersten künstlerischen Entwicklung. Er war in Deutschland gereist und hatte seine künstlerische Luft geatmet. Epigone wollte er nicht werden. Vollblutitaliener konnte er als Musiker nicht sein. Aber er fühlte, daß ein anderer, der überragende Uritaliener Giuseppe Verdi der neuen Zeit gewachsen sei und seine Eigenart in ihr durchsetzen könne. Er war 1863 in Paris mit ihm bekannt geworden. Nach Charakter und Künstlerschaft ganz zum Mitarbeiter Verdis geschaffen, war er selbstlos genug, dem Maestro das „progetto di cioccolatta", wie man es nannte, anzubieten.

Vorsichtig genug ging Verdi, nach langem Fernsein vom Theater, an den Plan heran. Giulio Ricordi und Franco Faccio speisten 1879 mit ihm. Das Gespräch kam auf „Othello", und in diesem Zusammenhang auf Boito. Bald besucht dieser Verdi. Nach drei

Tagen war die Othello-Skizze fertig. Verdi fand sie gut, wollte sich aber zu nichts verpflichten. Im Gegenteil, er bedauerte schon, zu weit gegangen zu sein.

Indes hat Boito sich um Verdi ein Verdienst erworben. Der Maestro will zum Aufstieg des Teatro della Scala beitragen. Warum, fragt er, wird der „Mefistofele", den er hochschätzt, nicht aufgeführt? Warum wollen Komponist und Verleger ihn nicht hergeben? Er selbst hat dieser Bühne den zu erneuernden „Simon Boccanegra", eben jene Zwitteroper, zugedacht, die künstlerische Werte in sich barg, aber als Halbheit ein Mißerfolg wurde. „Ich gebe zu, daß sich in dieser Oper keine Charaktere finden (wie selten sind sie!), bei denen man ausruft: der ist wie gemeißelt! Nichtsdestoweniger scheint mir, daß sich aus den Personen Fiesco und Simone noch etwas machen läßt." Seinem künstlerischen Ehrgeiz, diese hinkende Oper auf die Beine zu bringen, soll Arrigo Boito helfen, der ohne rechten Glauben eingreift und „Simon Boccanegra" soweit bessert, daß ihm am 24. März 1881 ein Scheinerfolg beschieden ist. Die Änderungen, zumal im Schlußakt, zeigen die Hand des künftigen Othellokomponisten.

Verdi hat das Othellotextbuch erworben. Er denkt es durch. Aber es ist noch nicht gesagt, daß die begonnene Arbeit wirklich zu Ende geführt wird. Noch im Jahre 1884 ist es nicht gewiß. Da berichtet der „Pungolo" in Neapel, Boito habe beim Bankett nach der Aufführung des „Mefistofele" im San Carlo auf die Frage nach dem Othello-Textbuch etwas wie Bedauern geäußert, daß er es nicht selbst komponieren dürfe. Verdi ist, wie er dem Boito befreundeten Franco Faccio mitteilt, bereit, das Textbuch seinem Verfasser ohne den Schatten der Empfindlichkeit zu schenken, damit er es komponiere. Jeder Verdacht, als habe er Boito den Akt der Selbstlosigkeit aufgenötigt, ist ihm peinlich. Es stellt sich natürlich heraus, daß die Worte Boitos von der Zeitung in ihr Gegenteil entstellt waren. Verdi ist noch immer nicht ganz befriedigt. Dem Boito, der das Geschenk nicht annimmt und sich überdies mit einer Oper „Nerone" trägt, ohne seine Zweifel zu überwinden, schreibt er: „Sie sagen: „Werde ich den Nero beendigen oder nicht? ... Auch ich wiederhole Ihre Worte, mit Beziehung auf den Othello. Man hat zuviel davon gesprochen! Zuviel Zeit ist darüber hingegangen! Zu viele Jahre trage ich auf dem Buckel! Zu viele Dienstjahre liegen hinter mir!! Das Publikum soll mir nicht allzu klar sagen müssen: es ist genug! Kurz: alles das hat etwas Kaltes über den Othello geweht und hat die Hand erstarren lassen, die bereits angefangen hatte, einige Takte zu entwerfen! Was wird kommen? Ich weiß es nicht!" Und an Franco Faccio: „Also soll ich, nach Ihrer Ansicht, den Othello wirklich beenden? Aber warum? Für wen? Für mich ist es gleichgültig! Für das Publikum noch mehr." Und noch 1886 an Tamagno, der sich um die Partie des Othello bewirbt: „Ich habe die Oper nicht beendet, und selbst, wenn sie beendet wäre, bin ich nicht durchaus entschlossen, sie aufzuführen. Ich habe nur zu meinem Vergnügen geschrieben, ohne den Plan der Veröffentlichung, und in diesem Augenblick kann weder ich noch irgendjemand sagen, was zu tun am Platze sein wird."

Aber noch eins, das den Meister in den Jahren der Niederschrift kennzeichnet: „Der Dilettantismus (der in allen Künsten immer verhängnisvoll ist) läuft aus Sucht nach dem Neuen, und aus Mode hinter dem Nebelhaften, dem Seltsamen her und langweilt sich, Begeisterung heuchelnd, bei einer fremden Musik, die er klassisch, und ... die Große Musik nennt! Warum denn eigentlich klassisch und Große Musik? Wer weiß! Auch der Journalismus (die andere Geißel unserer Zeit) rühmt eine solche Musik, um die Aufmerksamkeit auf sich zu lenken und glauben zu machen, daß er versteht, was die andern nicht oder noch weniger verstehen. Die Menge, unsicher und unentschlossen, schweigt und läuft hinterher. Trotzdem fürchte ich mich nicht, das wiederhole ich, denn ich bin überzeugt, daß diese so künstliche und oft nach vorgefaßtem Plan seltsame Kunst unserer Natur nicht gemäß ist. Wir sind auf Klarheit bedacht und zum großen Teil Skeptiker. Wir glauben wenig und können auf die Länge nicht an die Phantastereien dieser fremden Kunst glauben, der es an Natürlichkeit und Einfachheit fehlt. Nun ist aber eine Kunst, der es an Natürlichkeit und Einfachheit fehlt, überhaupt keine Kunst! Die Inspiration liegt notwendigerweise im Einfachen. Früher oder später wird bestimmt irgendein genialer Bengel auferstehen, der das alles hinwegfegen und uns die Musik unsere schönen Zeiten wiedergeben wird, indem er ihre Fehler ausmerzt und sich der neuen Errungenschaften bedient. Aber wohlverstanden ... der guten Errungenschaften!" Das ist ein besonders heftiger Ausfall Verdis gegen die „Große Kunst", der sich allerdings in einem Briefe an die alte Freundin Clara Maffei findet. Seine Überzeugung, daß es dem Wesen des Italieners widerspreche, stundenlang stumm im verdunkelten Theater zu sitzen, war fest und berechtigt. Der italienische Mensch ist von Natur gegen solchen Zwang, der dem Instinkt in der Oper auferlegt werden soll. Der „geniale Bengel" aber, der die italienische Oper erneuern sollte, war zunächst Verdi selbst.

* *

*

Der Meister war von den starken Situationen des Othellostoffes, aber auch von seiner poetischen Fassung durch Boito gepackt. Und wie einst in den Zeiten des „Macbeth" hatte nicht die Liebe hier Macht über seine Phantasie, sollte nicht in leidenschaftlichen Entladungen des Tenors und seiner Partnerin das Schwergewicht liegen, sondern der dramatische Ausdruck zielte auf anderes. Dies war dem Geist Shakespeares gemäß, für den die Liebe nicht entscheidend war. Für Verdi aber war sie im Grunde wesentlich. Ohne „amore", die seine „passione" entzündete, konnte es bisher für ihn eine Oper nicht geben. Doch heute, da seine Sinnlichkeit schwächer ist, wendet sich die Aufmerksamkeit Verdis von selbst zunächst nicht dem Erotischen zu, das doch Grundkraft des „Othello" scheint, sondern er wird von der Gestalt des Jago gefesselt, den Verdi als Grundkraft empfindet. So ist auch dem Werke lange Zeit der Name „Jago" bestimmt. Damit ist von selbst der Schwerpunkt vom Sinnlichen in das Geistige gerückt. Diese Gestalt kann ja nicht anders als überlegen sein; ihr kann nicht Melodie, sondern ein Parlando entströmen, das einen Geist kundgibt. Und es wird nicht mehr genügen, nur Grenzpunkte des Charakters zu treffen und zu fassen, sondern Jago, der Meister des Intrigenspiels, muß in seinen seelischen Verzweigungen festgehalten, durch alle Stufenleitern seiner Empfindungen und Handlungen geführt werden.

Verdi ist seit dem „Maskenball" in Neapel mit dem Maler Domenico Morelli, der ihn auch gemalt hatte, in Berührung geblieben.

Der schickt ihm 1880 Szenen aus „König Lear". Verdi wird unter dem Eindruck dieser Darstellung, die ihn an einen so lange gehegten Stoff erinnert, von neuem für „Othello" entflammt. Situationen wie diese: Othello erwürgt Desdemona; oder besser noch, weil neuer: Othello, in der Qual der Eifersucht, wird ohnmächtig, und Jago betrachtet ihn und sagt mit höllischem Lächeln: Das habe ich nun gewirkt; solche Situationen wecken den Theatraliker. Überhaupt dieser Jago!! Ihn müßte Morelli in den Mittelpunkt seiner szenischen Darstellungen rücken.

Über diesen Jago vor allem wird gesprochen. Die Auffassungen weichen voneinander ab. Morelli möchte ihm eine kleine Gestalt mit wenig entwickelten Gliedern geben, möchte ihn als Verkörperung der Schlauheit, Bosheit, kurz als einen Grenzfall hinstellen, mit der Deutlichkeit, die er als Maler braucht. Verdi will Morelli die Freiheit seiner Auffassung nicht schmälern: „Aber wenn ich Schauspieler wäre und Jago darzustellen hätte, wünschte ich eher eine magere und lange Gestalt, dünne Lippen, kleine, dicht an der Nase liegende Augen wie die Affen, eine hohe, zurückweichende Stirn und einen stark entwickelten Hinterkopf; seine Art: zerstreut, non - chalant, gleichgültig gegen alles, ungläubig, spöttisch, indem er das Gute und das Schlechte leichthin sagt, mit einer Miene, als ob er an ganz etwas anderes dächte, als was er sagt: So daß, wenn jemand ihm wegen einer etwa vorgeschlagenen Gemeinheit einen Vorwurf machen sollte, er antworten könnte: Wirklich eine Gemeinheit? ... Das glaubte ich gar nicht. Sprechen wir nicht mehr davon! ... Eine Gestalt wie diese kann alle täuschen, und bis zu einem gewissen Grade auch seine Frau. Eine kleine, boshafte Person aber macht sich bei allen verdächtig und täuscht niemanden!" Für Verdi war Jago der „prete", der Jesuit, den er im Leben haßte, als Künstler nachschaffen wollte.

Und lange schon hatte dieser Jago für Verdi auch in einem Menschen Fleisch und Blut gewonnen: Victor Maurel, der große französische Sänger und geistreiche Künstler, hätte ihn verkörpern, vergeistigen können. Seit dem erneuerten „Simon Boccanegra", dem Maurel in erster Linie Helfer war, hatte Verdi das Bild des Jago mit der Persönlichkeit Maurels verknüpft. Ja, einmal spricht er den Jago auch mit ihm durch. Aber so sehr er den Maler zu den

Skizzen auffordert, vor dem Sänger, der ihn beim Wort nehmen will, weicht er immer wieder zurück. Man hat in Paris Nachrichten über den „Jago" verbreitet. Maurel, Verdis Bewunderer, hat selbst manches durchsickern lassen. Der Meister leugnet Dezember 1885 nicht, daß der „Othello", so heißt er nun, seinem Ende zueilt, aber der Zustand der italienischen Theater gestattet eine Belastung des Budgets nicht, wie sie aus einer anspruchsvollen „mise en scène" und aus den Forderungen der Sänger sich ergeben müßte. Er sollte Maurel die Partie des Jago versprochen haben? Nicht, daß er wüßte. Er verspricht nichts, was er nicht bestimmt halten kann. Allerdings habe er gesagt, wenn überhaupt, so könnte den Jago niemand besser verwirklichen als Maurel. Aber wenn überhaupt! Sollte Paris, die Opéra comique, meint Maurel, unter Carvalho nicht die Ehre haben, Verdis Werk zum ersten Male aufzuführen? Für die Scala verzichtet der ideale Künstler gern auf ein besonderes Honorar, er will als einfacher Sänger bezahlt sein.

Nach solchem Schwanken des in seinen Angelegenheiten immer und hier doppelt vorsichtigen Verdi, das sich noch im März 1886 ausspricht, erhält Boito am 1. November 1886 die lakonische Mitteilung: „E finito!" Und am 18. Dezember 1886, nach der Übergabe der im Palazzo Doria beendeten Partitur: „Armer Othello! — Nun wird er nicht mehr zu mir zurückkehren!!!"

Mit einem ganz eigenen Angstgefühl entläßt der starke Greis sein Werk, das er, nicht ohne eine Selbsttäuschung, nur für sich selbst geschrieben, zu haben glaubte. Aber es ist schon wahr: die Lust zum öffentlichen Bekenntnis war schwächer als je.

* * *

Und doch hatte Boito mit der ungebrochenen Kraft des Dreiundsiebzigjährigen schon in der Anlage des Textbuches gerechnet. Und doch brauchte und bewährte sie Verdi für die Auswertung dieses Librettos, das nicht aus dem Kopfe des Maestro hervorgegangen, sondern zum ersten Male von einem selbständigen dramatischen Dichter geschrieben war; von einem mit dem Wesen Verdis und mit den Forderungen der Zeit Vertrauten; von dem Bildner des Mefistofele, eines Halbbruders des Jago; so sehr auch der Mephisto in Gounods „Faust" an Jago Anteil hatte. Dieser Boito, Shakespearekenner und Verdikenner, wußte, daß immer noch Zusammendrängung, Tempo, Schlagkraft für Verdi wesentlich waren; doch konnte man natürlich bei so hohem dramatischem Vorwurf der Nummer nicht mehr einen Thron errichten; es mußte dem Fluß der musikalischen Sprache vorgearbeitet und dabei doch die Oper berücksichtigt werden. Auch das Schlagwort, etwa ein „orrore", dürfte er anbringen. Das alles tat Boito als Meister der Szene und des Stils, und als hingebender Mitarbeiter.

Das Drama wird in vier Akte zusammengedrängt, indem der erste mit seiner Exposition fällt. Einheitlicher Schauplatz überall; die Unterbrechungen verschwinden; die Personenzahl vereinfacht sich, da alle dem Drama unwesentlichen venetianischen Gestalten beseitigt werden. Die Oper verlangt einen stärkeren Einsatz an Empfindung: Othello kocht auf, weil er das Taschentuch in Cassios eigenen Händen sieht; dem Tenor wird die Lyrik des ersten Aktschlusses geschenkt, die auch dem Menschen durchaus natürlich ist, während der Othello Shakespeares Desdemona nie in der Holdheit einer Liebesnacht erscheint. Und diese, engelsrein, erhält im zweiten Akt das Idyll der Gartenszene, inmitten von Frauen und Kindern, das nochmals mit sanfter Musik ihre Unschuld bestätigen will. Auch Emilia wird erhöht, allen Ränken entrückt; ihr wird das Taschentuch abgerungen, in dem sie das Werkzeug einer Niedrigkeit ahnt. In den beiden Gegenüberstellungen Othellos und Jagos: im zweiten Finale, wo Othello sich ihm zum Racheschwur vereint; im dritten, wo der Löwe ohnmächtig am Boden liegt, nachdem das große Ensemble die allgemeine Erregung auf den Gipfel geführt hat, sind große Möglichkeiten des Ausdrucks vorbereitet. Und die Zusammendrängung des Dramas wird am packendsten im vierten Akt; eben in jenem, der Verdi immer für den „effetto" entscheidend war: hier ist, unter Streichung der nächtlichen Lärmszene, äußerste Raschheit im Dienste wechselnder Stimmung erreicht. Atemlos, und doch auch in der Unheimlichkeit noch mit bebender Empfindung, vollzieht sich das Geschehen.

*   *
*

Erreicht ist, daß wir „Othello" nur noch verdisch, nicht mehr shakespearisch durchleben können. Hier war alles mehr für die Oper als für das Schauspiel geschaffen. Die Eifersucht des Mohren mit solchem Katastrophenschluß läßt sich zwar durch die Macht des Instinkts begründen, aber eben die wilde Unbeherrschtheit des Instinkts ruft die Mittel der Oper herbei. Wird Othello zum Tenor, dann leuchtet seine Wirksamkeit ein. Nun ist aber Verdi instinktmäßig über den arienhaften Ausdruck der Erotik ebenso hinausgewachsen, wie die zeugende Leidenschaft sich in ihm schon abgekühlt hat. Wenn er nun trotzdem dem Jago, der ihn fesselte, die Ehre der Namengebung aberkannte und schließlich dem Othello übertrug, so entstand daraus von selbst ein Zwiespalt: diese beiden, der eine Instinktmensch, der andere Jesuit, stehen als einander widerstreitende Kräfte zusammen. Wer wird der Stärkere sein?

Diese Frage wird durch den Stil des Werkes nicht unzweideutig beantwortet. Der „Othello" Verdis hat das Ziel, die Arie ganz zu überwinden und nur dramatische Musik zu machen; aber alles bewußte Künstlertum hat einen Abglanz der alten Oper weder beseitigen können noch wollen. Der Künstler schwankt noch zwischen einer Herausarbeitung der Grenzpunkte und abgestufterer Charakterisierung. Othello, der Operntenor, sucht und weiß oft genug dem Unvermittelten zu entwachsen; Jago wiederum nähert sich zuweilen dem Leidenschaftlichen. Und trotzdem bleibt der Abstand der Othellopartitur von der Aidamusik gewaltig; hier wird eine Zwischenentwicklung sichtbar, die äußerlich ein Sprung scheint.

Doch waren Ansätze zu diesem von der Nummer hinwegstrebenden Stil lange vorher zu spüren. Und es ist wiederum darauf hinzuweisen, daß die Einsicht in das Wagnerwerk Verdis organische Entwicklung zwar beeinflußt, aber, eben weil organisch, nicht hervorgerufen hat.

Das Rezitativ mag noch so sehr mit der Arie verschmelzen, diese endlich ganz in sich aufsaugen: es kann nie Sprechgesang werden. Dieser widerstrebt dem Geist der vokalreichen, tönenden, sinnlichen italienischen Sprache; und die Harmonik, im Bunde mit der Rhythmik, mag sich noch so sehr verzweigen: sie bleibt der Natürlichkeit und Einfachheit der Umrisse treu. Es vollziehen sich im motivisch untergründeten Sprechgesang Entwicklungen, es ergeben sich durch ihn Schattierungen, die schon das drängende Tempo der italienischen Opernszene verbietet. Ist Leidenschaft im Spiel, so wird sie auch im Tempo gewahrt; dann werden selbst von ausgereifter Künstlerschaft Zwischenstufen übersprungen. Bei alledem das Parlando, das neben dem alten Sekkorezitativ zur Höhe einer musikalischen Sprache emporgewachsen ist: es kann in seiner Selbstverständlichkeit immer nur ein Ungefähr erreichen. Die Konvention soll keineswegs aufgegeben werden, wie sie ja auch im Musikdrama nicht aufgegeben wird.

Aber zwischen dem „Othello" Rossinis, von dem kaum eine Spur geblieben ist, und dem Verdis liegt doch eine Welt. Die italienische Oper ist durch Verdi ganz anders menschlich, viel ernster geworden.

Die Vorliebe für Jago wird ganz offenbar; wird immer wieder empfunden. Aus dem canto declamato in „Macbeth", den Verdi damals so leidenschaftlich von seinen Darstellern forderte, ist nun ein sinnvolles Parlando geworden; dort hebt sich die Abbiegung vom eigentlichen Gesang um des Ausdrucks willen von einer durchaus nummernhaften Umgebung ab, hier ist das Parlando der Stil, der die Nummer zwar noch duldet, aber auch sie noch beeinflußt.

Jago fragt Rodrigo scheinbar teilnehmend, woran er denke. Der: er wolle sich ertränken. Jago weiß: um Desdemona willen; und bekennt sich ihm als Freund. Desdemona wird des Othello, redet er ihm ein, auch bald müde sein. Der melodische Sprechton ist bei mephistophelischer Umdeutung des Gedankens von der Flatterhaftigkeit der Frau, der einst der Triumph eines Tenors wurde, zu einem klar rhythmisierten Melodiestück geworden: dieses durchgehende Pizzicato, der Vorschlag beim Einstimmen des Orchesters sind die typischen Ausdrucksmittel des Spottes, wie wir sie vom „Maskenball" her kennen. Verdi läßt das Melodiestück nicht etwa durch Widerholungen sich zur Nummer runden, sondern setzt sein Parlando fort, indem er, der Fähnrich, seinen Haß gegen Othello und die Eifersucht auf den Hauptmann Cassio zugleich begründet. „Ed io rimango di sua Moresca Signoria l'alfiere!" Hier entwickelt sich die Rede ganz leise zu anmutigen melodischen Krümmungen, sie springt von D-dur nach F-dur: Ausdruck der Vorsicht, der Gewundenheit, und doch eine kurze Erinnerung an das Einst Verdis. Jago ist mit diesen wenigen Partiturseiten gekennzeichnet. Alles weitere kann nur nähere Ausführung sein. Es ist sein Wunsch, die beiden gegeneinander aufzuhetzen. Cassio soll betrunken, Rodrigo eifersüchtig gemacht werden, der Streit ergibt sich so von selbst. Jago wird mit seinem „Beviam" tonangebend, trinkt auf die Hochzeit Othellos und Desdemonas, beobachtet, dem Rodrigo zuflüsternd, die Wirkung als angeblich Unbeteiligter: Io non sono che un critico. Die Wirkung ist gut. Inmitten der neugierigen Menge kann, von einem heftigeren Orchester angekündigt, das Trinklied werden, ein verfeinerter, erregterer Nachhall des Auftrittslieds des Herzogs im „Rigoletto", ein Meisterstück im Sechsachteltakt, das voll Brio vorwärtsgeht, aber doch Zeit hat, in chromatischem Abstieg zu höhnen. Wie es die Hauptteilnehmer in Bewegung hält, den Chor in seinen Kreis zieht, sich, frei ausschwingend, im Zweivierteltakt unterbricht, immer wieder zum Trinken treibt; wie die Trunkenheit des Cassio zu monomanischen Wiederholungen, zu Schwankungen, Vergeßlichkeiten führt, während Jago, in einem Chor von Lachenden, dem schließlich das Orchester beistimmt, seine Rede immer auf gleicher Stufe fortsetzt; wie trotzdem das Grundmotiv „Beviam" sich vielstimmig, echoartig fortpflanzt; wie daraus der blutige Streit entsteht, den Jago, der Verkünder eines Aufruhrs durch den Mund Rodrigos, anscheinend sänftigt; wie aus den leisen Worten Jagos allmählich der Lärm mit Trompeten und Posaunen herausgewachsen ist, damit auf dem Höhepunkt Othello erscheinen kann: das ist eine große Leistung Jagos durch die beherrschende Hand Verdis, die zwar im Keime schon etwa vom „Maskenball" vorgezeichnet wird, aber erst in einem freien italienischen Stil durchgeführt werden kann. Der Anstifter solchen Unheils spricht nun wieder, als Othellos Freund, ganz leise: Cassio hat seine Hauptmannschaft verloren. Jago nimmt den Degen auf. Er ist Herr der Szene, auf der, dieses eine Mal, Othello und Desdemona in ungestörter Liebe zurückbleiben.

Dem Jago werden Blumen auf seinen Weg gestreut. Was das Orchester im Beginn des zweiten Aktes an Schönheiten ausspricht, gilt ihm. Der Dreinotenvorschlag, der aus den Tiefen der Fagotte und der Celli die Blüten emportreibt, zu einer Begleitung der Worte Jagos an Cassio wird, zu einem gewaltigen Unisono anwächst, schließlich aus einem Flüstern sich spannend steigert, ist eine Huldigung an den vom Dämon getriebenen Jago. Nun, ganz allein, spricht er sein Credo, bekennt er seine Seele: Grausam ist sein Gott, aus der Gemeinheit hat er ihn geschaffen; gemein will auch er, Jago, bleiben. Das ist sein Schicksal. Alles Edle und Gerechte ist Lüge. Das Orchester meißelt scharf Intervalle, die das Dogma eines Geistigen darstellen. Die Vorschlagsfigur geht Jago nach. Seine Rede, frei und biegsam, erhebt sich da, wo von der Träne, dem Kuß, dem Blick, dem Opfer und der Ehre die Rede ist, zu einem Nachklang von Empfindung. Der Mensch ein Spiel des ungerechten Schicksals von der Wiege bis zum Grabe. Das wird leidenschaftlich gesprochen und ruft heftige Stakkatogänge des Orchesters hervor: es ist, als ob Verdi selbst, wenn auch Jago an Charakter durchaus entgegengesetzt, diese Ungerechtigkeit des Schicksals mitfühlte. Leise, zwiespältige Triller und Tremoli; noch einmal das Dogma: „Nach solcher Verhöhnung kommt nun der Tod." Wieder das Credo, abklingend. Und dann? Der Tod ist nichts. Nun spöttisch, wie der Himmel, wendet sich auch Jago, im Bann des Dämons, mit begleitendem Streicherpizzicato, zur Tat: Cassio wird Desdemona, die im Garten erscheint, als Bittender entgegengeführt. Sie lächelt ihm zu. Das soll Othello sehen. Schon ist er da. Das auf den Zuhörer berechnete Selbstgespräch Jagos, seine erheuchelte Gleichgültigkeit, ganz wie Verdi hier vorgeschaut hatte, hetzen Othello in Aufregung, so daß schneidende Streicher den bohrenden Schmerz aussprechen. Das angesetzte Messer dringt weiter hinein: Fürchtet die Eifersucht. Diese Empfindung, von einem Ränkesüchtigen geweckt und beobachtet, setzt sich in eine Nummer um: das Ungefähr, das Unheimliche, Schleichende, will Gesang und Form werden. „E un idra fosca, livida." Rossini sang einst: „La calunnia è un venticello." Das Unbestimmte wird schmeichelnde Melodik, soll zum Bestimmten wachsen. Und während die liebliche Musik des Chors, der Mandolinen, Harfen, Oboen Desdemonas Unschuld zu erhellen scheint, ertönt das „Vigilate", das „Seid wachsam" Jagos, das den Verdacht verstärken will. Die sanfte Musik klingt und klingt, Desdemona hat in Gesang und Gaben Liebe erfahren, sie erfährt jetzt zum ersten Male kränkende Zurückweisung des Gatten, wenn sie ihm die Stirn kühlen will. Das Quartett, das nun einsetzt, ist von Jago beherrscht; es hat nicht mehr die sinnliche Nummernmusik früherer Ensemblestücke Verdis, weil es die Handlung verrücken, das Taschentuch als Beweis aus den Händen Emilias in die Jagos bringen will. Die Holzbläser fühlen mit Desdemona, die spitzen Streicher mit Jago. Dies alles im Flüsterton. Das Gesicht der Partitur verändert sich: Flöten und Klarinetten sagen, daß Jago siegen muß, bitten aber mit Desdemona, die nun verloren ist und in dieser Verlorenheit, die sie nur ahnt, noch nicht kennt, den Ton der schmerzhaft liebenden Verdi-Frauen findet. Jagos Gift wirkt: der Ausbruch des Allegro agitato im vollen Orchester hat alles Ungestüm von einst. Das „Ora e per sempre addio sante memorie" Othellos, eine zärtliche Erinnerung, verschärft seinen Wutanfall gegen Jago, der nun wieder, mit seinem Opfer spielend, zur Nummer ausholt: der Traum Cassios, mit Streichersordinen, ist geflüsterte Sprechmelodik, in der eine Spur der alten Arie auftaucht; dann aber wird, im Wechsel des Taktes, das freie Parlando der Intrige wiedergefunden, bedeutungsvoller als je, weil ein Gegenständliches, eben das Taschentuch, als Beweis Gewißheit zu schaffen hat. So ist das große Finale-Duett des Racheschwures vorbereitet, das die gesammelten Kräfte des Instinkts in echter Verdi-Art ausbrechen läßt und auch den kühlen Jago mit sich reißt.

Die Intrige Jagos, die den Ausbruch des Mohren gegen Desdemona herbeiführt, ermöglicht das große Mißverständnis der Worte Cassios durch Othello und das Hervorholen des Taschentuches. „Ruina e Morte" klingt durch das Orchester. Jago spricht in der künftigen Falstaff-Weise: er ist der Meister des Terzetts, das alles andere, die Harmlosigkeit Cassios, das „Tradimento" Othellos in einem Kichern begräbt. Er ist auch eigentlicher Herr der Szene, da Lodovico als venezianischer Gesandter bei Othello erscheint, um ihm den Befehl seiner Abberufung zu überreichen. Denn er hat Othello unfähig gemacht, an etwas anderes als an die vermeintliche Untreue Desdemonas zu denken. Sein Beiseitesprechen, sein Forschen, sein neuer und wildester Ausbruch gegen sie ist von dem Beobachter dieser Szene, Jago, heraufbeschworen, der aber auch zum ersten Male, als er von der Ernennung Cassios zum Nachfolger Othellos hört, ein Betroffener, Überraschter, Überwundener ist. Noch hat er, während der Schrecken über die zu Boden gestürzte Desdemona alle lähmt und in ungewöhnlichen Akkorden aufschreit, Ruhe genug, heimlich das Schriftstück zu lesen. Und in dem großen Ensemble, das nun die Empfindungen aller Anwesenden zusammenraffen will, weiß er Othello zur schnellen Rache aufzupeitschen, Rodrigo zu anderem Verrat zu hetzen, damit er selbst wieder Meister werde. Die Ohnmacht Othellos, den Jago nunmehr als sein Opfer und wie tot am Boden liegen sieht, spielt dem Mann noch einen letzten Trumpf in die Hände. Er ist in diesem Finale Sieger geblieben. Der Triller über „leone" ist der letzte Ton der Verachtung Jagos.

Jago bedeutet den großen Fortschritt Verdis über alles bisher Geschaffene hinaus: einen Triumph des dramatischen Willens und des Geistes über den Instinkt. Man begreift, daß ein Victor Maurel gerade aus dem geringeren Reiz der Stimme die stärkere Ausdrucksfähigkeit zu gewinnen wußte. Er blieb unerreicht als Jago.

* * *

Es ist schon gesagt, daß gerade um Jagos willen alle anderen Hauptpersonen zwar nicht in den Schatten treten, aber doch den Zwiespalt ihres Wesens nicht überwinden.

Beim Helden Othello selbst ist das Heldenhafte und das Brutale in den Ausbrüchen der Eifersucht zwar mit Treffsicherheit gefaßt, aber der liebende Mann nicht mehr mit der vollen Hingabe der Sinne gefühlt, so sehr auch das Orchester mit zarten Tinten ihn und Desdemona umhüllen, die Streicher und Holzbläser mitsingen. Die Arie zeichnet ihre Spur, aber sie ist aufgelöst in einem wechselnden Kolorit, das zu bewundern bleibt, doch aus anderen Quellen der Inspiration fließt als die Kraft, die noch in „Aida" wirkte. Das Des-dur, das Othello und Desdemona in seliger Umarmung hinausgeleitet, hat Süßigkeit, doch nur den Abklang des Erotischen.

Der Abschied Othellos von allem, was ihn einst stolz machte, in As-dur, von zwei Harfen eingeleitet, dann durch den kriegerischen Klang der Trompeten und Posaunen gehoben, ist, wie sehr auch verschleiert, noch Arie; im dritten werden seiner Ausdrucksfähigkeit ungewohnte Zumutungen gestellt: die wachsende, scheinbar immer begründetere Eifersucht soll in allen Schattierungen Musik werden. Der Tenor aber ist geneigt, sich an Höhepunkte zu halten; und Verdi, hier noch immer durch seine Vergangenheit im Ausdruck gefesselt, weigert ihm dies nicht. Othellos Ausbrüche, freilich durch die Rasse erklärbar, sind nicht so abgestuft, wie das Drama es will. Mag das charakteristische Motiv ihm helfen; mag er im Parlando selbst ironisch werden, den keuchenden Atem des Gepeinigten spüren lassen, und doch wieder zum Flüsterton zurückfinden; immer drängt er zum Finale hin, immer gärt in ihm die heimliche Arie, die doch vor den Umrissen zurückscheut. Das zweite Finale hat Othello zum Löwen wachsen lassen; der dritte Akt zeigt den urkräftig Fallenden, Gefallenen. Immer wieder wird der Gegensatz gesucht und dadurch die opernhafte Übertreibung begünstigt. Doch dies eben ist, wie es die Einheit des Stils durchbricht, als Beweis fortwirkender Grundkraft Verdis wiederum willkommen. Aber es gibt auch Momente, wo ein inneres Weh in viel feinerer Art motivisch durch das Orchester musiziert; wo der Schmerz, diese bewegende Macht im Werk Verdis, durch seine Ausdrucksverfeinerung durchdringend wird: so in dem as-moll-Selbstgespräch, das ein Weinen, ein Schluchzen des die Enttäuschung der Liebe als das Schrecklichste empfindenden Mannes ist. Hier werden Höhen der Schönheit und des Ausdrucks erstiegen. Noch ist Liebe tief in ihm verwurzelt; nun soll sie ihm durch das Zwiegespräch Jagos mit Cassio aus dem Herzen gerissen werden.

Als Othello wurde Francesco Tamagno groß, ein Stimmriese von unzulänglicher Erkenntnis, den aber sein Eifer, Verdi Genüge zu tun, durch beharrliche Proben unter dem Meister über sich selbst hinauswachsen ließ.

* * *

Der „effetto" hatte sich auf dieser Stufe zu Wirkungen ganz eigener Art erhoben: hier in der Zusammendrängung der Masse, dort in der Sparsamkeit der mit künstlerischem Bewußtsein verwandten Mittel.

Mit einem nie gehörten, nie geahnten Sturm werden wir im „Othello" empfangen; mit einem vierten Akt, in dem intime Wirkungen auf den letzten dramatischen Ausdruck gebracht sind, werden wir entlassen; und das Ensemble des dritten wiederum türmt sich dazwischen mit einer geradezu drohenden Gewalt auf.

Das Orchester Verdis hat sich in den Grundzügen auch hier nicht verändert. Bei aller Freiheit, mit der es sich bewegt und der Farbigkeit dient, bei aller Ausnutzung der Möglichkeiten im Motivischen, wahrt es doch den eigenen Charakter Verdis: es hat sich nicht zur Sinfonik bekehrt, ist immer voll Verantwortlichkeit für die Situation, so sehr diese auch in größeren Flächen überschaut wird; und es bleibt seinem Vorsatz treu, den Sänger zu stützen, die Stimme herauszuheben. Die Mittel werden nicht wesentlich vermehrt, Verdis schöpferischer Klangsinn hört noch immer aus jedem Instrument seine Sehnsucht heraus. Freilich: dieser Sturm, der schon mit einem schleifenden Vorschlag hineinpfeift und jedes Vorspiel hinwegfegt, braucht ein stärkeres Aufgebot an Blasinstrumenten und Schlagzeug; für uns nicht ungewöhnlich: zu Pauke, großer Trommel, Becken tritt die Orgel, inmitten des Rasens sind gerade die liegenden Töne ausgenützt. Nirgends zuviel. Spannung, Überraschung in Donner und Blitz. Tanzende Triolen, stürzende Chromatik, zerrende Notengruppen und nun der Chor, der allerdings hier das dramatische Bild ergänzen will. Und hineinrufende Menschen. Vom Ungewitter des „Rigoletto" geht die Linie bis zu diesem Rasen der Elemente. Die Natur als handelnde Person hat an Ausdruckskraft gewonnen. Aber schließlich ist es immer wieder der Trieb zur heftigen Zusammendrängung, der in solchen Stürmen ausbricht.

Die Zusammendrängung der Menschen in Raum, Zeit, in Stimmen und Stimmungen wird im großen Ensemble des dritten Aktes bis zum Äußersten getrieben. Man weiß, was hier vorgehen soll, aber man kann es nicht mehr unterscheiden. Verdis Kunst, die Menschen dramatisch singend gegeneinander zu führen, hat in so vielen Jahrzehnten schon zu Verwicklungen geführt. Seit dem großen Aidafinale ist mit dem dramatischen Ehrgeiz des Künstlers auch die Gefahr des überernährten Ensembles gestiegen.

Im vierten Akt wird Desdemona, deren rührende, duldende Zartheit während des dritten schon begütigende Musik geworden war, durch die verfeinerte Sprache Verdis so erhöht, daß nun ihr alles gehört. Eine Frau stirbt, stirbt in der Liebe: noch einmal, ein letztes Mal wird diese Saite berührt und klingt, anders, aber ergreifend. Dieser Akt mit dem einleitenden sprechenden Englischhorn, den sprechenden Frauen, dem traurigen Strophenlied Desdemonas, das nichts mehr von Rührseligkeit hat, in einem unheimlichen Mitklang des kleinen Orchesters fortschreitet und doch einfach austönt; Rauschen des Windes, der wiederum den Nachhall des Liedes zurückträgt; Gebet Desdemonas; die das Kommen Othellos ankündigenden, aufsteigenden Kontrabaßnoten, erregte Bratschen, in die ein ppp der großen Trommel hineindumpft; Zögern und Wut; die vom Englischhorn geführte kurze Liebesmusik; die obstinate Bratschen- und Cellifigur, die allmählich den Aufruhr im Orchester herbeiführt; Aufklärung; das „e il ciel non ha più fulmini?" Othellos, sein Zusammensinken: alles vollzieht sich rasch, folgerichtig und mit der höchsten Sicherheit eines Stils, mit der visionären Unfehlbarkeit eines Orchesters, die Ausdrucksmelodik im Drama völlig aufgehen lassen.

* * *

Dies also ist das Wunder des „Othello", der, je länger man sich mit ihm beschäftigt, desto mehr die ungebrochene Art des Meisters bewährt. Dieses Hinwegstreben von der Liebe als dem Grundmotiv der Oper und der dämonische Trieb zu anderen Regionen dramatischen Ausdrucks macht die Bedeutung des Werkes. Es sollte die Ehrenrettung Verdis vor den Wagnerianern werden. Die Erstaufführung am 5. Februar 1887 in der Scala, zu der sich Italien und das Ausland drängten, hatte in Franco Faccio den genauen und befeuernden Leiter. Brescia, London, Paris, Berlin folgten. Die großen Bühnen Italiens nahmen das Werk an. Aber seine Laufbahn war nicht die der übrigen Verdiopern.

Dem Meister selbst, der kein Zurück mehr kannte, mag unter allen Beweisen der Anerkennung ein Brief Hans von Bülows des Jahres 1892 nicht die geringste Genugtuung gewesen sein: eine Abbitte, ein Bekenntnis der Scham über früher ausgesprochene Torheiten. Gerichtet an den „letzten der fünf Könige der neueren italienischen Musik". „Ich habe zunächst einmal Ihre letzten Werke Aida, Othello, das Requiem studiert, das mich jüngst in einer ziemlich schwachen Aufführung zu Tränen gerührt hat; ich habe sie studiert, nicht nur nach dem Buchstaben, der tötet, sondern in dem Geist, der lebendig macht! Nun, verehrter Meister, jetzt bewundere, ja liebe ich Sie."

WEISHEIT DES ALTERS

Ja, liebgewinnen mußte man ihn nun doch, diesen Mann, der kerzengerade an Körper und Geist in das Greisenalter gelangt war und auf diesem Wege sich auch ein warmes Menschentum gewahrt hatte.
Verdi, der Freund, und Verdi, der beispielgebende Italiener wurden gerade in vorgerücktem Alter fruchtbar. Der Meister, der in seinem langen Leben soviel fremdes Leid miterlebt, soviele ihm Nahestehende hatte dahinsterben sehen, blieb willenskräftig und wurde doch milde. Als Mann des Volkes fühlte er gerade mit den Niedrigen. Oft genug wurde er, der Vielbeschäftigte, den kleinen Leuten Fürsprecher. Er sorgte für die Menschen, die ihm dienten; sie gehörten zu seiner Familie. Je gewisser ihm in seiner Ehe mit Giuseppina Strepponi Kinder versagt waren, desto mehr wurde er Wohltäter der anderen, der Allgemeinheit. Da war es Giuseppina, oder, wie sie für ihn und die Freunde hieß, die „Peppina" selbst, die ihn beriet. Und es ist wohl zu sagen, daß Verdi, der äußerlich Rauhe und immer noch nicht leicht Zugängliche, in den letzten Jahrzehnten seines Lebens Italiens Bevölkerung wie nicht leicht ein anderer beschenkt hat; immer mit jener Anspruchslosigkeit, die ihm eigentümlich war.
Man sieht, um nun wieder die Beziehungen des Freundes zum Freunde zu berühren, Verdi für seine Textdichter eine besondere Zuneigung betätigen. Wie er den mittelmäßigen Piave gegen alle Herabsetzung zu schützen suchte, erleichterte er die letzten Lebensjahre des Schwerkranken und Arbeitsunfähigen durch fortdauernde Unterstützung; so auch dadurch, daß er die Herausgabe eines Albums mit kleineren Stücken beliebter Komponisten anregte und, nachdem die Gräfin Clara Maffei die Reklametrommel dafür hatte rühren müssen, ihm den Erlös dafür zudachte. So wurde sein Mithelfer an der „Aida", Ghislanzoni, ein bescheidener und von der Öffentlichkeit schlecht behandelter Mann, von Verdi zur Entgegennahme des Beifalls allein auf die Bühne geschleppt. Noch einem anderen entgalt er anhängliche Liebe, die er ihm etwa 50 Jahre lang gewidmet hatte: seinem Schüler Emanuele Muzio, dem selbstlosesten aller Freunde, dem geborenen Pechvogel. Dem schrieb man sogar den unheilstiftenden bösen Blick zu. Dabei hätte seine Talentschwäche genügt, ihn zum Stiefkind der Musik zu machen. Und doch hatte er das

Glück, Verdi in der Leitung der „Aida" in Paris ablösen zu dürfen. Als der Arme 1890 dort im Krankenhaus an Wassersucht starb, ordnete Verdi, aufs tiefste erschüttert, seine Angelegenheiten nach dem Willen des Verstorbenen.

Aber es wurden natürlich auch Freundschaften mit sehr wertvollen Männern gepflegt: Verdi, emsig bemüht, die Lücken seiner Ausbildung in den Kinderjahren zu füllen, hatte nicht nur mit den ihm berufsmäßig Verbundenen, mit den Verlegern, den Librettisten, den ausführenden Künstlern, dem Maler Morelli, den Bildhauern Duprez und Luccardi, dem Kreis der Gräfin Maffei, sondern auch mit Männern der Wissenschaft Freundschaft geschlossen. Ihm selbst sagt das Studium der Geschichte viel, weil es ihm den Menschen erhellt. Aber wie aufmerksam lauscht er den Ausführungen jenes ihm so freundschaftlich ergebenen Psychiaters Dott. Cesare Vigna, des Freundes aus den Traviatatagen, Direktors eines Irrenhauses in Venedig! Es ist wahr, daß das, was er hier erlauschte, seinem Werk zufließen sollte. Die Psyche des Menschen in ihrem Zusammenhang mit den physiologischen Veränderungen zu betrachten, war auch für ihn von Wert, für ihn, der am Tatsächlichen hing und sein künstlerisch-psychologisches Ahnungsvermögen an ihm nachprüfte. Wie eindringlich wurde der Wahnsinn Lears erörtert! Auch Vigna starb ihm weg, 1883. Oder es besuchte ihn sein Landsmann Giuseppe Piroli, ihm fast gleichaltrig, Strafrechtslehrer an der Universität Parma, auch einer, der als ständiger Gast in Sant' Agatà Verdi mit der Außenwelt verknüpfte. Und merkwürdig genug bleibt die Freundschaft mit dem Grafen Opprandino Arrivabene, die ein inhaltsreicher Briefwechsel bezeugt. Arrivabene, Sproß eines alten mantuanischen Adelsgeschlechts, war bei dem Journalismus gelandet. Mochte Verdi sonst auch diesen Jahrmarkt der Eitelkeiten nicht lieben: hier war einer als Zeitungsmann Mensch und Künstler geblieben. Ihm durfte man sich anvertrauen, und die Briefe, die hier gewechselt werden, sind aufschlußreicher als die meisten anderen, weil sie manchen Blick in die Häuslichkeit, in die Werkstatt, in die Seele des sonst so Verschlossenen eröffnen.

Immer sind es nicht nur Köpfe, sondern auch Menschen, denen Verdi sich erschließt. Und niemals gehen in solchem Kreise große, eitle Worte um; es gilt nur das Einfache, das Natürliche.

Der alte Verdi war aber auch gegen die eitlen Kinder, die Sänger, duldsamer geworden als früher. Von seinen Forderungen wich er nicht ab; doch er lächelte über menschliche Schwächen.

Das Haus am Piazzale Michelangelo Buonarotti in Mailand, Asyl, Casa di Ricovero für hilflose alte Theatermusiker, das Krankenhaus in Villanova sind Gaben an die italienische Menschheit.

* * *

Diesem Italien hatte er zwar mit seinem Werk ein hohes Beispiel gegeben; aber nichts lag ihm ferner, als es belehren zu wollen. Lehre, System, Grundsätze waren seiner Natur entgegen. Er überließ es den Maestri und den Kritikern, systematisch, grundsätzlich zu sein, und dies um so mehr, als er sie alle von der deutschen Krankheit angesteckt sah. Zwischen den Männern der sogenannten Wissenschaft und zwischen den Schaffenden fand er einen seltsamen Widerspruch. Für ihn aber gab es immer nur einen Grundsatz: seiner Empfindung zu folgen. Die Italiener als Söhne Palestrinas, hatte er Bülow geantwortet, sollten italienische Musik machen; das täten sie nun leider nicht mehr. Verdi meinte, daß die Deutschen hingegen ihrer Bachtradition beharrlich gefolgt seien.

Man wollte die Erfahrungen Verdis für den musikalischen Unterricht nutzbar machen. Es wird ihm 1870 die Leitung des Konservatoriums in Neapel durch seinen Freund, den Archivar Francesco Florimo angetragen. Er lehnt sie ab; er braucht Freiheit zum Schaffen und könnte außerdem unter den gegenwärtigen Umständen nichts Wesentliches leisten. Es scheint ihm übrigens, daß nur die Persönlichkeit, nicht ein Reglement die Leistung verbürge. So sei es wenigstens zu Zeiten Leos und Durantes in Neapel gewesen. Und Rossini habe sich über das Liceo musicale in Bologna lustig gemacht, Bellini das ihm Eigentümliche im Konservatorium Neapels nicht gelernt. Das trägt Verdi als seine persönliche Ansicht vor und weigert sich nun auf Pirolis Bitten ausnahmsweise nicht, Mitglied einer Kommission für die Erneuerung des musikalischen Unterrichts zu werden. Nur dieses eine Mal. Ein zweites Mal, vom Minister 1883 aufgefordert, winkt er, der Senator des Königreiches, schon vorher ab.

Doch er weist immer wieder darauf hin, daß die strengste kontrapunktische Erziehung, die Beherrschung der Fuge und die Kenntnis der alten Musik nottue. Die Namen Palestrina, Carissimi, Scarlatti, Marcello, Pergolesi, Piccini sind ihm mit goldenen Lettern geschrieben.

Aber wie sein eigenes Werk dem Theater gehört, so will er auch dieses, dem alle Begabung des Italieners zustrebe, vor dem Vorfall bewahrt wissen. Ihm sollen alle Anstrengungen des Staates gewidmet sein. Auf das Theater soll auch die musikalische Ausbildung in erster Linie zielen. Dafür hat er schon Cavour in jener Zeit ihrer ersten Begegnungen zu gewinnen gesucht; und nur der Tod dieses Mannes, dem Verdi als Mensch, als Musiker, als Italiener höchste Autorität war, hat diese Pläne durchkreuzt. Es sollten an drei großen Theatern Italiens Gesangsschulen für das Volk, deren Besuch unentgeltlich wäre, gegründet, so ein Stamm von Sängern für die Theater herangebildet werden. Was er von dem Sänger forderte? Nicht nur Zucht der Stimme, sondern literarische Bildung, damit die Empfindung, der er zu folgen habe, den rechten Ausdruck fände. Und alle, die schaffen wollten, sollten nicht Götter anbeten, damit sie nicht zu Nachahmern würden. Im Theater selbst sollte alles vereinheitlicht sein; für den gesamten musikalischen Teil sollte der Dirigent, für den szenischen der Regisseur die Verantwortung tragen.

So sehr aber Verdi das Theater am Herzen lag: die Bussetaner hatten keines bauen sollen. Ihr berühmter Landsmann, nach dem sie es durchaus benennen wollten, hatte mit Rücksicht auf die Finanzen Italiens dieses Wagnis entschieden widerraten. Es hatte nichts geholfen. Mag sein, daß Verdi seinen Nachbarn darum grollte.

Aber nun war er ja, auf höchster Stufe angelangt, ein Mann geworden, der die Heiterkeit des Weisen besaß. Bis zum vierzigsten Jahre, das war seine Überzeugung, muß der Komponist dem Publikum seinen Willen aufzwingen. Dann weiß es, daß es ihn nicht beugen kann. Es verzichtet auch weiter nicht darauf, ihm eins auszuwischen; denn ihm ist von Anfang an der Kampf erklärt; nur hat das dann seine Bedeutung verloren.

Mit solcher Weisheit hatte ihn die Lebenslaufbahn ausgerüstet. Darum konnte der einst so Düstere nun lächeln.

DAS LÖSENDE LACHEN: FALSTAFF

„Siehst du," sagte Rossini einst dem Bildhauer Duprè, „Verdi ist ein Maestro, der einen melancholisch ernsten Charakter hat; er verfügt über ein düsteres und trauriges Kolorit, das ihm in Fülle und ganz von selbst aus seiner natürlichen Anlage zuströmt und gerade darum besonders schätzenswert ist, aber es ist andererseits nicht zu bezweifeln, daß er niemals eine halbernste Oper schreiben wird wie die „Linda", und noch weniger eine heitere wie das „Elisir d'amore".

Hier ist Rossini einmal nicht der spottende Glossierer, sondern ruhiger Beurteiler Verdis. Eigentlich wollte er wohl hinzusetzen: Verdi hätte meinen „Barbiere di Siviglia" nicht schreiben können. Und hierin hatte er ja gewiß auch recht. Aber jene Art Heiterkeit, die als Humor einem tiefernsten Naturell auf hoher Entwicklungsstufe entspringt, verstand Rossini gar nicht; und starb zu früh, um die Widerlegung seiner Meinung zu erleben.

Verdi las dieses Urteil Rossinis. Aber längst, seitdem er dem Theater gehörte, hatte er für sich selbst eine Buffooper ersehnt. Seit zwanzig Jahren war er dem heiteren Stoff nachgegangen. Daß er auch für ihn die persönliche Form und Ausdrucksart finden würde, stand ihm fest. Nichts, auch das Urteil aus solchem Mund, konnte ihn darin erschüttern. Verdi wußte, fühlte ja wohl, daß das Tragische die Ergänzung durch das Komische brauchte. Nur so war der Tragiker wirklich groß, weil er die letzte Freiheit fand, sich selbst zu belächeln. Diese Heiterkeit hatten dem jungen Komponisten des Jahres 1840 Leben und Künstlertum verwehrt. Im „Rigoletto" wurde sie vom Tragischen überströmt; im „Maskenball", dem Werk der Mitte, überströmte sie das Tragische; in der „Forza del Destino" brach sie fratzenhaft hervor. Immer wieder wurde sie durch die zwingende Sprache der Leidenschaft zurückgehalten. Noch ganz zuletzt hatte der „Othello" mit seinen schweren Verwicklungen den Willen zur Heiterkeit zurückgedämmt; aber die Gestalt des Jago ließ etwas von ihr aufblitzen: grundschlecht, wie er war, hatte er doch den komischen Widerschein des zutiefst ungerechten, sinnlosen Daseins gegeben.

Nun war Verdi für den „Falstaff" reif. Nun fühlte er sich frei dafür. Und ganz natürlich verringerte sich auch die Pause zwischen Werk und Werk. Sechs Jahre nach „Othello", 1893, hörte man den „Falstaff" in der Scala.

Aber es ist auch aus anderen Gründen kein Zufall, daß die opera buffa dem nahezu Achtzigjährigen als Frucht abfällt. Wie gärende Sinnlichkeit verstummen mußte, damit der lösenden Heiterkeit Raum würde, hatte auch alles, was den Fluß der Musik unterbrechen konnte, zu verschwinden; Katarakte in dem Strom musikalischer Rede durfte es nicht mehr geben. Künstlerische Weisheit brauchte ungehemmte Technik.

Seit fünfzig Jahren kennt Verdi „Die lustigen Weiber von Windsor"; also gerade seit jener Zeit, da das häusliche Unglück und das seiner ersten heiteren Oper zusammenfielen. Wiederum leuchtet ihm Shakespeare auch als Meister des Buffonesken voran; dieser Shakespeare hat sich ja vom Italien des 14. Jahrhunderts anregen lassen; auch in der Komödie des großen Briten packt ihn die Wahrheit. Die sincerità des Musikers muß ihr ganz natürlich folgen. Wahrhaftigkeit hatte die Sprache seiner Leidenschaft geatmet; Wahrhaftigkeit muß auch in seiner Leidenschaftslosigkeit sein. Wie weit der Weg bis zu solcher seelischer Verfassung in einem, der so ganz von Leidenschaft getränkt war! Und wie schwer auch die Form für eine Dichtung, die den Fluß der leidenschaftslosen Sprache zu tragen, zu treiben hatte! Einst hatte Giulio Carcano ihm von „Falstaff" gesprochen. Aber indes war Verdi über alles Librettohafte hinausgewachsen. Und nun hatte Boito im „Othello" den letzten Kompromiß zwischen dem Dichter und dem Musiker geschlossen. Er allein war für die Dichtung des „Falstaff" geschaffen.

Doch wie mehr noch als im „Othello", der ihn in einem Zustand der Traurigkeit zurückließ, muß er heute seine Ferne vom Publikum fühlen! Wie gegen seinen Willen war selbst sein schon geschwächter Instinkt fähig gewesen, den veredelten „effetto" von der künstlerischen Weisheit zu fordern und zu erlangen! Heut, vor dem „Falstaff", ist ihm Publikum ferner als je. Die Heiterkeit, die ihm heute vorschwebt, ist ja so himmelweit von der der italienischen Buffonisten verschieden. Alles Schlagerhafte Rossinis wird weder gesucht noch gefunden. Dabei scheint Verdi doch die Gestalt des Falstaff selbst eine echte Theaterfigur; der lustige Nachklang des

Narren Rigoletto. Die körperliche Häßlichkeit haben beide miteinander gemein. Aber der Narr Rigoletto hat innere Schönheit; Falstaff erscheint als verkörperte, aufgeschwemmte Urschlechtigkeit. Wirklich? Nein, dieser Trunkenbold, Fresser, Prahler, Betrüger, Bock ist nun am Ende doch durchaus kein übler, unangenehmer Bursche. Man muß ihn pieken und zwacken, ja, aber auch mit ihm lachen, wie er schließlich mitlacht. Verdi hat ihn gern. Er liebt die Typen. „Sie sind so selten, die Typen." Die Gier des Falstaff und die Liebe Fentons zu Nannette werden sich gut gegeneinander abheben. Der Vorgang ist harmlos lustig. Und lösen soll sich der leicht geschürzte Knoten im Park von Windsor. Dieser und der Park von Sant' Agatà verschwimmen dem den Stoff durchdenkenden, mit der Phantasie durchstreifenden Künstler in eins. Ja, Sant' Agatà mit seinem weiten, luftigen Park, mit seinen geheimnisvollen Gängen, seinen Büschen und Beeten, seinen verschwiegenen Winkeln: wie wär's, wenn einmal die losen Geister sich hier ein Stelldichein gäben!

In der Tat kehrt der Gedanke wieder: der ganze „Falstaff" ist reiner Zeitvertreib für mich; meine persönliche Angelegenheit ... Werde ich ihn beenden? Und wenn: wie hübsch wär's, das Werk hier zu behalten, hier in Sant' Agatà aufzuführen, nicht in die Welt hinauszuschicken!

Aber rascher noch als für den „Othello" wird die Feder eingetaucht: man spürt, wie eine langgehegte, langersehnte, liebevoll angeschaute Heiterkeit sich erfüllen möchte.

Doch: „So lange man in der Welt der Ideen spazieren geht, lächelt einem alles zu; wenn man aber einen Fuß auf die Erde setzt, bei der Ausführung entstehen Zweifel, Mutlosigkeit", schreibt Verdi an Boito. Der Entwurf des „Falstaff" liegt vor. Hat Boito an die Jahre des Maestro gedacht? Gewiß: er ist gesund, kräftig. Aber wäre es nicht besser, wenn Boito an seinen eigenen „Nero" dächte, anstatt soviel Arbeit an eine ungewisse Sache Verdis zu wenden? So redet Verdi 1889 ab, während er sich selbst zuredet. Und ein Jahr darauf ist er schon bei der Arbeit. Das Geheimnis des „pancione", des Dickwanst, ist bei einem Gastmahl im Hause Giulio Ricordis ausgeplaudert. Verdi tritt aus seiner Einsilbigkeit heraus und macht vertrauliche Andeutungen. Schon hat sich die Presse der

Neuigkeit bemächtigt. Nachrichten fliegen von Blatt zu Blatt. Verdi ist sozusagen von der Öffentlichkeit überrumpelt.

Das wird ihm peinlich. Denn der „ehrwürdige Greis von Sant' Agatà", wie er sich im Anschluß an Zeitungsnotizen lächelnd nennt, kann nun doch nicht seinem Körper befehlen wie einst. Nun liest er das Buch des Physiologen Angelo Mosso „La fatica" und weiß, wie leicht Ermüdungserscheinungen im Greisenalter auftreten. Er beobachtet sich, überwacht sich und verzögert damit sein Arbeitstempo. Aber die frühen Morgenstunden sind ihm günstig. Und er unterhält sich bei alledem.

Es wird ernster. Man will den „Falstaff" für die Scala. Aber „Lieber Giulio, Sie scherzen!" Er hat wirklich weder an Theater noch an Sänger gedacht. Giulio Ricordi glaubt Verdi selbstverständlich nicht, und zwischen 1891 und 1892 wird alles für das Ereignis in der Scala vorbereitet: Der Greis bestätigt sich bei alledem als willenskräftigen, in der Sache unnachgiebigen Mann. Noch will er die freieste Verfügung darüber behalten, wo der „Falstaff" aufzuführen ist. Der darf nicht vogelfrei sein. Weiter: die Künstler sollen keine übermäßige Gage erhalten; sie sollen für Proben nicht bezahlt werden. Keine unnützen Ausgaben für ein, noch so erfolgreiches, Werk von mir! Maurel möchte sich für eine bestimmte Zahl von Aufführungen ein Sonderrecht zur Darstellung der Partie des Falstaff eingeräumt wissen. Er muß nachgeben. „Diese Ansprüche", bemerkt Verdi, „beunruhigen mich ziemlich".... „Und ich füge hinzu, daß ich, vor die Wahl gestellt, sagen würde: entweder nehmt ihr diese Bedingungen an, oder ihr verbrennt die Partitur, und ich würde sofort das Feuer anmachen und selbst „Falstaff" und seinen Bauch auf den Scheiterhaufen legen."

Mit klarem Blick hat Verdi beim Niederschreiben der Partitur die Bühne gesehen. Auch diese soll in der Scala die sinngemäßeste Einrichtung haben. Von jeher hat man hier mehr als irgendwo anders in Italien auf das Bühnenbild geachtet. Aber Verdi hatte doch erst von „Aida" ab seine in Frankreich erworbene Erfahrung durch persönliches Eingreifen, durch persönliche Überwachung verwertet. Noch im „Othello" findet man leeren Prunk genug. Für den „Falstaff", der ganz jenseits der Großen Oper steht, soll der Stilwille Verdis gelten und aufs genaueste durchgeführt werden. Seine Anordnungen sind unzweideutig. Sie werden auch durch seine Zeichnung erläutert.

Der Grundgedanke bleibt: dieses Werk ist eigentlich ganz auf intime Wirkung angelegt und nicht mehr für die große Bühne der Scala bestimmt. Man muß also künstlich den Eindruck eines kleineren Hauses erzielen, indem man die Bühne gewissermaßen in einem Rahmen verengt. Stilvollste Einfachheit wird das Bild beherrschen.

Vereinfacht ist schon Shakespeare durch Boito, doch auch wiederum, im Sinne Verdis, auf die kürzeste Formel gebracht. Fünf Szenen — zwei innere: die Küche einer Osteria, das Innere eines bürgerlichen Hauses; drei äußere: der Garten des Hauses Ford, eine Straße, der Park von Windsor. Die Osteria mit ihrem Drum und Dran steht an erster Stelle der drei zweiteiligen Akte als der Ruhesitz des behaglichen Dickwanst. Und der soll nicht alt und schlaff sein, sondern das volle künstlerische Leben des Falstaff in Shakespeares Heinrich IV. haben. Das Tempo der Komödie wird beschwingt durch den Fortfall der Verkleidungsszene und des Junkers Spärlich. Einen Hauptspaß verspricht der Hinauswurf des Korbes mit Wäsche und Falstaff in die Themse.

Die szenische Ausgestaltung ist Adolfo Hohenstein anvertraut. Da wird nicht nur in der Bibliothek der Brera in Mailand, sondern auch in London, im British Museum, in Windsor geforscht. Leider ist da allzuviel erneuert. Doch in Oxford Street wird eine Gruppe von Häusern entdeckt, die Hohenstein für die Ortsfarbe als Vorlage benutzt. Alte Stiche helfen, die altenglische Maskerade leitet für das Spiel der Geister an. Verdi bleibt in allem entscheidend. Zuccarelli ist der Bühnenmaler. In Genua und Sant' Agatà wird der „Falstaff" beendet.

Und nun ist der Meister im Hotel Milan Mailands abgestiegen. Man arbeitet fieberhaft. Verdi nur ist ganz ohne Fieber. Weit und sicher ausschreitend, kerzengerade und beweglich, gutgelaunt und gemütlich, leistet er die Vorbereitungsarbeit: überprüft die Partitur, die Stimmen, die Übertragungen, probiert, probiert, probiert unermüdlich im Theater oder in einem Zimmer des Hotel Milan. Der ganze Tag verstreicht in dieser Tätigkeit. Verdi hat alles Mürrische, alle Ungeduld von einst verloren. Auch sein Probieren ist eine Kunst geworden, die er nach seiner Persönlichkeit geformt hat. So hoch die künstlerische Weisheit und mit ihr der Anspruch an die Ausdrucksfähigkeit des Darstellers gestiegen ist, so sehr auch der Stil in der Übertragung der eigenen Idee auf den Ausführenden; hier wirkt nicht minder das innere Wachstum des Menschen, und das Grundgütige seines Wesens enthüllt sich, da er keinen Widerspruch mehr spürt. Wie bewundert man das unweigerliche Gedächtnis des Meisters; die Allgegenwärtigkeit seines Geistes und seiner Empfindung; seine Fähigkeit, Haltung und Schritt des Sängers, der doch kein Sänger sein soll, zu lenken; das Feuer, in dem er mit seinen Künstlern mitglüht! Nun freilich, es ist ja opera buffa; es soll ja etwas durch die große Vergangenheit des italienischen Theaters Gewordenes hier noch einmal sich erneuern. Einst hatte die Buffooper alle Kräfte der Stegreifkunst zwischen den Akten der ernsten Oper ins Spiel gebracht. Dann erstarkte sie durch Pergolese und Cimarosa zu einer selbständigen Gattung, wurde groß durch die dämonische Heiterkeit Rossinis. Und was ist sie heute? Das soll sich zeigen. Auch heute noch, wo die Kunst der Improvisation durch die künstlerische Vollendung der Oper und durch das vielfach beschriebene Notenpapier ausgeschaltet ist, heute noch, drei Menschenalter nach Rossini, soll sie für etwas Uritalienisches zeugen. Wird sie's?

Es ist Falstaff-Generalprobe. Verdi gestaltet sie nach seinem Willen und hält auch die auswärtige Presse von ihr fern. Aus aller Welt sind Menschen herbeigeeilt, dem Wunder dieser nahezu 80 Jahre beizuwohnen. Der Draht soll nach allen Richtungen davon melden. Und es wird 9. Februar, Premiere. Eduardo Mascheroni, schon am Argentina und am Apollo Roms zur Berühmtheit gelangt, an der Scala Nachfolger Franco Faccios, dirigiert. Verdi wartet in einem der Bühne ferneren Zimmerchen des Scalatheaters.

* *
*

Dieser denkwürdige Abend mußte jeden überzeugen, wie gut Verdi vorausgesehen, und wie weise er gefordert hatte. Sein „Falstaff" wandte sich zunächst nicht an das große Publikum; am wenigsten an ein italienisches. Er brauchte neue Bedingungen für ein Dasein: örtliche und zeitliche. Sein Premiererfolg konnte nicht anders als gewaltig sein. Victor Maurel, geistreicher Ironiker als Jago, war unverwüstlicher Humorist als Falstaff; einer, der sich, mehr und mehr in alle Art Schmutz abgeglitten, doch seiner guten Erziehung erinnerte. Antonio Pini Corsi als Ford, Emma Zilli als Alice, der Tenor Garbin als Fenton steuerten ihre Kraft bei. Mit zehn Personen auf der Bühne, dem Chor erst im letzten Akt, war das Ereignis dieser Erstaufführung geschehen.

„Falstaff" ist das Ende der alten Arienoper, der Anfang einer modernen Kammeroper. Er mußte als die Aussprache eines lang gehüteten Geheimnisses wirken; im höchsten Maße überraschend, weil er so gar nicht verdisch, so gar nicht italienisch schien. Und doch war er im Grunde beides: nur in einer Weltsprache und für eine auserwählte Gesellschaft.

Ein Wille zum Klassischen hat dieses Werk geschaffen. Mit ihm tritt Verdi in die Gemeinschaft der Großen; reiht sich einem Mozart an; nur in einer schon vorgerückten Zeit. Mozarts Los ist es, von Italien, dem er die Technik seiner Kunst dankte, schließlich nicht anerkannt zu sein. So mußte es auch des „Falstaff" Schicksal werden, in dem Italien, das seinen Verdi pries, nicht mehr als italienisch zu gelten. Italienisch heißt ja durchschnittlich eine Art sinnlichster Musik, die den singenden Menschen nicht nur zum König, sondern zum Tyrannen der Oper macht. König sollte er auch nach dem Willen Verdis sein; als Tyrannen konnte er den Sänger, je länger er schuf, je höher er stieg, desto weniger dulden.

Nur aus dem Verstummen der Sehnsucht der Sinne also konnte eine in sich ausgeglichene Musik hervorgehen. Denn italienisch war es, den „effetto" über alles Maß herauszuheben. Man darf freilich daran denken, daß die Cimarosa und Pergolese keineswegs Anbeter des maßlosen „effetto" waren.

Das Italienische und das Verdische des „Falstaff" zugleich ist die Auflösung der Rede in Musik, das fortlaufende Parlando. Überwindet es alle Arienherrlichkeit, so hat es doch italienische Tradition in sich. Dieses Parlando kann nur aus dem Geist der italienischen Sprache geschöpft sein. Und wenn es in seinem freien Fluß die Nummer mit sich fortschwemmt, hört die Oper zwar auf, populär zu sein, aber sie wird Erfüllung einer höheren Idee. Man mag Leidenschaft über künstlerische Weisheit stellen und „Aida" mit seiner durchglühten Nummer und seinen drängenden Rezitativen mit Recht als den Gipfel der italienischen Oper preisen: dieser „Falstaff" bleibt dennoch einzig. Wie seltsam, daß des Deutschen Otto Nicolai Oper „Die lustigen Weiber von Windsor" italienischer erscheint als der „Falstaff" Verdis! Seltsam in der Tat, daß der Verdi, der nur für das Volk schreiben konnte, allmählich diesem Volk so fern rücken mußte!

Aber so überraschend diese Entwicklung auch ist, man findet sie von Anfang an vorgezeichnet. Verdi wollte nie reiner Melodiker sein, das sprach er oft genug aus. Der Meister, der Arien schrieb und mit Blut füllte, strebte doch auch von ihr weg. Er empfand den Zwang ihrer Form, die sich in der Wiederholung noch betonte, und suchte mit seinem eingeborenen Willen zum Drama die Zwischenformen jenseits der Arie abzustufen und zu entwickeln. Arie, die den sicheren „effetto" gewährleistet, und Rezitativ, das ihn aus inneren Gründen rechtfertigen will: diese beiden werden von dem Vorkämpfer der Wahrhaftigkeit Verdi durchdacht, durchfühlt, durchzittert. Dem Wortkargen war das Wort als Symbol eines Inhalts heilig; dem Meister des „effetto" war das Schlagwort wert. Wahrhaftigkeit und Rhetorik sollten in der Oper versöhnt werden. Ganz konnte das erst geschehen, als die Sinne nicht mehr schrien. Da konnte der Mann der Oper, der doch immer über die Oper hinausstrebte, die Wahrhaftigkeit der Form erreichen. Er mußte aufgehört haben zu kämpfen, um künstlerisch weise und wahrhaft auf die Oper zurückschauen zu können, indem er sie schrieb.

Die musikalische Rede ist im „Falstaff" meisterhaft entwickelt; und zwar als Abdruck der Persönlichkeit Verdis. Das Seccorezitativ, das begleitende Rezitativ sind von dem Tempo der Musik aufgesogen und gehorchen dem alles beherrschenden Parlando. Eine unerhört leichte Hand hat alle Arten musizierter Sprache so ineinanderfließen lassen, daß sie ohne Rest selbstverständlich aufgehen. Man spürt nichts mehr von dem Kampf um den canto declamato, um die mezz' aria, die in dem früheren Verdi auftauchen. Das Lyrische mag ja als Unterströmung vorhanden sein, es vermag nicht mehr, selbstherrlich aufzutreten. Aber es bleibt doch Musik. Verdi kann sich nicht sklavisch an die Sprache halten. Das Gegenständliche: eine Vorstellung, die Ankündigung eines Besuchs, Befehl an den Diener, den Korb hinzustellen und durch das Fenster zu entladen, wird im Seccorezitativ erledigt. Das Parlando, halb vom Sinn, halb vom Tonfall getragen, schwebt in durchaus sangbaren Intervallen, oft auf den beharrlich gleichen Ton, frei dahin. Aber es muß, wie wir, auf die Kammermusik horchen, die unter ihm läuft. Kammermusik der Oper. Sie kommt von der Mozartschen her und unterscheidet sich doch von ihr. Etwas Leitmotivisches ist in ihr, und sie wird doch thematisch entwickelt. Thematisch und doch nicht sinfonisch. Noch immer leitet und beseelt die Situation; nur daß sie nicht bloß an ihren Grenzpunkten erfaßt, auch in Zwischenstufen geschaut wird. Ansätze hierzu zeigt natürlich Verdis früheres Werk: das dramatische Motiv wird festgehalten und läuft doch auch musikalisch unter dem Parlando weiter. Früher aber zwang die Stimme mit ihrer sinnlichen Kraft die thematische Arbeit, sich im gegebenen Falle aufzuheben, zu verleugnen, damit der Gipfel des „effetto" erreicht würde. Heut, bei geschwächter Sinnlichkeit der Stimme, ist eine ganz eigenartige Kunst der Übergänge gefunden. Die Kammermusik des Orchesters hatte an dieser teilzunehmen, nein, sie mitzuschaffen. Sie wollte die Stimme nicht decken, sondern begleiten, und, wie einst, nur noch viel feinhöriger, in das Drama, hier in die Komödie hineinhorchen. Der Komponist des Streichquartetts, die eine dramatisch belebte Kammermusik war, brauchte sich nicht abzumühen. Das Charakterisierende der Instrumente lag ihm im Blut. Die Verfeinerung im Spiel der Bläser und Streicher, die hier, auf ernstem Grunde, ihren Schabernack treiben, war nun allerdings eine künstlerische Eroberung Verdis, die auch die von ihm Verwöhnten überraschte. Der Meister, der bis in die Höhe seines Werkes Stimmverdopplungen liebte, konnte sich jetzt, nach Abschüttlung der Arie, von ihnen befreien; die Stütze, die ein Instrument einmal der Menschenstimme bot, hatte nichts Aufdringliches mehr. Das war Filigranarbeit des Orchesters, ein Netz eilender, hüpfender, sich ablösender, halblaut singender Stimmen.

Damit hatte aber das Orchester das eigene Leben, das der italienischen Oper nicht gemäß schien. Und doch war auch hier alle Arbeit aus der Vision geboren.

*   *
*

Wunderbar ist es in der Tat, wie bei einem so ins kleinste bedachten Gewebe nie eine sichtbare Spur von Mühe den Eindruck stört; wie niemals etwas wie Schablone aufstößt; wie ein Ganzes aus der Fülle von Einzelheiten sich ergibt. Noch mehr: jeder dieser drei Akte und in diesem ein jeder der beiden Teile hat seinen eigenen Stimmungskreis, der die Musik beherrscht.

Falstaff in seiner ganzen Breite, in seiner ganzen sympathischen Lasterhaftigkeit, dieser „immenso Falstaff", wie ihn seine Diener und Spießgesellen Bardolfo und Pistola nennen, thront über allem, was im Anfang geschieht. Dieser Dickwanst, prahlerisch, voll Freude an seiner Riesenkörperlichkeit, voll Verachtung für die Bedenken der guten Bürgersleute, hat in dieser Partitur, durch die es kichert, die tiefen Register für sich; das Fagott ist gern mit ihm. Die großen Redensarten, die behagliche Ruhe haben sich inmitten aller Beschwerden des Dr. Cajus, inmitten aller saftigen Schimpfworte und der durch das Orchester jagenden Triolen behauptet. In der Weinseligkeit versinkt das Peinliche, das Heftige. Aber sieh da — Falstaff fühlt Liebe in sich aufsteigen. Wie süß, wie romantisch süß, mit ungewohntem Vorhalt ist das A-dur-Thema, das, von den ersten Geigen gesungen, von den Flöten und zweiten Geigen begleitet, von ihnen wie den Celli so pizzicato glossiert wird, daß schon die Romantik fragwürdig wird und der Gedanke an den durch die Frauen zu öffnenden Geldschrank ihrer Männer auftaucht. Aber diese Liebesphrase wird nun doch von Verdi nach der Dominante gewendet, gehätschelt, gestreichelt, in immer neuer Art weitergesponnen. Ähnliches war uns früher nicht begegnet. Ja, hier sänftigt sich die Gier Falstaffs zur Zartheit, wenn er von Frau Alice spricht; aber sofort besinnt er sich, spreizt sich, falsettiert als girrender Liebhaber und giert über hüpfenden Stakkati nach Frau Margherita, Meg genannt. Unter seiner mezzavoce verhaucht in H-dur die erste Liebesphrase. Aber diese beiden Kerle Bardolfo und Pistola spielen ihm einen Streich: diese beiden ehrlosen Wichte, die eben den Doktor Cajus ausgenommen und in einem losen Kanon das „Amen" entweiht haben, behaupten, ihre Ehre verbiete es ihnen, die Briefe an die beiden Damen abzuführen. Die Ehre, die Ehre! Der tiefe Triller des Orchesters macht seine Glosse dazu. Ein Wort. Ein Hauch. Dieser Hauch fliegt in raschem Sechzehntelzweiklang von Flöten auf; und alle anderen Bläser, mit der Tuba, bestätigen es. Was nützen alle Erörterungen über die Ehre! Hinaus mit den beiden Lumpen! Das Orchester erhitzt sich. Es rasen die Geigen nach dem C-dur, das die Tonart des „Falstaff" ist.

Man hat sich doppelt gegen Falstaff verschworen: die harmlos lustigen Frauen; der eifersüchtige Mann. Nichtsahnend nimmt er, wenn der behagliche Sechsachteltakt verklungen ist, die tiefe Verbeugung der Quickly auf Noten von schalkhafter Ehrfurcht entgegen. Dieses „Reverenza", von den Streichern mit aller Behaglichkeit vorgetragen, haftet nun an Falstaff. Je länger es dauert, desto komischer wirkt es. Er ist eingewickelt. Das „dalle due alle tre" als Stunde der Verabredung klingt ihm wie eine selbstverständliche Folge seiner Verführungskunst, aber er läßt es sottovoce in seinem Munde zergehen. Seine Herrlichkeit spreizt sich noch mehr: auch die schöne Meg will. Belohnung an Quickly. „Reverenza". Falstaff ist Narr und Don Juan. O, wie lacht da, wenn er behauptet „Alice ist mein", das ganze Orchester glucksend in As-dur. Ja, jetzt ist es Zeit für ihn, sich selbst einmal wohlgefällig zu betrachten: das ist ein so recht verdienter Viervierteltakt, der seine schöne Männlichkeit aussagt und sein Animalisches mehrfach stark herausstreicht. Da — Fontana wird gemeldet. Fontana, ein Brunnen: schon fließt es ihm die Kehle herunter; die Geigen sind geschäftig. Das Wohlgefallen an sich selbst hält an. Der geldgierige Falstaff ist schon durch den sichtbaren Geldsack für Fontana gewonnen. Die Vorstellung: Bläser halten den Atem an, die Streicher erledigen umständliche Förmlichkeiten. Man ist beim Geld. Es klingt, Spott zugleich, in den Flöten und Oboen: Falstaff geht in die Falle. Wie reizend die parodistische Arie mit der Kadenz Fords, der ja noch an die Liebe, aber auch an die Möglichkeit der eigenen Hörner glaubt; wie hübsch das so ganz anders, so scherzhaft gestimmte Liedchen des immer noch schlauen Falstaff, der meint, anderen die Hörner verschaffen zu können; und wie lustig die Einigung der beiden auf diese Kanzone, in der sie sich ablösen! Fürwahr, eine Gelegenheit für die Bläser mitzusingen. Falstaff hört das Geld klingeln. Er hört aber nicht das stechende Pizzicato-Es. Schon ist er bereit, Lohn für die Eroberung Alices zu nehmen, deren Tugend mit der gleitenden Chromatik eines leichten Zweivierteltaktes bezweifelt, und deren Rührmichnichtan mit einem

Falsett gehöhnt wird. Dem Schrei „Wer?" mit Streichern und Pauke des angeblich gehörnten Ford steht das unerschütterliche „Alice" des angeblich besitzenden Falstaff gegenüber. Wie in dem tragischen Eifersuchtsmonolog Fords Hörner und Fagott dreimal das „dalle due alle tre" Falstaffs monomanisch wiederholen, wie ihm ein gewichtiger Triller seiner „Hörner" vortäuscht und Gärungen in ihm hervorruft; wie der alte Sünder zwischen Fagott und Cello angekreidet und von andern Instrumenten weiter ausgemalt wird; wie er nun endlich mitten in die Raserei Fords hineinplatzt und sich als Stutzer, vom zierlichen Rhythmus der Musik begleitet, wieder vorstellt; wie schließlich Falstaff und Ford sich gegenseitig höchst umständlich hinauskomplimentieren und das Orchester sich über beide gründlich lustig macht: das ist ein ergötzliches Finale.

Armer Falstaff! Das nächste Finale wird noch ergötzlicher — für die anderen. Nur einen Augenblick spielt er wirklich mit, dann wird ihm mitgespielt. Seine unverschämte Huldigung in F-dur ist nicht ohne Komik; aber ihm ist ja auch Erinnerung an seine edle Pagenvergangenheit als schnellfüßige charmante Nummer in den Mund gelegt. Von Rechts wegen müßte er mit dieser, wenn sie ein Victor Maurel vorüberhüpfen läßt, trotz seiner feisten Gegenwart Don Juan werden; statt dessen sich in eine Art Korb mit Wäsche stopfen müssen, von Zeit zu Zeit angstvoll hinauslugen und -stöhnen, am Ende aber, nach einer schwer durchkeuchten Viertelstunde, als Last mit schweren Noten zum Fenster geschleppt werden, hinaus und in die Themse fliegen und noch dazu in C-dur von allen ausgelacht werden: ein übler Spaß fürwahr!

Aber von allen Arten, uns in die Szene und zu Falstaff hineinzugeleiten, ist die des dritten Aktes die reizendste. Das hüpfende Motiv von einst, das mit seinem voratmendem Achtel vorübertrippelte, ist ein Liebesflüstern geworden, das, aus den Kontrabässen aufsteigend, den Celli, den Bratschen, den zweiten Geigen, den ersten sich mitteilt und wieder abtropft; aber es ist ein Mitgehen, ein Auseinandertreten, harmonisch so fein und immer feiner gesponnen, daß Falstaff, also meisterlich begrüßt, versöhnt sein könnte. Ihm Korb und Themsewasser! Er schilt, Oboe, Fagott, Trompeten, Posaunen mit ihm, auf diese schlechte Welt. Der Wein wird ihn heilen. Schon fließt er, die Streicher klettern herunter; das Behagen des unteren, des animalischen Menschen, ist hergestellt; es geht ein Trillern durch die oberen und die Streicherregionen der Partitur. Wiederum Quickly? Hinweg! Wieder hineingefallen. Dort, wo es (Quickly hat das Ammenmärchen mit der Fürchtestimme einer Gläubigen vorerzählt) so grauslich hergeht, bei der Eiche von Herne, wird Falstaff als gehörnter Jäger zum Stelldichein, den anderen zum Spaße sich um Mitternacht einfinden. Um Mitternacht: die Mitternachtsschläge modulieren von F-dur sehnsüchtig wieder zu F-dur hin, wiederum in einer bei Verdi nie gekannten Art. Ein kurzes Liebesgirren. Ein längeres Gezwacktwerden. Und dazu noch den Baß der Reue und Buße singen müssen. Doch der Herr steht auf. Falstaff, der Bardolfo erkennt, hat sich wieder und findet auch den Rhythmus seiner saftigen Abkanzlung. Und ist er wirklich allein der Gehörnte? Ganz ohne Reue, ganz unbeschädigt kehrt er, da doch alles in dieser Welt nur Spaß ist, in sein Schlaraffenland zurück.

* * *

Falstaff ist stark für sich allein, die andern sind es in der Gemeinschaft. Falstaff wird mit allen Hilfsmitteln der Charakteristik, mit Timbre, Tonfall, Rhythmus, Instrument nach allen Seiten hin beleuchtet; die anderen erhalten wohl, mehr oder weniger, etwas Kennzeichnendes, ohne diese Hauptperson je zu bedrängen. Auch darin liegt künstlerische Weisheit. Und es ist ältester Verdi, nur auf die höchste, auf die geistigste Stufe gebracht, wenn im Ensemble sich seine zusammenfassende Kraft an den entscheidenden Punkten entfaltet. Gewiß hat das in einer musikalischen Komödie, in der das Wort so viel wiegt, auch seine Nachteile, da ja notwendig in dieser allerhöchsten Ensemblekunst die Worte untergehen müssen. Und gerade dann, wenn die Kunst musikalischer Kennzeichnung sich bis ans Ende entwickelt hat.

Den Frauen schreitet Alice tätig, schalkhaft, unternehmend voran. Auch sie hat bei der Verlesung des Briefes die Arie zu verspotten. Sie setzt sich allen Attacken Falstaffs aus, besorgt es ihm aber auch, ist im Unisono gegen den Vater mit ihrer Tochter und lenkt, soweit es an ihr ist, Musik, Spuk, Spiel zu glücklichem Ende: sie ist anmutige Führerin aller Ensemblestücke. Quickly geschwinde Mittlerin: ihre Aufträge für Falstaff werden geschickt erledigt, und ein Meisterstück ist die Erzählung des Geschehenen und des Bevorstehenden. Die schöne Meg kündigt Ford energisch an, tritt aber zurück. Nanette versucht schelmisch zu sein, ist aber von Dr. Cajus bedroht und in ihrer Liebe zurückhaltend. Ja, diese Liebe, meist im Dreivierteltakt, zart, auch wenn hinter dem Wandschirm ein Kuß schallt, wie weit, wie weit ist sie von jener der Verdi-Frauen sonst entfernt! Die Sprache dieser Liebe, ganz in die Romantik der B-Tonarten getaucht, kennt keinen feurigen Aufschwung; „bocca baciata non perde ventura" ist die musikalische Weisheit nicht ohne Melancholie, die sie anmutig und noch ein bißchen italienisch ausspricht. Fenton, dem sie gehört, und Nanette, die sie anhört, sind ein Liebespaar, das die moralische Weltordnung zu bestätigen hat.

Aber das „Ah, ah, ah" der Frauen, der lustigen Weiber von Windsor mit ihren unermüdlichen Zungen klingt durch die zweite Hälfte des Aktes; es zieht auch die Männer an, die mit Ausnahme des verliebten Fenton sich ganz anders verschwören wollen: ein Nonett von einer Freiheit der Bewegung, die unaufhörlich ist, weil sie sich ohne die Gegensätzlichkeit der Leidenschaft vollzieht. Bewegung, unaufhörliche, ist auch in den auf und ab rasenden Sechzehnteln, die der Haussuche des eifersüchtigen Ford folgen. Das Ensemble heuchelt Leidenschaft, es wird dramatisch, um sich endlich in ein allgemeines Gelächter aufzulösen.

Die Kunst des Meisters faßt sich im letzten Akt zusammen. Was geschieht nicht alles auf dem Wege zu der Schlußfuge! Abgekühltere Sinnlichkeit hat die Bahn für alle Schattierungen des Zarten freigemacht. Wie im Fluß der Rede überall Musik in freiwechselndem Takt erblüht, ist auch das immer bewiesene Gefühl für den Farb- und Stimmungswert der Tonarten hier aufs höchste verfeinert. Während alles Neckische bei dem nächtlichen Verkleidungsspuk seine Klangwerte im Orchester, zumal in den Holzbläsern und hier in den Flöten findet, ertönt doch wieder etwas Neues, Ungewohntes: Romantik, verklärt durch Buffonerie. Nie kann es ja bei Verdi irgend etwas wie Illustrationsmusik geben; Ausdruck ist alles. Und der Ausdruck hier erschließt sich neue Mittel. Die einfachste Harmonik, wiederum Abbild der sincerità eines zur höchsten Entwicklungsstufe emporgestiegenen Bauern, hat einen eleganten Dreivierteltakt zu einer Folge von Dominantfortschreitungen geführt, die einen Ausblick nach Traumland eröffnen. In diesem Geiste veredelten Tanzes schließt ein Teil. Der Dreivierteltakt, der in den doppelt geteilten Sordino-Streichern Sechzehntelsextolen mit sich führt, der Sechsachteltakt, der solche Sphärenmusik in das grausame „Pizzica, stuzzica" verwandelt; das große Ensemble mit der Parodie der Kirchenmusik; Feenzauber, der sich in Entzauberung, Nasführung, Erfüllung löst: es mag schon etwas lang sein. Aber das romantische As-dur, Nanette und Fenton bestrahlend, ist ein letzter Haltepunkt der Sehnsucht. Ein Evviva in Es-dur. Und wir sind bei dem grandiosen C-dur, das Spaß auf Erden selig werden läßt. Diese von zehn Menschen und dem Chor gesungene Schlußfuge „Tutto nel mondo è burla", das höchste Bekenntnis zur Form und gegen die Schule, mit starker Abbiegung vom Ausgangspunkt, ja mit Zartheiten, endlich mit Trillern der Alice und Nanette, ist eben die einheitlichste, überzeugendste Form der „risata final", des lösenden Lachens.

* * *

Dieser „Falstaff" vollendete die Ehrenrettung Verdis auch bei den bisher Ungläubigsten. Er war selbst für die von Wagner besessene Welt ein Beispiel geworden. Ohne in die Systematik der „Meistersinger" zu verfallen, ganz auf eigenem Wege, kaum mit einem Nachhall der Opéra comique, hatte er den Ausdruck seines Humors gefunden. Warum, werden manche fragen, hat Verdi nicht so angefangen? Man muß dies belächeln. Nur aus der ungestümen Kraft konnte gegen den Ausklang eines langen Lebens solche Abklärung hervorgehen.

Man wollte Verdi in Italien zum Marchese di Busseto machen: er wußte es abzuwenden. Der „Falstaff" ging über die ersten Theater Italiens, wurde in Turin gefeiert, genoß höchste Ehren in Paris, wo Verdi auf wiederholte Bitten selbst erschien, und in Berlin, wo man das Wunder dieser Partitur in den Kreisen der Musiker bestaunte. Der „Falstaff" ist, nochmals sei es gesagt, ein Leckerbissen für die Auserwählten, eine einzige Erscheinung geblieben.

Verdi aber war nach solchem Bekenntnis heiterer als je. Die Laune spiegelt sich in seinen Briefen. Die Kobolde des „Falstaff" geistern noch durch sie. Wenn er friedlich im Badeort Montecatini saß, immer noch ängstlich gegen blöde Neugier abgesperrt und abweisend gegen Zudringliche, da konnten Berufene ihn oft in kindlicher Fröhlichkeit sehen. Sein Werk hatte ihn innerlich freier gemacht. Er mietete den Leiermännern, die ihn in Montecatini mit „Rigoletto", „Trovatore", „Traviata" begrüßten, ihre Leierkästen ab; verweigerte im Hotel Milan hartnäckig Autogramme. Aber die Kobolde, in Gestalt der Oberkellner, spielten ihm einen Streich: die zahlreichen Namensaufschriften auf nicht geleerten Weinflaschen wanderten als Autogramme in die Hände der Liebhaber: Tutto nel mondo è burla. Alles in der Welt ist Spaß.

DAS TESTAMENT

Auch das geht vorüber. Alle Heiterkeit Verdis hat den Hintergrund eines tiefen Ernstes. Und die Schlußfuge des „Falstaff" ist mehr noch als ein tönendes Lachen; ist Ausdruck der inneren Geschlossenheit, der höchsten Einheit des Menschen.
Verdi, der Realist, der Beseliger der körperlichen, sinnlichen Oper, hatte meist als ungläubig gegolten, war es gewiß auch im Sinne seines Meisters Alessandro Manzoni; aber wie dieser selbst sich wandelte, war auch der Maestro des dem Andenken Manzonis gewidmeten Requiems zweifellos immer stärker gewandelt. Verdi blieb über diese Innenentwicklung weiter stumm. Sie war eine Sache des Gefühls. War er sparsam, ja karg im Ausdruck seiner Gefühle, so blieb er endlich ganz stumm über das religiöse Gefühl. Nur eines sagt über die religiöse Innenentwicklung aus: sein sich immer mehr vergeistigendes Werk. Verdi gibt sich keineswegs auf. Sein Werk ist vergeistigte Körperlichkeit. Aber das Walten einer es beherrschenden Idee wird sichtbar in der Bevorzugung der Formen der Mehrstimmigkeit. Einst, als er seine Laufbahn begann, war ihm die Fuge Handwerksmittel. Heut, am Ende seiner Laufbahn, ist sie ihm Mittel zur Aussprache des Innersten, zur Lösung aller Widersprüche, eben zur Aussprache seiner Einheit.
Größer, bedeutungsvoller als je wird ihm nun der Begriff „Tradition". An ihr wurde von dem jungen Verdi gerüttelt. Tradition ist ihm heut der Geist der Ewigkeit. Sie bindet, aber sie trägt auch, ja, hebt empor. Und Uritaliener, der er war, führt er den Geist Italiens auf Palestrina zurück; in eben der Stunde, da man in seinem „Falstaff" mit seiner zur Selbständigkeit entwickelten Orchestersprache den Beweis seiner Entitalienisierung finden will. Tradition als Begriff einer künstlerischen Linie und in rassenmäßiger Gebundenheit, Tradition auch als Begriff einer Ewigkeit: das will er noch zuletzt bezeugen.
Sein Testament in Tönen wird der Welt mitgeteilt im Jahre 1898, da er im fünfundachtzigsten Jahre steht: „Quattro pezzi sacri", bei der Pariser Weltausstellung des Jahres 1898 von Toscanini in dem Konzertsaal aufgeführt, den Verdi ausdrücklich nicht wollte. Nicht alle vier Stücke sind von gleicher Ursprünglichkeit. Am stärk-

sten Nr. 2 und 4 für Chor und Orchester. Die übrigen, für Solostimmen, sind nur Intermezzi, wenn auch das dritte „Laudi alla Vergine Maria", aus dem letzten Gesang des „Paradiso" Dantes, Verdi sehr lieb ist. Merkwürdig, wie der Greis, in der Tradition sicher ruhend, doch sein Reich noch zu erweitern strebt. Sein „Ave Maria", das erste dieser „pezzi sacri" hat den „cantus firmus" einer unregelmäßigen Tonleiter, „scala enigmatica" genannt, die in vierfach wechselnder Lage die Stimme an sich entlangführt. Das grenzt schon fast an Kunstfertigkeit; die Harmonie soll, so verzweigt sie ist, doch den Vokalsatz nicht stören. Und so sehr dies ein rückschauender Meister von neuzeitlichem Empfinden kunstvoll gearbeitet hat: auch hier ist ein Hauch von Ewigkeitsstimmung. Im „Stabat mater" lebt edelster Nachhall der Oper zwischen „Aida" und „Othello". Nicht mehr Kunstfertigkeit, sondern die Erinnerung an adligsten „effetto" leitet die Hand. Die tiefen Bläser sind stark. Wirkungen des Unisono und des wechselnden Einsatzes, Wirkungen des Kolorits, typisch Verdische Begleitfiguren; alles hat Atem, sprechende Pausen, drängt, flüstert und endet in weitausschwingender, akkordischer Haltung mit der Bitte: „Fac ut animae donetur Paradisi gloria. Amen!" Die zartklingende Lyrik des Dantestückes ist leises Vorspiel zu dem glanzvollen „Tedeum" für Doppelchor und Orchester. Liturgie, Psalmodie, Kirchenton in freier Deklamation; Rede und Antwort; ein durchdringendes „Sanctus" in Es-dur: dramatische Kraft atmet in ihm; Ges-dur: die Stimmen gehen wie Sendboten durch den Kirchenraum. Sie fügen sich wieder zusammen. Des-dur: „Patrem immensae majestatis" scheint unerschütterlich in seiner Majestät; aber leise, leise steigt mit funkelnder Begleitung der Gesang empor, wächst, senkt sich mit den Sopranen allein und mündet in Ges-dur. Das Licht scheint zu verblassen: aber gewaltig, von liturgischem Thema getragen und in der Unterdominante angestimmt, erhebt sich in F-dur das „Tu Rex gloriae Christe", das seine einzelnen Strahlen hinaussendet und zu einer kunstreichen Polyphonie wachsen läßt. Ein Abschwellen: „Ad dexteram Dei sedes in gloria Patris". Kraftvoller Zusammenschluß im „Judex crederis esse venturus". Ein leises Kontrapunktieren gottsuchender Stimmen auf dem Grunde der Liturgie in Es-dur: „Salvum fac populum tuum, Domine"; das hat die volle Wucht eines Volksgesanges; aber, nach mannigfacher mehrstimmiger

Verwertung des schon Dagewesenen, sinkt die Kreatur in Demut nieder, und singt, ganz kirchlich, das zweifelhaft belichtete „Dignare, Domine". Es tönen, in zartestem Wechsel des Echos zwischen Dur und Moll, redend und antwortend, immer ausdrucksvollere „Miserere". Im fast unkörperlichen E-dur wird das zur Schlußbitte: es leuchtet die Hoffnung in die Zerknirschung hinein. Dieses E-dur der Hoffnung, das sich aus Zweifeln und Schwanken bildet, ist der Ausklang eines Stückes von bewundernswertem Glanz, von allerletztem „effetto".

* *
*

Der Vorhang will fallen. Im Hotel Milan zu Mailand liegt der Meister. Er hat das neue Jahrhundert gegrüßt. Am 21. Januar 1901 befällt ihn eine Ohnmacht, die sich nach Stunden der Hoffnung als Schlaganfall mit rechtsseitiger Lähmung herausstellt. Draußen harrt Tag und Nacht eine schweigende Menge der Nachrichten, die aus dem Krankenzimmer kommen. Das Volk, dem er von Anfang an gehörte, ist selbst wie gelähmt, da auch er, der scheinbar Unüberwindliche, der Menschlichkeit seinen Tribut zahlen soll. Verwandte und Freunde umgeben den Sterbenden. Mit halbgeöffneten Augen röchelt der Meister dem Tode entgegen, den er immer fürchtete, und dem er auch jetzt noch mit seiner gebrochenen Kraft zu entweichen sucht. Am 27. Januar ist der lange Todeskampf beendet. Der Zeichner Hohenstein nimmt die Totenmaske ab. Verdis Leichnam, mit dem Frack bekleidet, ein kleines Kruzifix auf der Brust, ruht auf einem Paradebett. Ihn öffentlich auszustellen, wird von den Verwandten abgelehnt. Das ist auch im Sinne Verdis, der ein ganz einfaches, bescheidenes Begräbnis wünschte.

So ganz einfach konnte es aber nicht werden. Eine nationale Trauer, die Verdis Tod hervorruft, brauchte auch ihre äußeren Zeichen. Die städtischen Behörden Mailands beginnen noch in der Nacht mit ihren Vorbereitungen. Das Geschäftsleben dieser geschäftigen Stadt steht still, umrandete Plakate an geschlossenen Läden sprechen. Zugleich gibt man in Rom, am Sitz der Regierung, der Erschütterung Ausdruck: König, Senat, Deputiertenkammer stehen im Banne des Ereignisses. Ein Konzert in Mailand, mit einleitender Rede Giuseppe Giacosas, führt vom „Nabucco" zum „Stabat mater". Auf Antrag Leoncavallos halten die lebenden Komponisten Italiens die Totenwache.

Verdi hatte gewünscht, in der Casa di Riposo, an der Seite seiner Peppina bestattet zu sein. Bis dies geschehen konnte, mußte er vorläufig auf dem Monumentalfriedhof beerdigt werden. Der Leichenzug, eine ungeheure Kundgebung stummer Verehrung und Ergriffenheit, geht zuerst nach der Parochialkirche San Francesco, dann nach der Stätte der vorübergehenden Beerdigung.

Im Ehrenhof der Casa di Riposo, diesem Bau im lombardischen Stil des Quattrocento, wo die Verdibüste von Gemito steht, ist er nun begraben.

*   *

*

Diesem Hause gilt ja auch zunächst das am 14. Mai 1900 niedergeschriebene Testament in Worten Verdis. In ihm soll nicht nur seine Hülle, auch sein Andenken fortleben. Ihm soll, außer einer Rente, aller Gewinn aus den Urheberrechten seiner Werke zufließen. Universalerbin ist seine Cousine Maria Verdi, Gattin des Herrn Alberto Carrara in Busseto. Wohltätige Werke, wie das Hospital von Villanova sull' Arda, Verwandte, Bediente sind bedacht.

Dies die Frucht des Millionenvermögens eines italienischen Meisters im beginnenden 20. Jahrhunderts.

VERDIS ZWEITE GATTIN
Giuseppina geb. Strepponi

VERDI AUF DEM TOTENBETT

TEATRO SAN CARLO IN NEAPEL

INNERES DES SCALA-THEATERS IN MAILAND

VERDI, ITALIEN, WIR

Ein Mensch ist tot; ein Typ ist lebendig. Die Unvergleichlichkeit dieses Typs ist auch das den Kulturpsychologen Fesselnde. Alles um uns, soweit es vorwärtsschaut, ist Problematik. Wir alle können nicht anders, als problematisch sein; in dieser Luft atmen wir, aber wir lugen aus nach einem Weg ins Freie. In solcher Zeit bedeutet Verdi zwar nicht ein Ziel, aber eine Sehnsucht. Ein Ziel kann er nicht sein; einen Rückweg zu Verdi gibt es für die heute Schaffenden nicht. Aber dieses Beispiel eines ganzen Menschen und eines ganzen Künstlers ist einzig. Naive Musikanten gibt es natürlich immer noch; aber sie sind ohne Beziehung zu unserer Zeit, die das Ergebnis solchen Musikantentums als Wiederholung, als Verflossenes, Überwundenes begreift. Für Verdi war der Rausch nie Selbstzweck, immer nur Mittel wirksamen Ausdrucks. Er ließ seine ungebrochene Menschlichkeit in sein Werk fließen, das nun Willenskraft und Empfinden in bisher nie gesehener Art ausspricht. Mit dem Menschen schreitet der Künstler fort; doch immer so, daß, nach Schwankungen, die Geschlossenheit gewahrt bleibt. Der Sieg solcher sincerità, die das Theater lediglich als eine gewaltige Ausdrucksmöglichkeit des Innenmenschen betrachtet, wird durch ein Werk von unerhört wechselnder Bedeutung, ungeahnt aufwärts drängender organischer Entwicklung bezeichnet. Zwischen Verdis Anfang und Ende ist für den ersten Blick keine Brücke. Aber sie ist da, und eben das Vorangegangene sollte nicht nur Meilensteine des langen Weges, sondern auch die ganze abgeschrittene Linie zeigen. All dies konnte nur in einer auch physisch unerschütterlichen Natur geschehen, die sich im dauernden Umgang mit dem landschaftlichen Urboden festigte, erfrischte, aufreckte. Er hatte die Kraft und Ruhe, menschlich zu sein; war er in Gefahr, die Ruhe in inneren Aufwallungen zu verlieren, dann suchte und fand er sie in der Herstellung des Gleichgewichts zwischen künstlerischem Schaffen und körperlicher Arbeit. Gerade in den kritischen Zeiten sahen wir Verdi seiner Landwirtschaft besonders ergeben.

Daß er zuletzt, innerlich frierend, nach Genua, nach Mailand ging, bleibt nicht ohne Beziehung zu seinem Schaffen, das am Ende dem künstlerischen Handwerk weiteren Raum gönnte, höheren Wert zuschrieb, ohne je artistisch zu werden. Dies hätte ja der sincerità widersprochen, die sein Urwesen war.

Verdi verfocht den Glauben an die italienische Oper, soweit es zu dieser inneren Wahrhaftigkeit stimmte. Er entwickelte sie, soweit es sein Menschentum, sein Italienertum zuließ. So führte er das alte Italien auf die Höhe und leitete zugleich ein anderes ein.

Der Glaube an die Arie ist mit dem Sänger verknüpft; der Sänger aber wiederum an den Glauben des Künstlers gebunden, der die Arie schafft: Verdi, der sich von Anfang an nicht als reiner Melodiker fühlte, mußte notwendig die italienische Oper umwandeln, umschaffen. Und es bleibt noch zu betrachten, ob und wie diese Umwandlung gewirkt hat.

Vom Sänger aus soll nun einmal diese Betrachtung ausgehen, um beim Schaffen zu enden.

Verdi hat selbst den alten Sängertyp entthronen und einen neuen bilden helfen.

Das Geschlecht von Sängern, die er vorfand, wurde ausgenützt. Schon war ein Sinken der reinen Gesangskunst zu bemerken. Kastraten gab es nicht mehr. Ihre Meisterschaft hatte das große Beispiel für singende Männer und Frauen gegeben. Rossini, mit seiner instrumentalen spielerischen Koloratur, wurde den Stimmen gefährlich; Bellini, der Lyriker, hätte durch seine Kantilene das Gleichgewicht herstellen können. Er versank, es kam Verdi, der wie ein Sturmwind auch in die Gilde der Sänger hineinfuhr.

Der Tenor, der immer im Rufe stand, die völlige Freiheit im Gebrauche sieghafter Stimme mit einem Verlust an Geistigkeit zu erkaufen, hatte in dieser neuen Verdioper Liebesgefühl mit leidenschaftlichem Ausdruck zu sättigen; die Primadonna hatte sich im Austausch der Empfindung zu steigern. Die Tenöre Mario de Candia, Fraschini, Masini, Gayarre sollen Instrumente nicht nur wachsender Gefühlsäußerung, sondern stärkerer Intelligenz sein. Und die Frauen Strepponi, Frezzolini, Barbieri-Nini, Stolz, Waldmann sind ihnen gleich, wenn nicht überlegen. Man rühmte Ignazio Marini, Giorgio Ronconi, Felice Varesi, Antonio Cotogni, Meister in den tiefen Regionen der Männerstimme. Die Verdioper forderte von ihnen: ein Höchstmaß an Reichweite für alle Äußerungen der Leidenschaft, und mit Verdis fortschreitender Entwicklung eine neue Fähigkeit der Abschattierung. Der Darstellungskreis erweiterte sich, die Menschenstimme hatte die möglichste Vereinigung zweier schwer vereinbarer Dinge, höchster Ausdruckskraft und höchster Gesangskunst, zu leisten. Fast überall blieb ein Rest von Unvollkommenheit. Der Verbrauch an Material wuchs. Noch gab es Gegenpole italienischer Darstellungskunst wie Roberto Stagno, an dessen Seite die Sopranistin Gemma Bellincioni; und einen Bariton Mattia Battistini. Sie kamen in die Verdizeit: Stagno ein Tenor, ganz gewandelter Typ, Künstler von unzuverlässiger Stimmkraft, aber hoher Intelligenz, die zu sparen und herauszuheben wußte; die Bellincioni, keine echte Koloratursängerin mehr, aber ausdrucks- und darstellungsfähig in ungeahntem Grade; dagegen Battistini ein Bariton von einziger Kunst, eine Säule aus vergangenen Tagen, aber in seiner Darstellungsfähigkeit darin begrenzt, daß ihm die Selbstvergessenheit des Künstlers verschlossen bleibt: dies wiederum der Erhaltung einer Stimme günstig, die wir noch heute an dem Mann der alten Garde in ihrer Vollkraft bewundern. Und ihm wäre der noch lebende Tenor de Lucia anzureihen, der eine zartere Stimme für den Ausdruck der Zartheit meisterhaft zu feilen wußte.

Kampf des Künstlers mit dem Sänger: dies durch Verdis Werk hervorgerufen. Stimmschönheit ist in Italien keineswegs verloren, sie gedeiht noch immer unter diesem gesegneten Himmel. Aber an dem gefeierten, abgeschiedenen Enrico Caruso wird die Tragik dieses Kampfes sichtbar. In ihm stritt der Belkantist mit dem Künstler. In ihm lagen Ausdrucksmöglichkeiten, die sich nicht ganz erfüllen sollten. Fron nützte ihn ab. In Amerika, wo der italienische Sänger kapitalisiert wird.

* *
*

Ist also schon durch die künstlerische Entwicklung des Sängers innerhalb des Verdiwerkes die italienische Arienoper gefährdet, so hat der schaffende Verdi selbst sie überwunden. Eine „Aida" hat er nur einmal geschrieben, konnte er nur ein einziges Mal schreiben.

Betrachten wir einmal Verdi von der Melodik aus, dann ist auch in ihm das Gefühl für Abnützung des melodischen Materials, das in aller neuzeitlichen Musik auftritt, vorhanden. Aber dieser Unproblematische steigt mit sicherem Instinkt zu immer höheren melodischen Formen auf; die Auslese vollzieht sich in ihm im Einklang mit dem fortschreitenden Menschlichen. Von dem Zwiespalt, der durch alle moderne Musik geht, keine Spur. Langsamer, in den Jahren der Reife, der Schritt; aber die höhere künstlerische Form wird gefunden. Müßig darüber nachzudenken, wo Verdis Künstlertum hätte enden können. Wurde er im „Falstaff" klassisch, so begünstigt das Buffohafte diese Form. Und Stil konnte bei einer solchen Natur nur Ergebnis geschwächter Sinnlichkeit sein. Ob ein tragischer Stoff den „Othello"stil weiterentwickelt hätte, wer weiß es?

Italienische Oper im eigentlichen Sinne ist gegen den Stil. Verdi, der als Mensch die Entwicklung der Menschheit von ungebändigter Kraft bis zur Weisheit gewissermaßen verpersönlicht und darum der seltenste Typus ist, hatte ein Tempo in sich, das ihn über die italienische Oper hinausführte. Allem Nerventum der Musik fern, hatte er doch am Ende den Geschmack des Kulturmenschen, ohne den Übeln der Zivilisation zu verfallen.

Verdi war ewiger Fortschrittsmann. „Kehren wir zum Alten zurück", hatte er einmal, mehrere Male ausgesprochen, doch nur in dem Sinne, daß er die sichere technische Grundlage der Musik dem Schaffenden für unentbehrlich hielt. Auch er verkündete ja für ihn vollkommenste Freiheit von allem Schulmäßigen; Freiheit auch von allem Systematischen, Programmatischen, kurz von dem, was sich hemmend vor alle Inspiration legt. Er wird nicht müde, das zu sagen. Und stimmt allem freudig bei, das abseits des Programmatischen vorwärts schreitet.

Freilich heißt es in einem Brief: „Die guten Opern sind immer, zu allen Zeiten selten gewesen, heute aber sind sie fast unmöglich. Du wirst fragen: Warum? — Weil man zuviel Musik macht! Weil man zuviel sucht! Weil man den Wald vor lauter Bäumen nicht sieht! Weil wir das Drum und Dran übertrieben haben! Weil wir mehr auf Breite als auf Größe gehen! Und aus dem Breiten entsteht das Kleine und Barocke! Das ist es!"

So spricht ein selbstsicherer, einsichtiger, aufsteigender Unproblematiker, dem noch immer Unmittelbarkeit des Schauens und Schaffens mehr als alles gilt. Aber was er von dem jüngeren Giacomo Puccini hört, dessen Oper „Die Villi" eben, 1884, in der Scala aufgeführt worden ist, stimmt ihn zu anerkennenden Worten über ihn. „Er folgt den neuen Tendenzen, und das ist natürlich, aber er bleibt der Melodie treu, die weder neu noch alt ist."

* * *

Puccini ist Verdis Erbe geworden. Wie des Meisters „Traviata", sein Parlando, seine mit einfachen Mitteln durchgeführte Stimmungsmusik auf ihn übergeht, ist schon nebenbei gesagt worden.

Durch Puccini hat die italienische Oper eine Nachblüte erlebt. Doch ist auch seine Begrenzung durch die menschliche und die musikalische Anlage des Künstlers und durch die Zeit, in die er hineinwächst, ohne weiteres klar. Und während man Puccini rühmt, schaut man mit ungemindertem Staunen auf den Gipfel Verdi.

Das neuere Italien ist im wesentlichen unromantisch. Kosmopolitismus auf dem Grunde der Zivilisation und der Wirtschaft ist das Ziel, auf das es lossteuert. Handel und Industrie drängen auch hier zur Abschleifung alles Sonderartigen.

Der Opernkomponist Puccini beginnt innerhalb dieses Entwicklungsverlaufes zu schaffen. Der Mensch Puccini aber zeigt Anpassungsfähigkeit an die Verhältnisse, die er nicht nach seinem Willen gestalten kann.

Hier soll nicht Puccini gekennzeichnet, sondern der Abstand zwischen Verdi und ihm ermessen werden, weil damit zugleich die Folgen des Schaffens unseres Meisters klar heraustreten.

Wenn Kraft und Leidenschaft des Menschen den Weg des Künstlers bestimmen, dann ist zu sagen, daß das Menschentum Puccinis mit dem seines großen Vorbildes nicht zu vergleichen ist. Dort, bei Verdi, sincerità als Voraussetzung der Unbedingtheit in der Aussprache der Empfindungen; hier ein natürliches Wenn und Aber der Seele, das Bedingtheit der künstlerischen Sprache erzeugt. Für Verdi, den Bauern, ist Liebe schmerzlichste Leidenschaft und nur aus letzten Tiefen des Menschen zu fassen; für Puccini, den Caféhaus- und Salonmenschen, ist Liebe ein poesievolles Vergnügen. Dort steht am Anfang derb zupackende Kraft, hier Anmut und Gefallsucht. Für diesen Nerven- und Stadtmenschen, Weltbürger, versteht es sich, daß er auch mit Wagner einen Pakt abschließt; daß er überhaupt Entwicklung nicht als Innenentwicklung, sondern als artistische Verfeinerung in zunehmender Anpassung an Zeit und Menschen begreift, und so von selbst in die Nachbarschaft des Franzosentums gerät. Von Hause nicht stark, übertreibt er selbstverständlich das Brutale als theatralischen Effekt, ohne der Veredlung des „effetto" fähig zu sein.

Und doch spürt man in diesem Puccini italienisches Blut, und man muß ihm zugestehen, daß er als einziger Tempo und Geist der italienischen Oper in verkleinertem Maßstabe zu wahren gewußt hat. Andere in seinem Lande mögen sich ernster mit dem Problem der Oper beschäftigen; nur er hat kluge und wirksame Lösungen gefunden. Mascagni, Leoncavallo und der gewiß nicht erfolglose Umberto Giordano haben am Verismo mitgebaut: Verismo war die italienische Opernzwangsgeburt, der Ausweg aus dem durch Wagner auch für die Oper geschaffenen Dilemma, mittlere Linie zwischen Melodik und Naturalismus, doch gerade darum unwahr und wurmstichig. Puccini hat dem Verismo Scheinleben eingehaucht; und er blieb am stärksten, wo er feiner Salonlyrik nachging. Ungestümes fehlt ihm. Doch irgend etwas Verdisches zitterte noch in ihm nach und wurde in ihm fruchtbar. Das Falstaffische, selbst in der Technik, setzte sich schließlich in „Gianni Schicchi", dem letzten der drei Einakter, fort; hier hat auch Puccini einen Schritt weiter getan.

Nun ist ein junges Italien emporgewachsen. Nicht alle diese Jungen verehren Verdi als fruchtbare Großmacht der Oper. Das Drama ohne Rest auszusprechen, ist ihr Ziel. Italienisch bleiben darin Pizzetti, Zandonai; anders gerichtet, vom Westen beeinflußt Malipiero; zwitterhaft Alfano; vermittelnd Montemezzi. Das Problematische durchbebt fast alle.

Das alte, selbstsichere Italien scheint überwunden.

*   *
*

Für uns aber, Zuschauer der Oper und des Musikdramas, hat das eine die Konvention von Anfang an zugestanden und durchgeführt; das andere sie überwinden wollen und doch nicht können.

Darum auch scheint uns jene in ihrer vollen Entwicklung schöner und echter als dieses. Richard Wagner, der posierende Weltverneiner, mag alles Problematische in die Welt gebracht und die Kunst dadurch ungeahnt bereichert haben; Verdi, der wahrhaftige Weltbejaher, in sich vollendet, hat vollendete Schönheit geschaffen. Oper und Musikdrama nutzen sich ab. Man darf beide, als stärkste Veräußerlichung eines Inneren, nicht gewohnheitsmäßig hören. Oper soll ein Fest sein. Sie will unverbrauchte Sinne. Das Musikdrama aber fordert so unverbrauchte Sinne nicht mehr. Verdi dachte, fühlte, schuf für diese festliche Oper. Er wollte nichts von der Oper mit festem Spielplan wissen, die mit den anderen deutschen Errungenschaften auch in Italien gerühmt und verlangt wurde. Diese alltägliche Oper, die wie ein Pensum anzuhören war, konnte nicht zu sinnlich starken Menschen sprechen. Verdi hatte Aufführungen in Berlin und in Wien gesehen, ohne den vollen Rausch des Festes zu erleben. Dieser kam für ihn immer vom singenden Menschen, der sich im Rausch des Ausdrucks steigerte.

Verdi, der Mensch der unverbrauchten Sinne; Urtheatraliker und doch des Ethos voll; wirksam und doch vorwärtsdrängend; dem Volk gehörig und doch Glied der kleinen Gemeinschaft großer Künstler; höchster Musikdramatiker in der Form der italienischen Oper: dieser Einzige war hier zu betrachten.

VERDIS WERKE
OPERN

Titel	Jahr	Tag der Uraufführung	Ort der Uraufführung
Oberto conte di S. Bonifacio	1839	17. November	Mailand
Un giorno di regno	1840	5. September	Mailand
Nabucodonosor (Nabucco)	1842	9. März	Mailand
I Lombardi	1843	11. Februar	Mailand
Ernani	1844	9. März	Venedig
I due Foscari	1844	3. November	Rom
Giovanna d'Arco	1845	15. Februar	Mailand
Alzira	1845	12. August	Neapel
Attila	1846	17. März	Venedig
Macbeth	1847	14. März	Florenz
I Masnadieri	1847	22. Juli	London
Jerusalem	1847	26. November	Paris
Il Corsaro	1848	25. Oktober	Triest
La Battaglia di Legnano	1849	27. Januar	Rom
Luisa Miller	1849	8. Dezember	Neapel
Stiffelio	1850	16. November	Triest
Rigoletto	1851	11. März	Venedig
Il Trovatore	1853	19. Januar	Rom
La Traviata	1853	6. März	Venedig
Les Vêpres Siciliennes	1855	13. Juni	Paris
Simon Boccanegra	1857	12. März	Venedig
Aroldo	1857	16. August	Rimini
Un Ballo in maschera	1859	17. Februar	Rom
La Forza del Destino	1862	10. November	Petersburg
Macbeth	1865	21. April	Paris
Don Carlos	1867	11. März	Paris
Aida	1871	24. Dezember	Cairo
Simon Boccanegra	1881	24. März	Mailand
Othello	1887	5. Februar	Mailand
Falstaff	1893	9. Februar	Mailand

DAS SONSTIGE SCHAFFEN

Kammermusik
Sechs Romanzen, komponiert 1838.
L'Esule, Arie, Worte von Solera, komponiert 1839.
La seduzione, Romanze, Worte von Balestra, komponiert 1839.
Notturno für drei Singstimmen, komponiert 1839.
Album mit sechs Romanzen, komponiert 1845.
Il poveretto, Romanze, Worte von Maggioni, komponiert 1847.
Stornello: Tu dici che non m'ami (komponiert 1869).

Inno delle Nazioni
komponiert für die große Ausstellung in London und aufgeführt am Königlichen Theater am 24. Mai 1862.

Quartett
geschrieben in Neapel, aufgeführt am 1. April 1873.

Kirchenmusik
Requiem auf den Tod Alessandro Manzonis, aufgeführt am 22. Mai 1874 in Mailand.
Pater noster.
Ave Maria, aufgeführt am 18. April 1880 in Mailand.

Verschiedene ungedruckte Kompositionen.

BENUTZTE LITERATUR

Abramo Basevi, Studio nelle opere di Giuseppe Verdi.
I Copialettere di Giuseppe Verdi pubblicati ed illustrati da Gaetano Cesáre e Alessandro Luzio, e con prefazione di Michele Scherillo.
Biographien von Gino Monaldi, Ant. Giulio Barrilli, Arthur Pougin, Camille Bellaigue, Carlo Perinello.
Italo Pizzi, Ricordi Verdiani Inediti.
Nino Perfetti, Giuseppe Verdi a Como.
Alessandro Pascolato, Re Lear e Ballo in Maschera.
Ildebrando Pizzetti, Musiciste contemporani.
Gino Monaldi, Saggio iconografia Verdiana.
Aufsätze von Edgar Istel und Richard Specht, in den Verdi-Heften der „Musik" (1913), Falstaffnummer der „Illustrazione Italiana" (1893), Verdinummer der „Gazetta Musicale" (1901), Aufsätze der „Rivista musicale Italiana", der „Nuova Antologia", von Eduard Hanslick im „Salon".

NAMEN-REGISTER

Alfano 214.
Appiani, Giuseppina 47.
Ariost 37.
Arrivabene, Opprandino 14. 126. 186.
Auber 112.

Bach 152. 155. 187.
Baistrocchi 21.
Balestra, Ercolani 98.
Barezzi, Antonio 21. 22. 23. 24. 27. 42. 44. 48. 62. 96. 123.
Barezzi, Margherita 16. 22. 27. 97.
Barbieri-Nini, Mariana 61. 62. 65. 210.
Basevi, Abramo 65. 81. 111. 161.
Basili 23.
Battistini 211.
Beethoven 95. 96. 147. 148. 152. 155.
Bellaigue, Camille 9.
Bellincioni, Gemma 94. 211.
Bellini 10. 20. 26. 41. 49. 89. 187. 210.
Bendelli 98.
Bénoit 101.
Berlin 167. 184. 203. 215.
Berlioz 54.
Bizet 93. 115. 139.
Boito, Arrigo 17. 32. 34. 169. 170. 172. 174. 175. 190. 191. 193.
Bologna 123. 149. 187.
Boucardé 87.
Bourgeois, E. 111.
Bottesini, Giovanni 141. 142.
Brahms 155.
Brescia 144. 184.
Brüssel 67.
Bülow, Hans von 52. 162. 184. 187.
Busseto 15. 19. 21. 22. 23. 41. 44. 48. 71. 97. 98. 105. 123. 126. 152. 188. 203. 208.
Byron 55. 56. 57. 68.

Cammarani, Salvatore 33. 36. 58. 71. 76. 78. 84. 85.
Candia, Mario de 210.
Capponi 62. 154.
Carcano, Giulio 36. 190.
Carducci 37.
Carissimi 188.

Carrara, Alberto 208.
Carticelli, Mauro 98.
Caruso 81. 117. 211.
Carvalho, Léon 119. 174.
Cavour 124. 125. 126. 188.
Cesari, Gaetano 10.
Cherubini 155.
Cimarosa 194. 195.
Colange 49.
Coletti 68.
Cotogni, Antonio 210.
Couterets 121.
Cremona 16. 75.
Croisnier 105.
Cruvelli 105. 106.

Dante 37. 206.
Donizetti 20. 55. 69.
Draneth-Bey 140.
Dumas 89. 91.
Duponchel 69. 72.
Duprez 20. 62. 186.
Durante 187.
Duveyriers 105, 106.

Erard 17.
Escudier 17. 67. 69. 100.
Ezio 58.

Faccio, Franco 142. 144. 169—171. 184. 194.
Fancelli, Giuseppe 143.
Ferraris 23.
Fétis 130.
Filippi, Filippo 37. 141. 146.
Flauto, Vincenzo 76. 78. 98.
Florenz 20. 61. 65. 130.
Florino, Francesco 187.
Fraschini 62. 210.
Frezzolini 46. 58. 210.

Gallo, Antonio 78. 90.
Garbin 195.
Gardoni 68.
Garibaldi 126.
Gautier, Théophile 122.
Gayarre 210.

Gemito 208.
Genua 17. 75. 108. 193. 209.
Ghislanzoni 34. 110. 130. 131. 133. 185.
Giacosa, Giuseppe 208.
Gioberti 44.
Giordano, Umberto 214.
Giusti, Giuseppe 37. 62. 66.
Goethe 95.
Gonzaga, Guerrieri 71.
Gounod 175.
Grossi 44. 141. 142.
Guasco 51.
Guttierez 84. 108.

Halévy 107. 119. 121.
Hanslick 111. 145.
Hiller 155.
Hohenstein 193. 207.
Hugo, Victor 49. 55. 78. 84. 89. 100.

Jacovacci 98. 113.
Jerusalem 45.
Jory 69.

Kairo 129. 140.
Köln 67. 155.

Lablache 68.
Lanari 56. 63. 64. 98.
Lanner 41.
Lavigna 23. 41. 80.
Lecco 130.
Leo 187.
Leoncavallo 208. 214.
Lind, Jenny 67. 68.
Livorno 125.
du Locle 120. 129. 167.
Loewe, Sophie 50. 51.
Lombroso 54.
London 63. 67. 68. 69. 101. 147. 155. 184. 193.
Louis Philippe 71.
Lucca 68.
Luccardi, Vincenzo 59. 186.
Lucia de 211.
Lumley 67. 68. 98.
Luzio, Alessandro 10.

Madrid 118. 124.
Maffei, Andrea 32. 62. 63. 67.

Maffei, Clara 35. 43. 126. 142. 150. 172. 185. 186.
Mahler 162.
Mailand 18. 23. 24. 32. 34. 37. 41. 42. 43. 45. 46. 47. 58. 71. 99. 101. 108. 119. 131. 141. 142—145. 147. 150. 151. 155. 170. 174. 184. 187. 192—194. 204. 207—209.
Maini 154.
Mainz 67.
Malipiero 214.
Manzoni 34. 35. 36. 37. 124. 150. 151. 205.
Marcello 148. 188.
Marenghi, Paolo 97.
Mariani, Angelo 16. 27. 28. 123. 141. 149. 161. 162.
Mariette-Bey 129.
Marini, Ignazio 43. 210.
Martello 79.
Mascagni 214.
Mascheroni, Eduardo 194.
Masini 155. 210.
Massenet 145.
Maurel, Victor 173. 174. 181. 192. 195. 200.
Mazzini 71. 126.
Mazzucato 150.
Medini 142. 155.
Mercadante 53. 112.
Merelli, Bartolomeo 32. 41. 43. 49. 60. 98.
Méry 120.
Meyerbeer 55. 62. 70. 107. 109. 119. 121. 162. 163.
Michetti 18.
Minghelli-Vaini 125. 126.
Mirate 81.
Moltke 37.
Monaldi, Gino 9.
Mongini 142.
Montecatini 204.
Morelli, Domenico 18. 172. 173. 186.
Mosso, Angelo 192.
Mozart 23. 96. 155. 195. 197.
Muzio, Emanuele 67. 68. 90. 141. 185.

Neapel 23. 36. 47. 58. 64. 76. 77. 98. 108. 112—113. 144. 147. 170. 172. 187.

Nicolai 190. 196.
Nietzsche 156.

Pacini 53.
Padua 144.
Paganini 95.
Palestrina 70. 148. 152. 187. 188. 205.
Paris 13. 17. 48. 55. 67—73. 78. 90. 100. 104. 105. 106. 112. 119. 123. 124. 127. 129. 154. 155. 164. 166. 169. 174. 184. 186. 203. 205.
Parma 15. 16. 41. 125. 144. 186.
Pergolesi 188. 194. 195.
Perrin, Emile 120.
Petersburg 118. 124.
Piave 33. 49. 55. 56. 63. 78. 84. 108. 111. 117. 185.
Piccini 188.
Pini Corsi, Antonio 195.
Piroli, Giuseppe 126. 186. 187.
Pizzetti 31. 214.
Poggi 58.
Ponchielli 53.
Pougin 9.
Prevosti 94.
Provesi 21. 22. 23.
Pozzoni 142.
Puccini 93. 94. 212—214.

Recoaro 54.
Reyer, Ernest 141.
Ricordi Giovanni 75. 90. 99. 101. 150.
Ricordi, Giulio 17. 37. 101. 129. 163. 169. 191. 192.
Ricordi, Tito 46. 99. 145.
Rimini 112.
Ristori, Adelaide 97.
Roger 69. 105.
Rom 47. 56—59. 71. 73. 75. 85. 112. 113. 126. 127. 144. 194. 207.
Romani, Felice 41. 89.
Romani, Pietro 64.
Roncole 13. 15. 17. 21. 22. 71.
Ronconi, Giorgio 43. 210.
Roqueplan 69. 72. 105.
Rossini 20. 25. 42. 55. 70. 119. 149. 150. 151. 177. 179. 187. 189. 190. 194. 210.
Rothschild 129.

Sanctis, Cesare de 78.
Sanquirico 63.

Sant' Agatà 15. 17. 18. 48. 73. 75. 90. 97—99. 124. 129. 130. 151. 166. 186. 191—193.
Scalaberni 149.
Scarlatti 188.
Scherillo, Michele 10.
Schiller 32. 36. 55. 57. 62. 67. 76. 108.
Scotti 117.
Scribe 105. 106. 112.
Scudo, Paolo 70.
Sella 30. 126.
Shakespeare 34. 36. 37. 39. 55. 62. 63. 119. 162. 168. 169. 172. 175. 176. 190. 193.
Solera 32. 33. 45. 55. 57. 58.
Solferino 125.
Somma, Antonio 34. 36. 78. 113.
Soragna 15.
Souvestre, G. 111.
Stagno, Roberto 211.
Steller 142.
Stolz, Teresa 27. 28. 143. 147. 154. 210.
Straßburg 67. 105.
Strepponi, Giuseppina 16. 17. 27. 43. 48. 49. 54. 72. 75. 98. 151. 185. 208. 210.

Tadalini 58. 64.
Tamagno, Francesco 171. 182.
Tornolia 56.
Toscanini, Arturo 162. 205.
Triest 43. 68. 75.
Turin 125. 203.

Udine 34.
Utini, Luigia (Verdis Mutter) 15. 85.

Vaêz 69. 105.
Varesi, Felice 61. 83. 90. 94. 210.
Vaucorbeuil 17.
Venedig 47. 49. 56. 58. 75. 78. 84. 85. 89. 90. 108. 186.
Verdi, Giuseppe 1—215.
Verdi, Carlo (Verdis Vater) 15. 21. 85. 97. 121.
Verdi, Luigia (Verdis Mutter), siehe Utini.
Verdi, Margherita (Verdis erste Gattin), siehe Barezzi.

Verdi, Giuseppina (Verdis zweite Gattin), siehe Strepponi.
Verdi, Maria 208.
Verdis Werke:
  Aida 29. 34. 42. 51. 108. 121 bis 123. 127. 129—148. 152. 153. 166. 167. 176. 181. 183. 184—186. 192. 196. 206. 211.
  Alzira 33. 58.
  Attila 33. 58. 59.
  Der Corsar 33. 68. 75.
  Die Sizilianische Vesper 17. 50. 58. 103. 104. 106. 107. 120. 121.
  Don Carlos 14. 17. 28. 103. 105. 107. 120. 121—123. 135. 161.
  Ein Maskenball 34. 50. 103. 107. 108. 112. 113. 115. 116. 117. 118. 131. 135. 172. 177. 178. 189.
  Ernani 15. 33. 49—52. 58. 78.
  Falstaff 18. 25. 29. 36. 101. 102. 114. 118. 149. 180. 189—205. 212. 214.
  Giovanna d'Arco 33. 58.
  Hamlet 36.
  I due Foscari 33. 56. 57. 109.
  I Lombardi 33. 44. 46. 47. 49. 58. 67. 69. 70.
  I Masnadieri 67. 68.
  Il Trovatore 19. 27. 33. 45. 68. 74 bis 76. 84—89. 93. 99. 101. 104. 108. 114. 115. 117. 119. 130. 135. 138—140. 204.
  La Battaglia di Legnano 33. 71. 72.
  La Forza del Destino 33. 103. 115. 117. 118. 119. 135. 142. 144. 161. 189.
  La Traviata 19. 28. 33. 45. 74—78. 88—94. 101. 111. 114. 130. 135. 186. 204. 213.
  Luisa Miller 28. 33. 73. 74. 76—78. 91. 100. 153.
  Macbeth 15. 28. 29. 33. 36. 61—65. 67. 89. 101. 119. 120. 133. 169. 172. 177.
  Nabucco 23. 32. 41—46. 49. 58. 67. 86. 123. 130. 132. 136. 208.
  Oberto, Conte di Bonifacio 41. 98.
  Othello 18. 29. 36. 166. 169—184. 189 bis 192. 206. 212.
  Quattro Pezzi Sacri 77. 155. 205. 206. 207. 208.
  Requiem 77. 151—155. 184. 205.
  Rigoletto 19. 33. 36. 57. 74. 75. 78. 79. 81—85. 89. 111. 112. 178. 183. 189. 191. 204.
  Simon Boccanegra 33. 103. 108. 109. 110. 170. 173.
  Stiffelio 33. 74. 75. 85. 110—111.
  Streichquartett in e-moll 147. 148. 149.
  Un giorno di regno 41. 46. 114.
Verner 59.
Viardot 105.
Vidalanzo 97.
Vigna, Cesare 78. 186.
Villafranca 125.
Villanova 187.
Viotti 95.
Voltaire 55. 57. 58.

Wagner 9. 10. 86. 94. 95. 119. 127. 129. 135. 136. 143. 147. 156—167. 169. 176. 203. 215.
Waldmann, Maria 143. 154. 210.
Wesendonk, Mathilde 160.
Wien 32. 41. 42. 52. 69. 124. 145. 155. 167. 215.
Windsor 191. 193.

Zandonai 214.
Zilli, Emma 195.
Zola 37.
Zuccarelli 193.

www.ingramcontent.com/pod-product-compliance
Lightning Source LLC
Chambersburg PA
CBHW021704230426
43668CB00008B/723